Auf der Suche nach mir

Stefanie Marten

Auf der Suche nach mir

Vom Stiefvater missbraucht
Eine Frau stellt sich ihrer Vergangenheit

Schwarzkopf & Schwarzkopf

Inhalt

Die Namen und Orte wurden von der Autorin geändert.

Vorneweg

Seit über dreissig Jahren bin ich auf der Suche nach mir. Als ich damit begann, war ich siebzehn Jahre alt und kam mit meiner Familie nach fast acht Jahren in meine Heimatstadt zurück, die wir 1967 verlassen hatten. Damals war ich zehn, doch verloren hatte ich mich bereits viel früher. Es war der Tag, an dem mein Stiefvater mich zum ersten Mal missbrauchte, und es war die einzige Möglichkeit für mich zu überleben. Manchmal habe ich die Suche aufgegeben. Manchmal habe ich vergessen zu suchen oder die Zeit war so schön, dass ich nicht weitersuchen wollte. Manchmal war es gut, so zu sein, wie ich bin, und die zu sein, die ich bin, immer dann, wenn ich glücklich war. Es waren mitunter lange Zeiträume, in denen ich nicht gesucht habe, weil ich es nicht für nötig hielt. Eine längere glückliche Zeit begann für mich 1983 in Berlin, als meine Tochter zur Welt kam. Später empfand ich es lange Zeit nicht für nötig zu suchen, weil mir meine über Jahre andauernde Tablettenabhängigkeit zu vergessen half. Aber nach jeder Entgiftung und nach einigen Wochen ohne Tabletten kamen alle Gedanken an meine Kindheit wieder zurück, was mich dazu veranlasste, erneut die Suche nach mir aufzunehmen.

Auch nach so vielen Jahren habe ich mich noch nicht wiedergefunden. Alles, was ich bin, bin nicht ich. Ich musste lernen, nicht ich zu sein. Es ist ein fremdes Leben, das ich lebe. Ich möchte gerne wissen, wer ich war, wer ich bin und wer ich unter anderen Bedingungen geworden wäre. Ich würde so gerne wissen, ob ich mein Kind anders erlebt, anders erzogen und behandelt hätte, wenn ich ich gewesen wäre. Ich würde gerne wissen, ob ich den Vater meines Kindes anders behandelt, anders geliebt hätte.

Ich würde auch gerne wissen, wie ich mit meinen Mitmenschen, meinen Arbeitskolleginnen und Bekannten ausgekommen wäre, wenn ich ich wäre. Und wie ich meinen jetzigen Lebensgefährten lieben würde. Vor allem aber würde mich interessieren, wie ich mit mir selbst umgehen würde, wie ich mich leiden könnte, und wie ich geworden wäre, wenn ich wirklich ich wäre. Es lässt mir keine Ruhe – ich will wissen, wer ich bin, auch wenn ich mich dadurch nicht mehr verändern kann.

Ich habe Angst, es niemals herauszufinden, denn ich kann niemanden mehr fragen. Der einzige Mensch, der es wissen könnte, der mich eigentlich genau kennen müsste, ist meine Mutter. Schließlich hat sie mich geboren. Hat gesehen, wie ich aufgewachsen bin, wie ich gespielt und mich entwickelt habe, was mich interessierte und wie ich aussah. Sie weiß, was ich geliebt habe und was nicht. So, wie ich das auch bei meinem Kind gesehen, gefühlt, gespürt und erlebt habe. Alles habe ich genau verfolgt, bis meine Tochter mit siebzehn Jahren auszog. Soweit es möglich ist, beobachte ich sie noch heute, weil ich sie liebe, weil sie mein Kind ist, weil sie mich interessiert. Sollte sie mich einmal fragen, möchte ich ihr erzählen können, wie sie sich entwickelt hat.

Wie so viele Dinge im Leben habe ich die meisten meiner Fragen zu lange aufgeschoben. Solange ich noch in meiner Heimat gelebt habe, beantwortete meine Mutter meine Fragen nicht. Später, als ich längst in Berlin wohnte und nur noch zu Besuch bei ihr war, habe ich sie immer wieder gefragt, aber auch da bekam ich keine Antworten. Irgendwann wurde es ihr zu viel und sie schrieb mir in einem Brief, dass ich nicht mehr nach Hause kommen solle. Weder sie noch sonst jemand aus der Familie wollte mich wiedersehen. Sogar meinen Bruder auf dem Friedhof zu besuchen hatte sie mir untersagt. Ich begriff nicht, wie mir geschah. Zum ersten Mal weinte ich im Beisein meiner damals fast zehnjährigen Tochter.

Jahre später, im September 2001, bekomme ich einen Anruf von meiner Schwester – meine Mutter hatte einen schweren Schlaganfall erlitten. Blitzartig ist alles, was ich vergessen wollte, wieder da. Ich werde hinfahren. Diese Entscheidung führt unweigerlich dazu, die Suche nach mir erneut aufzunehmen.

Kapitel 1

Der Vertreter

Nach dem Anruf beschliesse ich, gleich am nächsten Morgen zu fahren. Ich frage mich, ob ich meiner Mutter von meiner Suche werde erzählen können. Doch ich glaube, selbst wenn sie mir helfen könnte, würde sie meine Fragen wahrscheinlich nicht verstehen oder nicht verstehen wollen.

Jetzt stehe ich vor dem Krankenzimmer. Und obwohl ich irgendwie mit allem abgeschlossen habe, aber eben nur irgendwie, kann ich das Zimmer nicht gleich betreten und lasse meiner zwei Jahre jüngeren Schwester Karin den Vortritt. Ich bleibe an der Tür stehen, um mich zu sammeln und um stark zu wirken. Denn schon von hier aus kann ich sehen, dass es nicht mehr meine Mutter ist, nicht mehr die Frau, die ich kenne, nicht der Mensch, den ich in Erinnerung habe, und schon gar nicht die Frau auf dem Foto, das ich trotz allem immer bei mir trage. Was ich sehe, ist eine alte, schwer kranke Frau mit kahlem Kopf, eingefallenem Gesicht, geschlossenen Augen, bewegungslos, schwach, mit Schläuchen im Körper und in Windeln gepackt.

Warum muss ich mich gerade jetzt daran erinnern, wie sie aussah, als mein Stiefvater zum ersten Mal zu uns nach Hause kam? Meine Mutter war groß und schlank. Jeden Abend drehte sie sich ihre halblangen blonden Haare auf Lockenwickler und ich fragte mich immer, wie sie so schlafen konnte. Bevor sie einkaufen ging oder Besuch erwartete, schminkte sie sich leicht. Ihren Lippenstift benutzte sie gleichzeitig als Rouge. Sie malte sich einen Strich auf die Wangen, den sie mit den Fingern gleichmäßig verteilte. Mit einem braunen Stift betonte sie einen kleinen Leberfleck auf ihrer Wange unter dem Auge und zog sich die Augenbrauen nach. Wenn es klingelte, legte sie schnell ihre Schürze ab, warf noch einen kurzen Blick in den Spiegel und öffnete erst dann die Tür. Wir waren damals schon sechs Geschwister.

Mein Vater war bereits 1963 an Tuberkulose verstorben. Er war gerade mal fünfunddreißig Jahre alt geworden. Ich habe nur wenige Erinnerungen an ihn, genauer gesagt sind es nur zwei: Einmal spielte Papa mit meiner zwei Jahre jüngeren Schwester Karin und ich war sehr eifersüchtig. Das letzte Mal sah ich ihn, als er von einem Krankenwagen abgeholt wurde. Er lag auf einer Trage und blutete aus der Nase. Wir Kinder schauten aus dem Fenster, bis er in dem Auto verschwunden war. Dann kam er nie wieder zurück. Ich wusste später nicht, ob ich damals traurig war und überhaupt begriffen hatte, was passiert war. Meine Mutter musste jetzt sechs Kinder allein versorgen. Kurt war mit elf Jahren der Älteste. Bernd war neun, Ralf sieben, ich fünf und Karin drei Jahre alt. Mein jüngster Bruder Achim war erst vierzehn Tage zuvor zur Welt gekommen. Später, als ich älter war, konnte ich mir vorstellen, wie schlimm das für meine Mutter gewesen sein musste und dass sie damals nicht damit rechnen konnte, mit sechs Kindern jemals wieder einen Mann zu finden.

Dieser neue Mann kam als Vertreter für Babynahrung in unser Leben. Er schenkte Mutter aus seinem Vertreterkoffer einiges an Babynahrung und andere Artikel, die sie gut gebrauchen konnte. Sie sprachen darüber, dass sie mit sechs Kindern wohl schwerlich einen neuen Mann finden würde und dass sie nicht wüsste, wie ihr Leben weitergehen sollte. Sie bot ihm einen Kaffee an und er blieb eine Weile da. Meine Mutter hatte trotz der sechs Geburten eine schöne Figur. Sie war eine gute Hausfrau und Mutter. Bei uns war immer alles sehr sauber. Sie war fleißig und konnte gut kochen. Bestimmt war sie auch im Umgang mit einem Mann sehr ansprechend. Der Vertreter sah gut aus, allerdings ganz anders als unser Papa. Der war nämlich gerade so groß wie meine Mutter gewesen, hatte grün-braune Augen und dunkles, fast schwarzes Haar, das ihm wellig nach hinten fiel. Der Vertreter war größer und schlanker. Er hatte breitere Schultern, ganz schwarzes Haar und auffallend blaue Augen. Er sprach hochdeutsch, was sich für uns bedeutend anhörte und ihn als etwas Besseres erscheinen ließ. Mit Sicherheit war er höflich, charmant und zuvorkommend, sonst hätte Mutter ihm wohl kaum einen weiteren Besuch erlaubt. Er kam wieder, danach immer öfter und bald war er laufend da.

Wir zogen damals in derselben Straße in eine andere Wohnung um. Ich weiß nicht mehr, ob sie größer war, auf jeden Fall war sie schöner. Ich kann mich genau an sie erinnern. Sie bestand aus drei Zimmern und einer Küche. Die Toilette befand sich eine halbe Treppe tiefer. Im Winter war es da sehr kalt und ich beeilte mich, wieder herauszukommen. Im Wohnzimmer stand ein Ofen, auf den meine Mutter im Winter Apfelschalen legte, weil das so gut roch und gemütlich wirkte. Einmal in der Woche stellte sie eine große Blechwanne in die Küche, die – wie auch die anderen Räume – teilweise schräge Wände hatte, weil wir im Dachgeschoss wohnten, was mir besonders gut gefiel. Dann machte sie auf dem Herd in einem großen blauen Emailletopf, in dem auch die Windeln meines kleinen Bruders Achim ausgekocht wurden, das Wasser für die Wanne heiß. Der Reihe nach wurden wir dann darin gebadet oder besser abgeseift. Mutter spülte meiner Schwester Karin und mir die Haare mit Essigwasser, was zwar unangenehm roch, aber einen seidigen Glanz bewirkte. Ich fand das angenehm und der Badetag hatte immer etwas Besonderes für mich. Danach fühlte ich mich wohl und schlief ausgezeichnet. Im Treppenhaus gab es helle Holzstufen und ein rotes Geländer. Es roch nach Wachs, denn einmal in der Woche wurde die Treppe mit einer Bürste geschrubbt und anschließend eingewachst und gebohnert. Man musste aufpassen, dass man nicht ausrutschte. Am Wochenende duftete es besonders gut in unserem Haus. Alle waren frisch gewaschen, das Haus gebohnert und Mutter backte jeden Samstag einen Kuchen für uns.

An solch einem Wochenende klingelte es nachmittags an unserer Wohnungstür. Es war der Vertreter für Babynahrung. Meine drei größeren Brüder Kurt, Bernd und Ralf stürmten zur Tür und hielten sie von innen zu. Die Jungen wollten den fremden Mann nicht hereinlassen, weil sie ihn nicht leiden konnten. Aber Mutter öffnete ihm die Tür. Bald hatten wir uns daran gewöhnt, dass er da war. Er saß mit Mutter in der Küche, sie tranken Kaffee und rauchten. Sie hatten sich viel zu erzählen und gelegentlich hörte man sie lachen. Fast übergangslos war er dann irgendwann immer da. Er brachte kaum etwas mit in unsere Wohnung. Offensichtlich besaß er nicht mehr, auch nur wenig Kleidung. Dies vermutete ich, weil Mutter ihm eines Tages etwas zum Anziehen gab. Es waren Kleidungsstücke, die ich kannte – Sachen von meinem Papa. Das machte mich sehr traurig und ich fand es nicht richtig, dass der fremde Mann diese Sachen tragen sollte. Zum Glück passte ihm nicht alles, denn er war ja größer und breiter als Papa. Trotzdem ärgerte es mich.

Als Achim laufen konnte, war der Mann immer noch da. Manchmal hörte ich ihn abends, wenn ich schon im Bett lag, mit Mutter reden. Er hatte eine tiefe Stimme. Ich hörte die beiden nur, wenn sie lauter als normal sprachen. Bald wusste ich genau, wie es sich anhörte, wenn sie stritten, und ich sollte es nie wieder vergessen. Ich hatte keine Ahnung, warum sie sich stritten. Sie saßen im Wohnzimmer und ihre Stimmen wurden immer lauter. Ich stand im Flur und fand es nicht schön, dass sie sich so anschrien. Plötzlich stand mein Stiefvater von der Couch auf, schnappte sich den großen gelben Glasaschenbecher vom Tisch und warf ihn genau in die Richtung, in der das Foto von meinem Papa an der Wand hing. Er traf es aber nicht. Er hob den Aschenbecher vom Boden auf und warf ihn noch einmal. Dieses Mal traf er. Das Bild fiel herunter. Das tat mir so weh, dass ich es tatsächlich im

Bauch spürte. Ich schrie und weinte so lange, bis meine Mutter kam und mir eine Ohrfeige gab, damit ich aufhörte. Mein Stiefvater saß währenddessen in seinem Sessel und lächelte vor sich hin. Später sah ich mir das Bild an. Das Glas war zerbrochen, das Foto hatte ein hässliches Loch, aber zum Glück war das Gesicht meines Papas nicht beschädigt. Von diesem Tag an mochte ich den fremden Mann mit den stechend blauen Augen nicht mehr leiden. Für mich stand fest, dass er ein böser Mensch war. Meine größeren Brüder waren nicht zu Hause, als das geschah. Ob und wie Karin darauf reagierte, daran konnte ich mich später nicht mehr erinnern. Das Bild war zerstört und meine Mutter hängte es danach nicht mehr auf. Sie legte es in ein Fach im Wohnzimmerschrank, wo ich es mir noch oft ansah, bis es irgendwann ganz verschwunden war.

Dass der Mann böse war, spürte ich mehr und mehr, denn zwischen ihm und Mutter wurde es immer öfter laut. Sie stritten häufig. Oder fiel es mir erst jetzt auf? Stets fand er einen Grund, über meine Brüder zu schimpfen. Es schien, als ob er besonders Kurt nicht leiden mochte. Es passierten auch komische Dinge. Ich erinnerte mich später daran, dass er manchmal Gegenstände aus unserem Haushalt mitnahm, wenn er die Wohnung verließ. Ich weiß nicht, was er damit machte. Eines Tages nahm er sogar die Gardinen aus der Küche ab. Mutter war sehr verärgert und versuchte, ihn daran zu hindern, aber er tat es doch. Es half nichts, dass Mutter schimpfte und sie sich beide wieder mal heftig stritten. Er tat, was er wollte, denn er wohnte jetzt hier und alles, was uns gehörte, gehörte auch ihm.

Wir besaßen nicht sehr viel, was uns Kindern aber nicht weiter auffiel. Unser Vater war Postbeamter gewesen und Mutter lebte nun von der Rente und der Halbwaisenrente für uns Kinder, die sie von der Post bezog. Das Kindergeld war damals nicht sehr hoch, außerdem bekam man es erst ab dem dritten Kind. Solange Papa lebte, ging es uns immer gut. Kurz bevor er starb, hatte er sogar einen Fernseher gekauft. Doch seit der fremde Mann bei uns wohnte, kam es vor, dass Mutter kein Geld zum Einkaufen hatte. Das wurde mir aber nur bewusst, wenn ich sie zu ihm sagen hörte, dass sie nicht einmal Milch kaufen könne. Mir fiel auf, dass wir Geschwister untereinander nicht mehr so lustig sein konnten, wenn der Mann in der Wohnung war. Meistens schickte uns Mutter dann nach unten in den Hof und ich musste auf die Kleinen aufpassen. Der Mann war jetzt immer zu Hause. Er ging nicht zur Arbeit, wie ich das von meinem Papa gewohnt war, und Mutter fragte oft, wann er sich denn endlich mal einen Job suchen wollte.

Ich muss mich zusammenreißen, wische mir die Tränen ab und betrete das Krankenzimmer. Meine Mutter merkt nicht, dass ihre Töchter da sind, und reagiert nicht auf uns. Nach so vielen Jahren Traurigkeit und Zorn tut sie mir jetzt schrecklich leid. Sie ist eben doch meine Mutter und nicht nur die Frau, die mich zufällig zur Welt gebracht hat, auch wenn ich lange Zeit so gedacht habe. Und die wenigen Menschen, die meine Gründe kennen, geben mir recht und haben Verständnis dafür. Ein guter Freund hat mir einmal den Satz in den Mund gelegt: »Es ist nur Zufall, dass sie deine Mutter ist«, was mir eine Zeit lang sogar geholfen hat, es selbst auch so zu sehen. Meinen sieben Geschwistern habe ich meine Gefühle niemals mitgeteilt, ich weiß deshalb auch nicht, wie sie darüber denken. Wir haben niemals miteinander über die Familie oder unsere Gefühle gesprochen. Wir sind ja auch schon lange keine Familie mehr. Ich wohne weit weg von den anderen. Vor mehr als fünfundzwanzig Jahren bin ich absichtlich weggegangen, weil ich hoffte, vergessen zu können, Ruhe vor meiner Mutter zu haben und mich zu finden.

Auch nach so vielen Jahren brauche ich mich nicht zu fragen, warum ich so empfinde, wieso ich immer noch so denke und weshalb sich das niemals ändern wird. Der Grund dafür ist mir in all der Zeit bewusst geworden. Ich weiß, dass ich meine Mutter niemals mehr werde so lieben können, wie ein Kind seine Mutter normalerweise liebt. Ich könnte ihr nicht sagen, dass ich sie liebe, denn das wäre gelogen. Selbst wenn sie jemals behaupten würde, mich zu lieben, würde das nichts mehr ändern, denn ich würde ihr nicht glauben. Ich finde es schrecklich, so etwas zu sagen, so zu empfinden, aber nach allem, was geschehen ist, kann ich meine Empfindungen nicht ändern. Es würde mir sehr viel bedeuten, wenn meine Mutter sagen könnte, dass es ihr leidtut und dass sie weiß, dass ich keine Schuld an dem habe, was geschehen ist. Das wird sie aber nicht tun und ich werde sie nicht mehr darauf ansprechen.

Karin und ich stehen neben dem Bett unserer Mutter. Da sie nach wie vor nicht auf uns reagiert, gehen wir bald wieder. Karin bittet mich, das Auto zu fahren, weil sie sich nicht dazu imstande fühlt. Sie sitzt auf dem Beifahrersitz und weint. Dann berichtet sie mir, wie sie von Mutters Schlaganfall erfahren hat. Karin war am gleichen Tag in ihrer Wohnung gewesen und hatte sie eingeladen, mit zu ihr zu kommen. Da Mutter aber noch ihren jüngsten Sohn Thomas erwartete, lehnte sie ab. Am selben Abend rief Thomas bei Karin an und teilte ihr mit, dass Mutter ihn kurz nach Karins Besuch angerufen hatte, um ihm zu sagen, dass es ihr nicht gut geht. Thomas riet ihr, den Notarzt zu rufen. Bei dessen Eintreffen war Mutter nicht mehr in der Lage, die Wohnungstür zu öffnen, und sie musste aufgebrochen werden. Als Thomas ankam, lag sie bereits im Krankenwagen und er fuhr zur Klinik hinterher.

Ich frage Karin, ob sie sich Vorwürfe macht, und sie nickt. Ich versuche, sie zu beruhigen und ihr klarzumachen, dass es dafür keinen Grund gibt. Sie hätte nicht verhindern können, was geschehen ist. Karin schaut mich unsicher an. Um sie auf andere Gedanken zu bringen, schlage ich vor, einen Kaffee trinken zu gehen, bevor wir nach Hause fahren.

Als wir aus dem Auto aussteigen, nimmt sie mich in die Arme und sagt, wie froh sie ist, dass ich da bin. Mir fällt auf, wie lange wir uns schon nicht mehr umarmt haben. Karin ist mit 1,63 Meter ein ganzes Stück kleiner als ich. Als wir Kinder waren, habe ich sie oft wegen ihrer roten Haare geärgert und damit zum Weinen gebracht. Obwohl wir auf den ersten Blick recht unterschiedlich aussehen, erkennt doch jeder, dass wir Schwestern sind. Ich nehme ihre Hand, so wie ich es getan habe, als wir beide noch klein gewesen sind und zusammen draußen gespielt haben. Ich versichere ihr, wie froh auch ich darüber bin, wieder bei ihr zu sein.

Am nächsten Tag fahren wir erneut in die Klinik. Dieses Mal ist es anders. Meine Mutter ist wach, aber sie erkennt nicht, dass ich auch da bin, Karin muss sie erst darauf aufmerksam machen. Ich gehe zu ihr, begrüße sie und nehme ihre Hand. Ich habe das Gefühl, sie sieht mich immer noch nicht. Doch dann schaut sie mich an und sagt, sie finde es blöd, dass ich sie im Krankenhaus besuchen muss, sie freue sich aber trotzdem darüber, dass ich da bin. Dann sagt sie etwas, was ich bis heute nicht verstehe. Es ist so viel geschehen in unserem Leben, dass ich mir nicht ganz sicher bin, was sie gemeint haben könnte.

»Den alten Dreck treten wir in die Ecke«, sagt sie. Dabei macht sie mit dem Fuß eine tretende Bewegung. Welchen Dreck meint sie denn? Ihren, meinen, unseren? Karin und ich bleiben noch eine Weile bei Mutter und ich erkläre ihr beim Abschied, dass ich am nächsten Tag wieder nach Hause fahren muss. Irgendwie bin ich froh darüber. Der Abend bei Karin vergeht schnell und am nächsten Vormittag bin ich auf dem Weg zurück nach Berlin.

Mein Lebensgefährte holt mich vom Bahnhof ab und bemerkt, wie sehr mich der Besuch in der Heimat mitgenommen hat. Es ist gut, dass ich mittlerweile mit ihm zusammenlebe. Nachdem meine Tochter ausgezogen war, konnte ich nicht mehr in meiner Wohnung bleiben. Der Anblick ihres leeren Zimmers war mir unerträglich. Kerstins Auszug hat mir fast das Herz gebrochen. Über ein Jahr durfte mich niemand darauf ansprechen, weil ich jedes Mal weinen musste. Genauso lange habe ich meine Wohnung behalten – in der stillen Hoffnung, Kerstin würde wieder nach Hause kommen.

Marc, den ich mit achtzehn Jahren in meiner Heimat kennengelernt und zu dem ich nie den Kontakt verloren hatte, kam 1997 nach Berlin. Mir wurde schnell klar, dass ich ihn noch immer liebte und mit ihm leben wollte. Aus Rücksicht auf meine Tochter zogen wir allerdings erst jetzt zusammen. Es hilft mir, dass ich mich mit ihm über alles unterhalten kann. Er hört mir zu, und wenn ich weine oder verzweifelt bin, tröstet er mich.

Erst am Montag bei der Arbeit fällt auch mir auf, wie sehr mich die letzten Tage aus der Bahn geworfen haben. Ich bin unfähig, mich zu konzentrieren, und kann nicht abschalten. Die Sachbearbeiter beim Sozial- und Seniorenamt, nach deren Diktaten ich schreibe, sind schnelle und korrekte Arbeit von mir gewohnt und jetzt bin ich nicht in der Lage, diese abzuliefern.

Solange ich meine Beruhigungstabletten hatte, war das alles kein Problem. Mit ihrer Hilfe konnte ich meine Gedanken und Probleme verdrängen. Aber jetzt – nach einer Entgiftung, die ich vor einigen Wochen im Krankenhaus gemacht habe – gelingt mir das nicht mehr. Ich habe mir fest vorgenommen und es Marc versprochen, dass ich nicht wieder zu diesen Tabletten greifen werde, und trotzdem besorge ich mir noch an diesem Tag ein Rezept. Ich halte es einfach nicht mehr ohne sie aus. Mittlerweile weiß ich, wie gefährlich das ist. Aber schließlich habe ich sechs Jahre lang gut damit gelebt und vor meinem ersten Zusammenbruch hat niemand etwas bemerkt. Ich muss allerdings aufpassen, dass ich nächste Woche an meinem vierundvierzigsten Geburtstag nicht zu viel trinke, denn das verstärkt die Wirkung der Tabletten und ich muss auf jeden Fall normal wirken.

Marc ist bereits sensibilisiert, er bemerkt meinen Rückfall schnell. Nach zwei Wochen stellt er fest, dass ich es allein nicht schaffe, davon loszukommen, und überredet mich, ins Krankenhaus zu gehen. Drei Wochen später kann ich wieder arbeiten. Die Ablenkung durch meine Kolleginnen tut mir gut. Vom Büro aus rufe ich des Öfteren meine Schwester Karin an, um mich über den Zustand meiner Mutter auf dem Laufenden zu halten. Ich erfahre, dass es ihr nicht gut geht und wir täglich mit ihrem Tod rechnen müssen.

Nach zwei Monaten plane ich, wieder zu Karin zu fahren. Eine Woche werde ich bei ihr und ihrer Familie wohnen. Von allen meinen Geschwistern habe ich nur noch zu ihr Kontakt. Wir beide sind die Einzigen, die mittlerweile über die Vergangenheit miteinander reden können. Sie versteht mich und ich verstehe sie. Leider haben wir nicht viel Zeit füreinander und es kostet uns jedes Mal große Überwindung, über früher zu sprechen. Karin ist natürlich berufstätig. Außerdem halten sie ihr Ehemann und der Sohn auf Trab. Gespräche über unsere Vergangenheit wühlen uns so sehr auf, dass es schwierig ist, danach wieder zur Ruhe zu kommen. Nur ganz vorsichtig und nur nach und nach können wir über Einzelheiten reden. Natürlich weiß meine Schwester, dass der Stiefvater mich missbraucht hat. Aber wann und wie alles anfing, darüber haben wir nie gesprochen. Weil Karin es wissen möchte, erzähle ich ihr, was damals geschehen ist.

Kapitel 2

Eine unheimliche Nacht

Es war 1964 um die Osterzeit. Ich erinnere mich, dass es nur wenige Wochen vor meinem siebten Geburtstag und kurze Zeit vor meiner Einschulung passiert ist. Mein Stiefvater brachte manchmal fremde Männer mit nach Hause. Sie sprachen miteinander, tranken Alkohol, rauchten und saßen lange zusammen in der Küche. Wir Kinder wurden zum Spielen nach draußen geschickt, bis es Zeit war, schlafen zu gehen. Einmal war wieder Besuch da und es wurde sehr spät. Irgendwann in der Nacht weckte mich meine Mutter und brachte mich in das Schlafzimmer mit dem großen Ehebett aus braunem Holz. Das Bett hatte auf jeder Seite drei ziemlich harte Matratzen. Ich sollte die Nacht darin schlafen, weil der fremde Mann mein Bett bekommen sollte. Vielleicht konnte er nicht mehr nach Hause gehen, weil es so spät geworden war. Ich lag in dem großen Ehebett auf der unbequemen Ritze in der Mitte.

Ich wurde wach, weil mich jemand anfasste. Ich spürte eine große Hand in meiner Schlafanzughose. Mein Stiefvater zog mir die Hose aus, streichelte meinen Bauch und meine Beine. Er legte die Hand auf die Stelle, an der es mir beim Waschen unangenehm war. Ich konnte mich nicht bewegen, ich war ganz steif und hatte ein unangenehmes Gefühl. Es gefiel mir nicht, so angefasst zu werden. Ab und zu knarrte das Bett und ich wünschte mir, dass meine Mutter davon erwachte. Plötzlich ging die Lampe auf ihrem Nachttisch an. Ganz schnell zog er seine Hand zurück. Meine Mutter drehte sich zu mir um und fragte, was los sei. Bevor ich antworten konnte, erklärte er ihr, ich hätte

Zahnschmerzen. Meine Mutter sollte mir eine Tablette holen. Sie zögerte einen Moment, schüttelte den Kopf, stand aber auf und ging, die Tablette zu holen. Diesen kurzen Moment nutzte er aus, indem er mir half, meine Hose anzuziehen, und mir zu befehlen, kein Wort davon zu erzählen, was gerade geschehen war. Meine Mutter würde sonst sehr böse werden und mir den Hintern versohlen. Sie kam mit einem Becher Wasser und einer halben Tablette gegen meine Zahnschmerzen zurück und ich musste die bittere Pille schlucken. Dann legte sich Mutter wieder ins Bett, knipste das Licht aus und bald hörte ich sie gleichmäßig atmen. Sie war wieder eingeschlafen und er schlief jetzt auch. Er hatte sich auf die andere Seite gedreht. Ich lag auf dem Rücken und konnte mich nicht bewegen. Die ganze Nacht hielt ich Wache. Er sollte mich nicht noch einmal ausziehen und anfassen, es hatte etwas Unheimliches für mich. Ich war froh, als es hell wurde und meine Mutter aufstand, um uns zu wecken. Es war Zeit für die Schule.

Was in der Nacht geschehen war, beschäftigte mich sehr. In der Schule musste ich immer daran denken und ich konnte es kaum erwarten, bis der Unterricht zu Ende war. Den Nachhauseweg ging ich wie immer mit meiner besten Freundin, wir wohnten in derselben Straße. Biggi ist ein Einzelkind und lebte mit ihren Eltern und der Oma in einer ähnlichen Wohnung wie der unseren. Sie hatte ein eigenes Zimmer und auf ihrem Bett saßen ein paar Puppen. In einer Ecke des Wohnzimmers gab es auch einen Esstisch, aber sie besaß einen eigenen kleinen Tisch mit zwei Stühlen. Wenn ich bei ihr war, saßen wir an diesem Tisch, tranken Kakao und aßen Kekse oder Kuchen. Ihre Oma war lieb und verwöhnte sie – und auch mich, wenn ich da war.

Ich war gerne bei Biggi. Sie war meine beste Freundin, weshalb ich ihr auf dem Heimweg das Erlebnis der letzten Nacht erzählte. Nichts hatte ich ausgelassen und nichts hinzugefügt. Gespannt wartete ich auf ihre Reaktion, als sie anfing zu lachen.

Sie war überzeugt, dass ich alles nur geträumt hatte. Alle meine Bemühungen, ihr klarzumachen, dass es kein Traum gewesen sein konnte, weil ich schließlich die bittere Tablette einnehmen musste und die ganze Nacht wach lag, halfen nicht, sie von der Wahrheit zu überzeugen. Und weil sie weiterlachte und mir wirklich nicht glaubte, ließ ich mich irgendwann darauf ein und stimmte ihr zu. Es dauerte aber eine Weile, bis ich selbst glauben konnte, dass alles, was ich in dieser Nacht in dem großen Bett erlebt hatte, ein Traum gewesen sein musste.

Karin kämpft mit den Tränen und ich beende das Thema. Ich glaube, ihr fällt es noch viel schwerer als mir, sich mit der Vergangenheit auseinanderzusetzen. Ich will sie nicht zu sehr belasten. Zumal wir ja die Sorgen und Probleme mit Mutter haben. Vielleicht erzählt Karin mir irgendwann einmal, wie sie das alles erlebt hat und wie sie es schafft, damit umzugehen. Wie schnell wird die Woche bei Karin vorüber sein und von Berlin aus kann ich so wenig für sie tun.

Um ihr beizustehen, würde ich gerne länger bleiben. Andererseits bin ich froh, als die Woche vorüber ist und ich wieder nach Berlin zurück kann. Meine Schwester ruft fast täglich an und wir reden über unsere Mutter. Ich frage Karin auch, wie es ihr selbst geht, und versuche, ihr klarzumachen, dass sie im Moment nicht mehr tun kann, als abzuwarten. Ich verstehe, dass sie Angst hat, Mutter könnte sterben. Karin hat ein ganz anderes Verhältnis zu ihr als ich. Schließlich leben sie in derselben Stadt und haben engen Kontakt zueinander. Dass Mutter mich nicht mehr sehen wollte, weiß Karin. Sie saß zwischen zwei Stühlen und äußerte sich damals nicht dazu. Wenn ich in dieser Zeit ab und zu bei Karin war, dann richtete sie es immer so ein, dass Mutter und ich uns nicht begegneten.

Ich unterhalte mich viel mit Marc über alles. Ihm habe ich früher schon vieles aus meiner Vergangenheit erzählt. Jetzt hat er Angst, dass ich der Belastung nicht gewachsen sein könnte, und nimmt mir so manches Telefongespräch ab. Es tut Karin gut, dass es noch einen anderen Mann außer ihrem eigenen gibt, mit dem sie sich über ihre Sorgen unterhalten kann. Marc spürt, wie schlecht es mir jedes Mal geht, wenn ich bei Karin war, und dass ich danach tagelang nicht richtig essen kann. Meine Gedanken kreisen dann um die Familie und die Vergangenheit und Marc hat Mühe, mich davon abzulenken. Er kocht für mich und entlastet mich im Haushalt, so gut er kann.

Am meisten genieße ich es, wenn meine Tochter Kerstin uns besucht oder ich mich mit ihr treffen kann. Aber auch ihr gegenüber kostet es mich sehr viel Mühe, mich von meinen Gedanken loszureißen. Allein schon, dass ich sie in den Arm nehmen kann, hilft mir. Ich erzähle ihr nicht viel über meine Mutter. Sie weiß, dass ich kein gutes Verhältnis zu ihr habe. Sie kennt auch einen kleinen Teil meiner Vergangenheit und natürlich hat sie meine Krankenhausaufenthalte mitbekommen. Aber ich bin mir nicht sicher, ob sie weiß, dass ich tablettenabhängig bin. Ich habe große Angst, mit ihr darüber zu reden, es ist mir unglaublich unangenehm. Eines Tages werde ich es aber tun müssen. Meine Mutter war für meine Tochter nie eine Oma, was sich schon durch die Entfernung ergab. Ich versuche, die Zeit mit Kerstin einfach nur zu genießen, auch wenn es schwerfällt. Sie soll meinen Kummer nicht spüren. Ich will meiner Tochter das Leben so schön wie möglich machen und sie nicht mit meinen Sorgen und Problemen belasten. Umso mehr, nachdem ihr Vater und ich uns damals getrennt haben, als sie sechs Jahre alt war, was hauptsächlich mit unserem Sexualleben zu tun hatte.

Sechs Wochen später nutze ich ein verlängertes Wochenende, um erneut zu Karin zu fahren. Mutter wurde in eine andere Klinik verlegt und es scheint mit ihr bergauf zu gehen. Sie ist linksseitig gelähmt und es ist fraglich, ob sie jemals wieder gehen kann.

Geistig ist sie jedoch recht fit. Manchmal ist sie zwar verwirrt und redet von Dingen, die wir nicht nachvollziehen können, aber dies geschieht nur kurzfristig. Ich bin noch immer von ihrem Anblick schockiert. Nie habe ich mir meine Mutter so alt vorstellen können. Mit ihren kurzen grauen Haaren und dem eingefallenen Mund ist sie mir total fremd. Wenn sie redet, erkenne ich sie aber gut. Ich füttere und streichele sie und manchmal schaut sie mich so seltsam an. Dann frage ich sie, was sie denkt, aber ich bekomme keine Antwort. Ich bin mir ganz sicher, dass sie über uns und über mich nachdenkt, aber sie sagt nichts, sie schweigt, wie sie es leider immer getan hat.

Karin rüttelt mich am Arm. Meine Mutter ist eingeschlafen und meine Schwester deutet an, dass wir gehen sollten. Im Auto hängen wir beide eine Weile unseren Gedanken nach, bis Karin fragt, wann ich zuletzt mit unserem ältesten Bruder Kurt gesprochen habe. Ich habe ein schlechtes Gewissen, als ich ihr sage, dass es schon einige Monate zurückliegt. Auch sie hatte lange keinen Kontakt zu ihm und wir beschließen, ihn noch heute anzurufen. Als er meine Stimme erkennt, freut sich Kurt riesig, aber ich kann ihn kaum verstehen. Karin stellt das Telefon auf Mithören und vermittelt zwischen uns. Nach einer Weile kann ich ihn besser verstehen. Er sagt, dass wir uns leider nicht sehen können, weil seine Lebensgefährtin die ganze Woche über Spät- und Wochenenddienst hat. Er lässt Besuche nur in deren Beisein zu. Wenn er zu Karin kommen will, muss das lange vorher geplant werden. Sie wohnt in der vierten Etage und hat keinen Fahrstuhl. Für Kurt ist es äußerst schwierig, die vielen Stufen zu überwinden.

Ich bin traurig und verspreche, ihm zu schreiben. Außerdem biete ich ihm an, dass er mich mit seiner Lebensgefährtin zu jeder Zeit in Berlin besuchen kann.

Kurt hatte 1991 einen Autounfall und ist seitdem schwerstbehindert. Auch damals war es Karin, die mich in Berlin anrief, um mir von dem Unfall zu berichten. Ich bat eine Freundin, sich um meine achtjährige Tochter zu kümmern, und fuhr sofort nach Mannheim. Als ich Kurt dann auf der Intensivstation besuchen wollte, musste mich eine Krankenschwester zu ihm bringen, weil ich ihn nicht allein gefunden hatte. Ich hatte ihn einfach nicht erkannt. Er lag im Koma und war total entstellt. Ich blieb damals so lange wie möglich bei Karin und fuhr danach zu ihr, sooft es ging. Wir beide kümmerten uns so gut wie möglich um Kurt. Meine Mutter besuchte ihn nie. Nach einem halben Jahr erwachte er aus dem Koma. Es stellte sich heraus, dass er nach einem Schädelhirntrauma behindert bleiben würde. Er war wie ein neugeborenes Kind und musste alles neu erlernen. Er konnte nicht mehr laufen, sein Sprachzentrum und sein Kurzzeitgedächtnis sind geschädigt. Nach einem halben Jahr Krankenhausaufenthalt brachte man ihn in eine Rehabilitationsklinik. Nach langer Zeit fasste er Vertrauen zu einer Therapeutin, die ihn zwei Jahre später zu sich nach Hause holte. Dort machte er große Fortschritte, lernte wieder laufen und sprechen. Dieser Frau haben wir es zu verdanken, dass es Kurt so gut geht. Auch wenn er nie wieder so wird, wie er einmal war. Sie hat die Kraft und die Gabe, das Bestmögliche aus ihm herauszuholen.

Nach dem Bruch mit meiner Mutter haben wir uns nicht mehr gesehen. Der Kontakt zu meinen Geschwistern war durch die Entfernung sowieso spärlich geworden, zumal ich nur noch selten in meine Heimat kam. Auch meine persönlichen Probleme trugen dazu bei. Niemand wusste zum Beispiel, dass ich tablettenabhängig war. Mit Kurt telefonierte ich nur selten und sprach bei diesen Gelegenheiten auch mit seiner Lebensgefährtin.

Es ist Nachmittag. Karin hat Termine, mein Schwager kommt erst am Abend von der Arbeit nach Hause und der fünfzehnjährige Sohn verbringt den Tag bei einem Schulfreund. Ich habe mir einen Kaffee gemacht und mich damit auf den Balkon gesetzt. Es klingelt und ich drücke auf den Türöffner. Es gibt keine Gegensprechanlage. Deshalb bin ich überrascht, als mein Halbbruder Thomas vor der Tür steht. Er weiß von Karin, dass ich da bin, und wollte uns spontan besuchen. Thomas ist dreiunddreißig Jahre alt und lebt mit seiner Freundin ziemlich zurückgezogen in einer anderen Stadt. Ich habe lange nichts von ihm gehört. Genau wie seine zwei Jahre ältere Schwester Sonja sucht er nur selten Kontakt zur Familie. Nur Mutter hat er regelmäßig besucht. Schließlich war Thomas stets ihr Ein und Alles. Ich freue mich, ihn zu sehen, und wir umarmen uns. Dann setzen wir uns gemeinsam auf den Balkon und plaudern ein wenig über unser jetziges Leben. Nicht zu intim, gerade so viel, als wären wir Bekannte, obwohl ich für ihn früher quasi wie eine Mutter war. Als wenn er meine Gedanken lesen könnte, beginnt er völlig überraschend von damals zu sprechen. Erstaunt stelle ich fest, wie viel er weiß und welche Gedanken er sich macht. Er ist der Sohn meines Stiefvaters, er sieht genauso aus und ich muss ihn immerzu anschauen. Aber er ist ein ganz anderer Mensch, er ist lieb und gut. Jedenfalls ist das mein Eindruck. Ich bin völlig verblüfft, als Thomas mir erzählt, dass er Nachforschungen über seinen Vater angestellt hat. Er wollte herausfinden, woher er kam, bevor er bei unserer Mutter aufkreuzte. Wo er geboren worden war und wo er früher gelebt hatte. Ich erzähle Thomas, dass ich ebenfalls einige Versuche unternommen hatte, etwas über seinen Vater herauszufinden. Aber weder Thomas noch mir ist es gelungen. Es ist alles zu lange her und auch in den Archiven der Stadtverwaltung konnte Thomas nichts finden.

In meinem Kopf dreht sich alles, meine Gedanken überschlagen sich und ich habe große Mühe, mich zu konzentrieren. Plötzlich sehe ich meinen Stiefvater vor mir. Groß, schlank, fast feingliedrig und dunkelhaarig. Die schmale gerade Nase, seine stechend blauen Augen, die mich aus seinem schmalen, blassen Gesicht mit der etwas zu hohen Stirn ansehen. Mir wird kalt. Durch das Gespräch mit Thomas wird mir wieder einmal klar, wir falsch es war, dass in der Familie nie miteinander geredet wurde. Thomas erzählt, dass er sich mit meinem älteren Bruder Bernd über frühere Zeiten unterhalten habe. Bernd meinte, die ersten Jahre mit dem Stiefvater seien doch gut gewesen. Ja, denke ich sofort, es wusste ja auch viele Jahre lang niemand, was er mir angetan hatte. Und bis heute weiß niemand, wann es begonnen hat und was tatsächlich alles geschehen ist. Ich möchte so gerne mit allen darüber sprechen. Sie sollen wissen, wie lange mein Stiefvater mich missbraucht hat, damit sie verstehen, warum alles so gekommen ist. Sie sollen wissen, dass er mein Leben zerstört hat. Sie sollen wissen, dass ich für den Rest meines Lebens darunter leide und nicht weiß, wer ich eigentlich bin.

Plötzlich fühle ich mich wieder schuldig und habe Angst. Ich spüre, wie ich innerlich anfange zu zittern und wie sich mein Brustkorb zusammenzieht. Auch das Gefühl, gelähmt zu sein und nicht sprechen zu können, ist wieder da, wie damals, als ich noch ein Kind war. In diesem Moment befürchte ich, dass ich am nächsten Tag nicht zu meiner Mutter werde gehen können, aber ich will meine Schwester und ihren Sohn, der mitkommen möchte, nicht enttäuschen. Karin wird es sicher nicht verstehen, wenn ich sie allein hinschicke. Alle mir so bekannten und angsterfüllenden Gefühle kommen hoch und ich muss sie unterdrücken. Die Angst, dass ich für alles, was geschehen ist, verantwortlich gemacht werde. Ich bin traurig, aber auch erleichtert, als Thomas sich verabschiedet. Ich erzähle Karin später, dass Thomas hier war, aber ich sage ihr nichts von unserem Gespräch über früher.

Am nächsten Tag bin ich noch immer bedrückt und dementsprechend verläuft auch der Besuch bei meiner Mutter. Ich bin hin- und hergerissen. Dass sie einen schweren Schlaganfall erlitten hat und nun so daliegen muss, tut mir leid, aber meine Gefühle sind nicht so, wie sie vermutlich unter normalen Umständen wären. Außerdem denke ich daran, dass sie ihren ältesten Sohn, der seit seinem Unfall schwerstbehindert ist, nie im Krankenhaus besucht hat, und ich kann das nicht verstehen. Damals habe ich mich gefragt, warum sie Kurt in einer solchen Situation allein lässt. Er hätte durchaus an seinen schweren Verletzungen sterben können. Warum ist sie nicht bei ihm gewesen?

Wir sprechen mit der Ärztin, die meine Mutter behandelt. Ich frage präzise nach ihrem Zustand und welche Fortschritte zu erwarten sind. Nach einiger Zeit und mehrmaligem Nachfragen erklärt die Ärztin, dass wohl keine großartige Verbesserung mehr eintreten wird und meine Mutter im Höchstfall ein paar Stunden am Tag im Rollstuhl sitzen können wird. Wir sind erschüttert, müssen aber der Realität ins Auge sehen. Wir sprechen noch mit einer Sozialarbeiterin im Krankenhaus, die uns erklärt, dass auch eine Reha-Maßnahme keinen Erfolg bringen wird. Die Sozialarbeiterin meint, das Beste wäre, meine Mutter direkt zu meiner Halbschwester Sonja nach Hause zu entlassen, die sie aufnehmen und pflegen will. Dort könne das Gleiche für sie getan werden wie in einer Reha-Klinik. Dass Sonja Mutter aufnehmen und pflegen würde, war bisher noch nicht konkret entschieden. Mittlerweile hat sie aber der Sozialarbeiterin gegenüber diesen Vorschlag gemacht. Allerdings wird das sehr schwierig werden. Sonja hat noch vier Kinder zu Hause. Ihr Mann ist wegen eines Rückenleidens erwerbsunfähig. Jetzt suchen sie bereits ein geeignetes Haus zur Miete, um meine Mutter überhaupt aufnehmen zu können. Ich habe das Gefühl, dass es viel schwieriger werden wird als geplant, sie vor einem Pflegeheim zu bewahren.

Sonja, mit der ich ebenfalls schon seit Jahren keinen Kontakt mehr hatte, hat für morgen ihren Besuch bei Karin angekündigt. Sie möchte mit uns über ihre Pläne, die Mutter aufzunehmen, sprechen. Auch für Sonja war ich früher wie eine Mutter und wir hatten immer ein sehr gutes Verhältnis zueinander. Ein halbes Jahr nach der Geburt meiner Tochter hat sie mich sogar einmal in Berlin besucht. Einige Jahre später behauptete meine Mutter, ich hätte irgendwann ein Verhältnis mit Sonjas Mann gehabt.

Obwohl auch er seiner Frau geschworen hatte, dass das nie der Fall gewesen war, brach der Kontakt zwischen uns ab und ich beließ es dabei. Damals wohnte meine Mutter vorübergehend bei Sonja. Ich sah keine Chance, meiner Halbschwester glaubhaft zu machen, dass unsere Mutter sie belogen hatte. Bis heute ist mir völlig schleierhaft, warum Mutter so etwas behauptet und damit meine bis dahin innige Beziehung zu Sonja zerstört hatte. Ich war aber nicht nur auf meine Mutter, sondern auch auf meine Halbschwester wütend, weil diese die Geschichte geglaubt hatte. Sie hätte doch wissen müssen, dass ich so etwas niemals getan hätte. Doch zu diesem Zeitpunkt war es mir egal, dass Sonja nichts mehr mit mir zu tun haben wollte. Als meine Wut verflogen war, schlug sie in Traurigkeit um. Sonja konnte nichts dafür, dass meine Mutter solche Dinge erfand, und sie musste schließlich mit ihr leben und auskommen. Ich war weit weg und hatte keine Chance, mich zu wehren. Deshalb ließ ich die Sache ruhen.

Als Sonja am nächsten Mittag kommt, begegnen wir uns, als wäre nie etwas geschehen. Wir sprechen nicht über die Vergangenheit. Es ist auch nicht der richtige Zeitpunkt. Vielleicht müssen wir uns erst wieder näherkommen. Sonja hat sich kaum verändert. Sie ist nach wie vor als Einzige in der Familie sehr kräftig. Ihre langen blonden Locken und die sehr blauen Augen erinnern mich daran, wie sie als Kind aussah. Aber die ernsten Gesichtszüge passen nicht zu ihrem Alter von fünfunddreißig Jahren. Sie spricht sehr schnell und macht einen nervösen Eindruck. Ich frage sie, warum sie sich entschlossen hat, unsere Mutter aufzunehmen und zu pflegen, und will wissen, ob sie sich über die Belastung im Klaren ist, die auf sie und ihre Familie zukommen wird. Ich wundere mich über ihre Pläne, denn das Verhältnis zwischen ihr und meiner Mutter war nie besonders gut. Sonja kann nicht erklären, warum sie das tun will. Sie sagt, sie traue es sich zu und sie werde von ihrer Familie dabei unterstützt.

Sonjas Besuch ist anstrengend und nimmt mich sehr mit. Am Abend, als Karin, mein Schwager und mein Neffe schlafen gegangen sind, bleibe ich noch lange auf, um den Tag allein und in Ruhe an mir vorüberziehen zu lassen. Ich krame ein paar alte Bilder aus, die Karin von meiner Mutter bekommen hat. Es ist eigenartig, diese alten Fotos anzusehen. Ich erkenne mich, als ich ungefähr acht und auf späteren Aufnahmen etwa zwölf Jahre alt war. Auf einigen bin ich allein zu sehen, die betrachte ich intensiv. Ich war ein dünnes, offensichtlich schüchternes und trauriges Mädchen, die blonden Haare zu einem Pferdeschwanz gebunden. Auf keinem der Bilder ist ein Lächeln zu sehen. Ich versuche, mich in diese Zeit zurückzuversetzen, und erinnere mich an die Orte, an denen die Fotos gemacht worden sind. Besonders ein Bild verursacht mir Herzklopfen. Mir wird bewusst, dass ich an dem Tag, als es aufgenommen wurde, mit meinem Stiefvater allein unterwegs war. Weiter fällt mir nichts ein. Ich muss krampfhaft überlegen und denke an die Nacht zurück, in der mein Stiefvater mich zum ersten Mal angefasst hat. An die Nacht, in der ich anfing, mich zu verlieren, und meine Freundin so lange auf mich einredete, dass das, was in dem großen Ehebett geschehen war, nur ein Traum gewesen sein konnte. Doch ich sollte es bald besser wissen. Es war kein Traum, es war der erste Missbrauch.

Kapitel 3

Das Geheimnis

An einem warmen Sommertag nahm mich mein Stiefvater zum ersten Mal zu einem Spaziergang mit. Ich wusste nicht, wo er hinwollte. Am Bahnhof gab es eine Gastwirtschaft, in die wir hineingingen. Er trank ein Bier oder zwei, bevor er mit mir über den Bahnübergang lief, bis wir uns auf den Feldern befanden, wo das Korn schon hoch stand. Es war ein schöner Tag und ich genoss den Sonnenschein. Wir waren nicht sehr weit gegangen. An einer Stelle, an der das Korn vom Wind flach gedrückt war, blieben wir stehen. »Ich zeige dir etwas, es muss aber unser Geheimnis bleiben«, sagte er zu mir. Niemandem dürfte ich von diesem Geheimnis erzählen. Es würde mir sowieso keiner glauben und meine Mutter würde sehr wütend werden, mit mir schimpfen und mich sogar verhauen. Ab und zu bekam schon mal eines von uns Kindern den Hintern voll, wenn es meiner Mutter zu viel wurde und wir nicht brav waren. Meine Mutter wäre imstande, mich sogar in ein Kinderheim zu bringen, sagte er.

Nach diesem Satz bekam ich Angst. Denn ich erinnerte mich daran, schon einmal in einem Kinderheim gewesen zu sein. Als mein Papa noch lebte, mussten er und meine Mutter für eine lange Zeit zur Kur. Meine drei älteren Brüder wurden bei Verwandten oder Bekannten untergebracht. Nur ich war in einem Kinderheim. Und obwohl ich erst drei Jahre alt gewesen war, erinnerte ich mich noch daran, wie krank ich damals geworden war und wie schlimm es dort für mich gewesen war.

Deshalb versprach ich ihm, nichts zu verraten. Weder den Brüdern noch meiner Schwester. Nicht meiner Freundin, die mir sowieso nicht glaubte, und schon gar nicht meiner Mutter. Er war zufrieden und sagte nichts mehr. Dann fing er an, sich seine Hose aufzumachen, und holte sein Ding heraus. Noch nie zuvor hatte ich so etwas gesehen. Es hing schlaff aus seiner Hose und er nahm es in die Hand, um es zu reiben. Schnell wurde aus dem schlaffen ein großes, festes Ding. Ich stand da und schaute zu. Es war mir komisch zumute und ich sagte, ich wolle nach Hause. »Gleich, gleich«, schnaufte er und griff dabei nach meiner Hand. Ich zog sie hastig weg und ging einen Schritt zurück. Mit einem festen Griff packte er mich und zog mich zu sich heran. Er legte meine Hand auf sein Ding und umklammerte sie mit seiner. So bewegte er nun unsere Hände auf seinem Ding auf und ab. Ich fühlte mich nicht wohl dabei, aber ich konnte mich nicht lösen, denn er hielt mich fest. Ich war ja erst sieben Jahre alt und einfach zu schwach gegen ihn.

Er schaute mich an und lächelte so komisch. Ich drehte meinen Kopf zur Seite und versuchte, an etwas Schönes zu denken, was mir aber nicht gelang. Er rieb und rieb, der Druck seiner Hand auf meiner wurde immer stärker. Plötzlich kam aus seinem Ding etwas herausgespritzt. Ich war so erschrocken, dass ich mich mit einem Ruck losriss. Er rieb sich noch einen Moment weiter, bis es aufhörte, aus ihm zu spritzen. Dann machte er seine Hose wieder zu und lief weg, ohne etwas zu sagen. Ich ging hinterher. Ich konnte überhaupt nichts denken und fand das Ganze nur widerwärtig und eklig. Auf dem Heimweg ermahnte er mich noch mal, niemandem davon zu erzählen. Mir fiel das Kinderheim ein und ich nickte. Es blieb mein Geheimnis. Aber ich wusste plötzlich, dass es kein Traum war, was damals nachts im Bett geschehen war. Er hatte mich wirklich ausgezogen und angefasst. Aber Biggi wollte es nicht glauben. Was ich jetzt erlebt hatte, würde sie mir erst recht nicht glauben. Deshalb beschloss ich, ihr wirklich nichts davon zu erzählen. Ich hoffte, so etwas würde nicht noch einmal geschehen. Und ich wollte nie wieder mit ihm allein sein.

In den nächsten Tagen versuchte ich, dieses Erlebnis zu vergessen, aber das fiel mir nicht leicht. Abends lag ich im Bett und es gelang mir nicht einzuschlafen. Manchmal kam es mir vor, als würde ich die ganze Nacht wach liegen. Ich konnte einfach nicht schlafen, weil ich immer wieder daran denken musste, wie sein Ding groß wurde. Wie er meine Hand darauf presste und wie es auf einmal spritzte.

Während ich mit offenen Augen dalag, machte ich mir zur Ablenkung meine Hände mit Spucke nass, um damit meine Haare an der Stirn anzufeuchten. Wenn ich das getan hatte, rieb ich sie mit der Bettdecke wieder trocken. Dies wiederholte ich, bis meine Arme schwer wurden und mir die Augen zufielen. Wenn ich aber die Augen geschlossen hatte, überkam mich das Gefühl, dass mich etwas Großes, Weißes erdrückte. Ich hatte den Eindruck, als wenn ein großer, weißer Daumen auf mich zukommen würde, um mich zu zerquetschen. Immer wieder musste ich meine Augen aufreißen, weil ich Angst hatte vor dem, was da auf mich zukam. Irgendwann muss ich aber dann doch eingeschlafen sein.

Von nun an achtete ich darauf, dass mein Stiefvater nicht auf die Idee kam, mit mir spazieren zu gehen. Auf gar keinen Fall wollte ich noch einmal so ein Erlebnis haben. Ich hatte Angst davor, dass es wieder passieren könnte und ich es niemandem sagen dürfte.

Der Tag kam aber schon bald. Meine Versuche, ihm auszuweichen und zu sagen, ich hätte gar keine Lust mitzukommen, halfen mir nicht. Am Ende nahm er mich doch mit. Wieder gingen wir in die Bahnhofskneipe. Wieder den Weg zu den Feldern. Ich ging das Risiko ein, ihn zu verärgern, und sagte, dass ich auf keinen Fall dasselbe tun wollte wie beim letzten Mal. Ich versuchte, mich zu wehren, und fing sogar an zu weinen. Er ließ sich davon aber nicht beeindrucken und öffnete wieder seine Hose. Dieses Mal tat er es aber ganz allein. Er ließ mich nur zusehen, vermutlich weil ich die ganze Zeit über weinte. Als er fertig war, machte er sich hastig die Hose zu. Er war jetzt wirklich sehr böse auf mich, fasste meine Hand und zog mich hinter sich her. Er fauchte, ich wäre dumm und stelle mich blöd an, und er drohte mir, falls ich etwas verriete. Ich verriet nichts.

Mindestens zweimal in der Woche ging er mit mir zu dieser Stelle. Bald weinte ich nicht mehr. Ich tat, was er schon beim ersten Mal wollte, und bald zwang er mich, es allein zu machen. Manchmal befahl er, es fester zu tun oder länger zu reiben. Manchmal nahm er auch seine eigene Hand zu Hilfe, meistens kurz bevor es spritzte. Es ging manchmal schnell, manchmal dauerte es länger. Jedes Mal war ich froh, wenn es vorbei war und wir wieder nach Hause gingen. Ich erzählte niemandem davon, denn davor hatte ich genauso viel Angst wie vor der Sache selbst.

Mittlerweile hatte meine Mutter diesen Mann geheiratet und sich die Rente meines Papas auszahlen lassen. Als ich neun war, wurde meine Halbschwester Sonja geboren. Wir freuten uns alle und ich bemerkte, dass die Aufmerksamkeit meines Stiefvaters nun dem Baby galt. Darüber war ich besonders froh und fühlte mich sicherer. Eine feste Arbeit hatte er immer noch nicht. Nur gelegentlich half er mal hier, mal da bei irgendwelchen Leuten aus. Was er da tat, wusste ich nicht. Die meiste Zeit war er aber zu Hause.

Meine Mutter hatte mit dem neuen Baby jetzt noch mehr zu tun, sodass ich oft im Haushalt helfen musste. Ich passte auf meine kleine Halbschwester auf und ging für meine Mutter einkaufen. Manchmal reichte das Geld nicht aus und wir ließen bei unserem Kaufmann anschreiben. Ich brauchte ihm das nicht zu sagen, meine Mutter schrieb es auf den Einkaufszettel oder sie gab mir Buttermarken mit, die kinderreiche Familien einmal im Monat bekamen und die der Kaufmann als Bezahlung akzeptierte. Am Ende eines Monats bezahlten wir dann die angeschriebenen Lebensmittel und machten einen Großeinkauf. Dann gab es auch wieder einmal Schokolade oder andere Süßigkeiten.

Als meine kleine Schwester ein Jahr alt wurde und ihren ersten Winter erlebte, war es sehr kalt und es gab besonders viel Schnee. Wir konnten ihn aber nicht genießen, weil wir nichts Warmes anzuziehen hatten. Für neue Wintersachen war nicht genug Geld da. Aber wir mussten doch auch zur Schule gehen. Eines Abends saß mein Stiefvater an einer Nähmaschine, die er mitgebracht hatte, und nähte für Karin und mich aus einem unechten Leopardenmantel meiner Mutter zwei komplette Anzüge. Darin mussten wir dann zur Schule gehen. Ich kam mir komisch vor und die Kinder in der Schule lachten mich aus, aber der Anzug war schön warm.

Als es Frühling war, wurde uns in der Schule mitgeteilt, dass wir einen Ausflug machen würden. Es sollte eine Tagestour zum Felsenmeer werden und ich freute mich riesig darauf. Es war Mai und ich hatte immer noch die billigen braunen Winterstiefel an, weil nicht für alle Kinder Geld für neue Schuhe da war. Außer dass es mir in diesen Stiefeln zu warm wurde, waren sie mir auch peinlich. Ich nörgelte zu Hause herum. Am Abend vor dem Ausflug nahm mein Stiefvater eine Schere und die Stiefel und schnitt sie zu Halbschuhen zurecht. Es sah nicht besonders gut aus und war nicht gerade bequem, aber so konnte ich wenigstens ohne Stiefel am Schulausflug teilnehmen. Ich lief die meiste Zeit barfuß, es war ja warm genug. Nur meiner Lehrerin fielen die komischen Schuhe auf und sie wollte wissen, wer sie so zurechtgeschnitten hatte.

Es ist sehr spät geworden. Ich packe die Bilder weg und lege mich schlafen. Am nächsten Tag gehen Karin und ich noch einmal zu Sonja. Sie erzählt, dass ihr ältester Sohn, gleich nachdem er achtzehn geworden war, ausgezogen ist. Der Siebzehnjährige und die fünfzehnjährige Tochter sehen Sonja unglaublich ähnlich. Außerdem hat meine Halbschwester noch zwei kleine Kinder von vier und zwei Jahren. Die Älteste kümmert sich während unseres

Besuchs um die kleinen Geschwister, sodass Karin, Sonja und ich uns in aller Ruhe unterhalten können.

Sonja erzählt uns zunächst einiges über ihre Familie, bevor wir das Thema wechseln. Sie teilt uns mit, dass sie und ihr Mann bereits ein Haus zur Miete gefunden haben und dass es im Nachbarort, also nicht sehr weit weg von Karin ist. Morgen könnten wir es uns gemeinsam ansehen. Ich weise meine Halbschwester noch einmal darauf hin, welch schwierige Aufgabe auf sie und ihre Familie zukommt, und frage sie, ob ihr klar ist, dass sie außer von Karin keinerlei Unterstützung erwarten kann. Sonja hat am wenigsten Kontakt zu den übrigen Geschwistern. Außer Karin wohnt niemand in der näheren Umgebung. Und ich bin zu selten da, um wirklich helfen zu können. Aber sie ist zuversichtlich, dass alles gut funktionieren wird. Ihr Mann, der ja sowieso zu Hause ist, hat früher einmal als Krankenpfleger gearbeitet und wird bei der Pflege der Mutter den Hauptanteil übernehmen.

Meine Schwester und ich drücken unsere Bewunderung für den Mut und das Engagement von Sonja und ihrer Familie aus. Trotzdem äußere ich Bedenken, vor allem wegen der beiden noch relativ kleinen Kinder. Sonjas ältere Tochter, die meine Einwände mitbekommt, beteuert, für ihre Geschwister da zu sein und ihrer Mutter immer zur Seite zu stehen. Der kleine Junge geht sowieso in den Kindergarten, sodass am Vormittag nur ein Kind zu Hause ist. Im Endeffekt hört sich alles recht plausibel und gut an. Wir verabreden für den nächsten Tag, uns bei dem neuen Haus zu treffen. Dann unterhalten wir uns eine Weile über andere Dinge.

Am Abend sprechen Karin und ich noch einmal über die Situation. Wir sind nicht sicher, ob Sonja und ihre Familie nicht doch überfordert werden. Die Sache ist aber beschlossen und für unsere Mutter wohl auch das Beste, denn es geht schließlich darum, sie vor dem Pflegeheim zu bewahren.

Am nächsten Tag sehen wir uns alle zusammen das Haus an. Es ist sehr schön und für alle groß genug. Mein Schwager erklärt, dass er meine Mutter im Wohnzimmer unterbringen will. Von da hat sie einen guten Blick zur Terrasse bis hin zur offenen Küche und kann am Leben der Familie teilnehmen. Es wird ein extra Pflegebett angeschafft, was sehr zur Erleichterung beitragen soll, meine Mutter in den Rollstuhl zu setzen und wieder in das Bett zurückzubringen. Es hört sich alles gut an und ich bin beruhigt, nachdem wir alles besprochen und uns verabschiedet haben. Schon nächste Woche soll der Umzug der Familie stattfinden und meine Mutter wird einige Tage später aus dem Krankenhaus entlassen werden.

Karin und ich gehen am nächsten Tag noch einmal ins Krankenhaus. Ich verabschiede mich von meiner Mutter, denn morgen werde ich nach Hause zurückfahren. Karin und ihr Mann bringen mich wie immer zum Bahnhof und meine Schwester weint hemmungslos, als wir uns verabschieden. Es tut mir weh, sie so zurücklassen zu müssen. Ich würde gerne bei ihr bleiben.

Die mehrstündige Bahnfahrt gibt mir Gelegenheit, die letzten Tage noch einmal zu überdenken. Ich stelle mir die Frage, warum Sonja, die wie ich nie ein gutes Verhältnis zu Mutter hatte, sie unbedingt aufnehmen will. Es gelingt mir nicht, mit meinen Gedanken in der Gegenwart zu bleiben. Ich sehe Sonja als kleines Kind vor mir, wie sie in ihrem Kinderwagen sitzt, während ihr Vater sich an mir vergeht.

Kapitel 4

Ein weiteres Baby

DIE ZEIT DER SPAZIERGÄNGE WAR WIEDER ANGEBROCHEN. Mittlerweile war ich daran gewöhnt, dass es zu Hause viel Streit gab und meine Mutter ständig mit uns Kindern schimpfte, weil sie nie zufrieden war. Vor allem Achim, durch den mein Stiefvater als Vertreter für Babynahrung zu uns gekommen war, hatte es schwer. Er war erst fünf Jahre alt, musste aber schon viel aushalten. Wie dumm er doch sei und dass aus ihm nichts werden würde und vieles mehr schrie ihm meine Mutter ständig ins Gesicht. Er tat mir leid und ich nahm ihn mit auf den Hof, sooft es ging. Meine Mutter bestand aber darauf, dass ich immer auch die kleine Sonja mitnahm. Mein Stiefvater mochte seine kleine Tochter sehr. Sie war ein hübsches Kind mit einem Puppengesicht und blonden Locken. Er überhäufte sie mit Geschenken. Da er sie meistens mitnahm, wenn er aus dem Haus ging, musste ich mit, denn schließlich musste ja jemand auf das Kind aufpassen. Ich hatte immer Angst davor. Mittlerweile wusste ich, was geschehen würde. Er ging in die Kneipe, trank sein Bierchen, führte seine kleine Tochter vor und anschließend gingen wir auf den Feldern spazieren. Wenn Sonja in ihrem Kinderwagen schlief, kam mein Part. Wenn sie wach war, wurde der Kinderwagen einfach umgedreht und es geschah trotzdem.

Die Stimmung zu Hause war nicht gut. Meine großen Brüder gingen deswegen nach der Schule fast immer weg. Sie trafen sich mit Freunden und stellten allerlei Unsinn an. Oft klingelten fremde Mütter an unserer Tür, um sich über meine Brüder zu beschweren. Meine Mutter wimmelte die Frauen mit der Bemerkung ab, sie hätte für so etwas keine Zeit. Manchmal schloss sie ohne einen Kommentar wieder die Tür. Ich half, so gut ich konnte, im Haushalt und passte auf meine Geschwister auf. Mein Stiefvater kam oft in der Nacht betrunken nach Hause. Dann gab es jedes Mal Diskussionen und Streit zwischen ihm und meiner Mutter. Sie schrien sich an und ab und zu hörte ich es in der Küche poltern. Ich lag dann zitternd im Bett und konnte nicht schlafen. Manchmal gingen wir Kinder deswegen am nächsten Tag nicht zur Schule. Ich blieb allerdings auch oft zu Hause, weil ich meiner Mutter helfen und auf Sonja aufpassen musste. Ich war sehr traurig, wenn ich nicht zur Schule gehen konnte, denn ich mochte sie. Ich fehlte so oft, dass mein Klassenlehrer in mein Halbjahreszeugnis der sechsten Klasse schrieb: *Stefanie hat an fünfundfünfzig Schultagen gefehlt. Eine Benotung kann daher nicht erfolgen!*

Trotzdem konnte ich in der Klasse bleiben, denn bei den Arbeiten, die ich mitgeschrieben hatte, waren meine Noten immer gut. Mein Stiefvater rastete völlig aus, als er das Zeugnis las. Er tobte und wollte es unbedingt unterschreiben, obwohl das sonst immer meine Mutter tat, um seinen Kommentar darin zu verewigen. Er schrieb: *Mangels Dienstsiegel und Unterschrift des Schulleiters* (das Zeugnis war von meinem Klassenlehrer unterschrieben) *ist außerdem in der Rubrik »Bemerkungen« das Wesentliche nicht vermerkt. Ein Beweis mangelndem dienstlichem Einfühlungsvermögens und Schrulligkeit. Das Zeugnis kann daher von mir nicht anerkannt werden!*

Das war mir so peinlich, dass ich das Zeugnis tagelang in meiner Schultasche mit mir herumtrug und mehrmals aufgefordert werden musste, es abzugeben.

Mittlerweile verteilte mein Stiefvater auch Ohrfeigen und Strafen. Besonders die älteren Brüder Kurt, Bernd und Ralf hatten darunter zu leiden. Manchmal wurden sie bereits von ihm erwartet, wenn sie am Abend vom Spielen nach Hause kamen.

Vor allem wenn meine Mutter ihm etwas berichtet hatte, was ihm nicht passte, schrie er sie an und schlug sie manchmal. Kurt, der Älteste, versuchte sich verbal zur Wehr zu setzen und seine Brüder in Schutz zu nehmen. Er wurde dann auch mal laut und erklärte meinem Stiefvater, dass er ihm gar nichts zu sagen hätte. Damit wurde die Auseinandersetzung umso heftiger und mein Stiefvater schrie Kurt an, dass dieser zu tun hätte, was er verlangte, solange er mit seinen fünfzehn Jahren die Füße noch unter seinen Tisch stelle. Diese Streitereien hielten manchmal stundenlang an. Ich zitterte dabei vor Aufregung und vor Angst. Meine Mutter wies mich an, auf die Kleinen aufzupassen und sie zu beruhigen, wenn sie weinten. Aber sie mischte sich in diese Auseinandersetzungen nie ein.

Der nächste Winter kam und ging. Im Frühjahr bemerkte ich, dass meine Mutter dicker wurde. Ich war fast zehn Jahre alt und erkannte, dass sie erneut schwanger war. Ich konnte es nicht glauben und fragte mich, wie sie das nur zulassen konnte. Noch ein Kind – das achte – und dann von diesem Mann! Seit er bei uns war, ging es uns nicht gut. Oft war nicht einmal genug zu essen im Haus. Manchmal, wenn er wieder irgendwie Geld aufgetrieben hatte, Mutters Rente und das Kindergeld ausgezahlt worden war, gingen sie einkaufen.

Eine kurze Zeit schien dann alles in Ordnung zu sein. Für ein paar Tage war genug von allem da und die beiden waren gut gelaunt. So gut gelaunt, wie er war, wenn er wieder mit mir auf dem Feld gewesen war. Ich hasste ihn schon lange und weinte oft, wenn ich im Bett lag. Meine Fingernägel taten weh, weil ich sie so kurz abgekaut hatte, dass sie bluteten. Ich war traurig und konnte nicht verstehen, wieso meine Mutter nichts bemerkte. Oft habe ich sie angesehen in der Hoffnung, sie würde erkennen, wie traurig ich war. Dann hätte ich es ihr gesagt. Sie hat mich aber nie gefragt. Stattdessen hat sie viel mit mir geschimpft und immer erwartet, dass ich ihr im Haushalt helfe, was ich auch tat, so gut ich konnte. Nur selten war sie mit mir zufrieden. Ich versuchte ständig, ihre Aufmerksamkeit auf mich zu lenken, damit sie mich beachten und lieb haben sollte. Einmal ließ ich mit großer Mühe meine Fingernägel wachsen und zeigte sie ihr voller Stolz. Mutter fand lediglich, dass ich komische Fingernägel hätte, woraufhin ich sie aus Enttäuschung wieder bis aufs Blut abkaute.

Wieder einmal habe ich das Gefühl, kaum in den Zug eingestiegen zu sein, als er in Berlin hält. Marc ist für einige Tage auf Dienstreise und ich fahre mit dem Bus nach Hause. Dort rufe ich meine Tochter an, um mich mit ihr zu verabreden. Aber Kerstin hat in den nächsten Tagen wenig Zeit, wir können uns erst am Wochenende sehen. Es ist Dienstag und morgen soll ich wieder arbeiten.

Das Alleinsein fällt mir unglaublich schwer. Ich setze mich auf die vordere Kante der Couch, fühle mich wie gelähmt und weiß nicht, was ich tun soll. Meine Gedanken kreisen ständig zwischen Vergangenheit und Gegenwart hin und her und immer wieder frage ich mich, wie ich geworden wäre, hätte es meinen Stiefvater nicht gegeben. Warum hat er das mit mir getan? Warum habe ich mich nicht rechtzeitig gewehrt? Warum habe ich zu Hause nicht einfach alles laut herausgeschrien? Bin ich am Ende schuld daran, dass er mich nicht in Ruhe gelassen hat? Heute weiß ich, dass ich keine Schuld habe, dass ich ein kleines Kind war, dass ich keine Möglichkeit hatte, mich zu wehren. Aber mein Unterbewusstsein will das nicht glauben. Immer wieder muss ich mir sagen, wenn ich nicht gewesen wäre, wäre alles nicht passiert. Ich hätte mich anders verhalten müssen. Habe ich nicht vielleicht selbst meinem Stiefvater Anlass gegeben, dass er sich an mir vergriff? Wenn ja, wie und wodurch? Was habe ich falsch gemacht? Und warum hat Mama nichts gemerkt? Warum hat sie mich nie auf den Schoß genommen und gefragt, warum ich traurig war, wenn er mit mir unterwegs gewesen ist? Warum hat sie nicht bemerkt, dass ich nicht mehr ich war? Ich war doch anders als früher. Konnte ich mich denn so gut verstellen, dass sie wirklich nichts bemerkt hat? Wollte ich vielleicht nur ein ganz normales Mädchen sein? Das konnte ich aber nicht mehr. Ich war oft teilnahmslos, hatte nicht mal mehr Lust, mit anderen Kindern zu spielen. Ich stritt mich öfter als zuvor mit Karin, obwohl ich sie lieb hatte und das gar nicht wollte. Ich war nicht mehr ich, ich war eine andere Stefanie. Das ist bis heute so geblieben.

Mir ist schwindlig und ich will nicht mehr denken. Ich will auch nicht mehr suchen. Ich habe keine Kraft mehr dazu. Ich raffe mich auf und gehe zum nächstbesten Arzt, dem ich erzähle, dass ich unbedingt meine Tabletten brauche. Dass mein Hausarzt in Urlaub ist und mir die Medikamente ausgegangen sind. Ich lüge, als er mich fragt, wie lange ich sie schon nehme. Sporadisch, sage ich, ab und an, sage ich und bitte um ein Rezept. Ich bekomme es. Erleichtert gehe ich in die Apotheke. Meine Stimmung wird besser, noch bevor ich die Tabletten schlucke. Allein schon der Gedanke, dass es mir gleich besser gehen wird, dass ich gleich nicht mehr nachdenken muss, beruhigt mich. Aber bevor ich sie einnehme, muss ich duschen, das schaffe ich noch. Das habe ich immer geschafft. Ich will mir den ganzen Schmutz von früher abschrubben.

Dann nehme ich gleich zwei Tabletten auf einmal, lege mich zusammengerollt auf die Couch und spüre bald, wie mein Kopf leerer wird. Wie ich leichter werde, wie die ganze Last von mir abfällt. Ich fühle mich wohl. Ich habe noch nicht einmal ein schlechtes Gewissen. Warum auch, die Tabletten helfen mir doch abzuschalten und das ist einfach nur schön. Es kehrt endlich Ruhe in meinem Kopf ein und ich kann schlafen. Aber es ist kein ruhiger, gedankenloser Schlaf, wie ich es mir erhofft habe. Ein Albtraum schleicht sich ein und bringt mich in die Vergangenheit zurück.

Ich erlebe noch einmal den Tag, an dem im Herbst 1969 meine Mutter ihr achtes Kind zu Hause zur Welt brachte. Eine Hebamme wurde geholt und wir warteten in der Küche. Es war schon dunkel, als das Baby zum ersten Mal schrie. Als die Hebamme gegangen war, durften wir leise das Wohnzimmer betreten, um das Baby anzuschauen. Ich hatte einen neuen kleinen Bruder. Aller Ärger darüber, dass meine Mutter noch einmal schwanger geworden war, war vergessen. Der kleine Thomas war so süß und so hübsch, dass ich ihn sofort in mein Herz schloss. Wenn meine Mutter es zuließ, kümmerte ich mich um das Baby. Ich wickelte es schon bald allein. Ich kochte ihm sein Fläschchen und gab es ihm. Ich fuhr Thomas in seinem Kinderwagen auf dem Flur auf und ab, bis er schlief. Nur baden durfte ich ihn nicht, das tat meine Mutter selbst, denn sie hatte Angst, ich würde ihn fallen lassen.

Von nun an hatte ich eine wichtige Aufgabe. Der kleine Thomas wurde mein ganzer Lebensinhalt. Ich erlaubte es nicht, dass meine Geschwister ihm zu nahe kamen. Ich hatte jetzt keine Zeit mehr für andere Dinge. Vor allem glaubte ich, dass ich nun keine Zeit mehr hatte, mit meinem Stiefvater spazieren zu gehen, und dass es meine Mutter auch nicht erlauben würde. Jetzt brauchte sie mich, jetzt war ich unentbehrlich geworden.

Einige Wochen funktionierte das auch und ich war stolz auf mich. Ich fühlte mich ihm überlegen. Ich glaubte tatsächlich, einen Weg gefunden zu haben. Wie sollte ich mich irren! Im Gegensatz zu meiner Mutter fand mein Stiefvater die neue Situation gar nicht gut. Er schimpfte oft über das Baby, weil der Kleine nachts viel weinte. Mir machte es gar nichts aus, auch nachts aufzustehen, um mich um Thomas zu kümmern. Meine Mutter war froh darüber, denn bei ihr im Schlafzimmer schlief ja schließlich auch noch die zweijährige Sonja. Thomas lag im Kinderwagen, der auf dem Flur stand. In der Wohnung gab es für ihn keinen anderen Platz mehr und es wurde bereits über einen Umzug gesprochen. Im Schlaf hörte ich jedes Geräusch des Kleinen und wurde sofort wach davon.

Ich öffne die Augen. Es ist dunkel und mir wird bewusst, dass ich nicht aufstehen und zum Kinderwagen gehen muss, sondern nur geträumt habe. Ich sehe den kleinen Thomas vor mir. Wie süß er war! Doch im nächsten Moment fällt mir ein, dass ich tatsächlich eine Zeit lang glaubte, durch die Verantwortung dem Kleinen gegenüber meinem Stiefvater zu entkommen. Es gelingt mir nicht, meine Gedanken in eine andere Richtung zu lenken. Wie gelähmt liege ich im Bett und lasse alles noch einmal über mich ergehen.

Kapitel 5

Nirgends sicher

Normalerweise schlief mein Stiefvater bereits, wenn ich nachts aufstand, um Thomas zu beruhigen. Manchmal kam er aber auch erst am frühen Morgen nach Hause und schlief in den Tag hinein. Doch einmal saß er allein in der Küche. Meine Mutter war ins Bett gegangen. Sie wusste, dass sie sich auf mich verlassen konnte. Ich stand im Flur und schob den Kinderwagen hin und her, der quietschende Geräusche von sich gab. Mein Stiefvater öffnete die Küchentür, die nur angelehnt war. Er brauchte nicht einmal herauszukommen, so nah stand ich am Türrahmen. Er schnappte meine Hand. Ich erschrak und hörte auf, den Wagen zu schieben. Er zischte, ich solle weitermachen. Wortlos ließ ich zu, dass er wieder einmal meine Hand dazu benutzte, sich zu befriedigen. Ich hatte eine Riesenwut. Am liebsten hätte ich laut geschrien, aber stattdessen weinte ich nur leise und wünschte mir, er solle auf der Stelle tot umfallen.

Ich hatte verloren. Die ganze Anstrengung, ihm aus dem Weg zu gehen, war umsonst. Er hatte mich überlistet. Ich war zu dumm. Bisher war mir mein Zuhause als der sicherste Platz erschienen, doch jetzt geschah es auch hier. Alle waren da, aber ich war trotzdem ganz allein mit ihm und seinem Scheißding. Die Schlafzimmertür war nur drei Meter von mir entfernt und ich versuchte, meine Mutter auf mich aufmerksam zu machen. Ich wollte nach ihr rufen, aber ich konnte nicht. Ein dicker Kloß in meiner Kehle hinderte mich daran. Ich schluckte und schluckte, aber der Kloß wollte nicht verschwinden. Meine Knie zitterten. Ich fühlte mich in meinem Nachthemd und meinem Schlüpfer so nackt und ausgeliefert. Den Kinderwagen schob ich wie in Trance. Eigentlich wusste ich gar nicht, was ich tat. Ich war fort, irgendwo, ich weiß nicht wo. So lange, bis er fertig war und seinen Samen in einem Stofftaschentuch auffing. Den Kinderwagen schob ich noch immer, bis er mich anzischte, dass ich in mein Bett gehen solle. Da lag ich dann. Karin und Achim schliefen selig, als wäre nichts geschehen. War denn etwas geschehen? War ich es, die diesem Mann zu Willen sein musste? Ja, es musste wohl so sein, denn es blieb nicht bei diesem einen Mal.

Ich liebte den kleinen Thomas und tat, als ob nichts geschehen sei. Nach wie vor kümmerte ich mich um ihn und fühlte mich wie eine Mutter. Immer öfter wurde über einen Umzug in eine größere Wohnung gesprochen. Meine drei großen Brüder waren dreizehn, fünfzehn und siebzehn Jahre alt. Kurt, der Älteste, hatte direkt nach der Schule eine Lehre als Metzger begonnen. Er kam nur noch am Wochenende nach Hause, denn seine Lehrstelle bot ihm Kost und Logis. An den Wochenenden brachte er eine große Tasche voller Wurst und Fleisch mit. Meine Mutter freute sich, denn dadurch sparte sie eine Menge Geld. Ich war fast elf, Karin neun, Achim vier, meine Halbschwester Sonja zwei und der kleine Thomas ein halbes Jahr alt. Der Umzugsplan wurde immer konkreter. Kurt wollte nach seiner Lehre sowieso nicht mehr nach Hause zurückkommen, er wurde nicht mehr mit eingeplant. Es gab auch oft Streit zwischen ihm, meiner Mutter und meinem Stiefvater. Kurt ließ sich von ihm nichts mehr sagen. Zu oft hatte – so wie die anderen Brüder – auch er von ihm Prügel bezogen. Manchmal hatte ich den Eindruck, mein Stiefvater hielt sich Kurt gegenüber etwas zurück, weil der jetzt sehr groß und kräftig war und mein Stiefvater damit rechnen musste, dass Kurt sich nichts mehr gefallen ließ.

Ein halbes Jahr später war es so weit. Wir meldeten uns von der Schule ab. Große Verabschiedungen gab es nicht. Meine einzige Freundin war Biggi. Wir sahen uns überwiegend in der Schule, weil ich nicht viel Zeit zum Spielen hatte. Überhaupt lebten wir ziemlich zurückgezogen. Auch meine Mutter hatte so gut wie keine Kontakte mehr zu Verwandten oder Bekannten. Es wurde gepackt. Ich kümmerte mich wie immer um die vier Jüngeren. Wir zogen in ein großes Haus in einem kleinen Dorf an der Bergstraße. Erst auf der Fahrt dorthin realisierte ich, dass ich meine Heimat verlassen musste. Weg aus der mir vertrauten Umgebung. Meine Schule, meine Straße, meine Freundin Biggi, die Wohnung mit den schrägen Wänden und den schönen Holztreppen, die immer so gut nach Wachs rochen. Mir wurde aber auch bewusst, dass ich nicht zu hoffen brauchte, dass mein Stiefvater mich in Ruhe lassen würde. Ich ahnte, dass es noch schlimmer werden würde, und ich hatte Angst.

Wir Kinder waren noch nie zuvor in dem fremden Ort gewesen und hatten auch das neue Heim noch nicht gesehen. Das alte Bauernhaus mit der dazugehörigen Scheune erschien riesig und war mir unheimlich. Es hatte grüne Fensterläden, das große Hoftor war ebenfalls grün gestrichen, genauso wie das Scheunentor. Unsere Möbel verschwanden in dem Haus, wir besaßen viel zu wenige. Die Küche war geräumig, wir konnten uns dort zum Essen alle an einen Tisch setzen. Und der Kinderwagen von Thomas hatte darin auch noch Platz. Nun schlief er aber nachts in seinem Kinderbettchen.

Zum ersten Mal in meinem Leben bekam ich ein eigenes Zimmer. Es war nicht sehr groß, eher eine Kammer. Zunächst stand auch nur mein Bett darin, einen Schrank bekam ich erst später. Ich konnte die Tür schließen, aber nicht absperren. Nachts fürchtete ich mich und lag oft lange wach, knabberte an meinen Fingernägeln und konnte es kaum erwarten, dass es wieder hell wurde. Nun musste ich nicht mehr aufstehen, wenn der kleine Thomas wach wurde.

Sonja schlief die Nächte durch und teilte sich mit Karin und Achim ein Zimmer. Thomas hatte sein Bettchen noch im Schlafzimmer meiner Mutter und seines Vaters. Der schimpfte oft, weil Thomas nicht durchschlief, und war wütend auf den Kleinen. Abends brachte ich Thomas ins Bett. Manchmal dauerte das sehr lange, denn ich saß gerne bei ihm, schaute in sein liebes Gesicht und beobachtete ihn beim Schlafen. Meine Mutter musste mich nicht selten vom dem Kinderbett wegholen. Morgens machte ich als Erstes das Fläschchen fertig, um ihn zu füttern.

Mein Stiefvater ging jetzt auch früh aus dem Haus. Er hatte eine Arbeit gefunden. Wo er arbeitete und was er tat, wusste ich nicht. Sollte sich tatsächlich etwas ändern? Wollte er vielleicht neue Möbel für das große Haus anschaffen? Es fehlte ja an vielem. Unsere alte Couch war total durchgesessen und der Sessel auch. Der Wohnzimmerschrank wirkte so klein in diesem großen Raum, dass man ihn kaum wahrnahm. Ich wünschte mir für mein Zimmer schöne Möbel. Sollte sich mein Wunsch erfüllen? Mit dem ersten Geld, das mein Stiefvater bekam, kleidete er sich neu ein. Diese Kleider und Schuhe zog er nun immer an, wenn er ausging. Ich hasste diese Garderobe vom ersten Tag an und fragte mich, wozu jemand so etwas brauchte. Er hatte sich eine helle Reithose mit hellbraunem Lederbesatz gekauft. Dazu schwarze, lederne Reitstiefel, die meine Brüder oder ich von nun an sauber zu halten und auf Hochglanz zu bringen hatten. Ein weißes Hemd und eine rote Krawatte gehörten dazu und ein schwarzes Jackett. Als es kalt wurde, ergänzte er alles noch durch einen hellbraunen Kamelhaarmantel. Ich betete, dass ich nicht mit ihm ausgehen musste, weil es mir peinlich war, dass er so herumlief. Seine Arbeit hatte er bald wieder verloren oder aufgegeben, auf jeden Fall saß er jetzt wieder zu Hause rum und es gab keine neuen Möbel.

Ich fuhr mit dem Bus zur Schule, denn in dem kleinen Dorf gab es keine Oberschule. Eigentlich hätte ich schon vor einem halben Jahr in die Oberschule gehen müssen, aber da der Umzug geplant war, ließ mich meine Mutter nach der Grundschule einfach zu Hause. Jetzt musste ich mich selbst anmelden und erklären, woher ich komme. Der Schulleiter hatte sich dann um meine Unterlagen aus der alten Schule zu bemühen. Allerdings gab er mir für meine Mutter einen Brief mit. Was darin stand, habe ich nie erfahren. Die Schule war neu und sehr groß. Es dauerte lange, bis ich mich darin auskannte und eingelebt hatte. Aber ich ging gerne hin. Zu Hause konnte ich nicht sehr viel dafür tun, ich hatte einfach zu wenig Zeit zum Lernen. Es gab zu viel zu helfen und ich musste ständig auf der Hut sein, um nicht mit meinem Stiefvater allein zu sein.

Mittlerweile wusste ich natürlich, dass er diese Situationen suchte. Im dem großen Haus war das nicht schwierig und ich passte höllisch auf, dass nichts passierte. Wenn meine Mutter mit Sonja, Thomas, Achim und Karin spazieren ging, wollte ich natürlich auch mitkommen. Aber mein Stiefvater fand stets einen Weg, das zu verhindern. Angeblich gab es etwas zu tun, wobei ich ihm helfen sollte. Meine Versuche, mich dagegen zu wehren, indem ich sagte, dass Mama mich unterwegs brauchte, halfen nicht. Er bestimmte, dass ich nicht mitgehen durfte, weil es im Haus genug zu tun gäbe und Mutter mit den Kindern wohl auch ohne mich spazieren gehen könne. Meine Mutter ließ mich dann, ohne mich anzusehen, einfach mit diesem Mann allein.

Wenn ich trotzdem versuchte, mit Mama mitzugehen, wurde er ziemlich wütend. Kaum war sie aus dem Haus, fasste er mich hart am Arm an und zischte, ich solle in Zukunft gefälligst sofort gehorchen. Ich würde doch sicher nicht riskieren wollen, dass er schlechte Laune bekäme. Außerdem hätte ich mich nicht so auffällig zu benehmen. Sollte ich etwas Dummes erzählen, würde er seine Wut darüber an der ganzen Familie auslassen, die er als Saustall bezeichnete. Ich hatte keine Wahl und stand ihm zur Verfügung, wann immer er es verlangte. Ich schaute nicht hin, wenn ich es tat. Ich stellte mir einfach vor, ganz woanders zu sein. Ich bekam mit, wenn er so weit war. Dann atmete er schneller als sonst, bis er fertig war. Er schloss seine Hose und ließ mich stehen.

Eines Tages schickte er mich in die Scheune, wo ich ihm bei irgendeiner Arbeit helfen sollte. Ich schaute meine Mutter an, die aber keine Reaktion zeigte, dann ging ich. Nachdem er bekommen hatte, was er wollte, und ich im Begriff war, das Versteck zu verlassen, entließ er mich mit den Worten: »Geh rein, ich komme nach.« Dabei blitzte er mich mit seinen kalten blauen Augen an und ich wusste genau, wie ich mich zu verhalten hatte. Ich ging ins Badezimmer, wusch mir die Hände, bis sie rot waren, verweilte noch einen Moment dort, ehe ich zu den anderen hinausging. Niemand merkte etwas, meine Mutter beachtete mich nicht, also verhielt ich mich wohl ganz normal. So, wie er es von mir erwartete.

Irgendwann wurde es anders. Wieder kommandierte er mich in die Scheune. Wieder lief er voraus in die Ecke, in der er es immer machte. Wieder nahm ich sein Ding in die Hand. Auf einmal sagte er, ich solle mich hinlegen. Ich wollte das nicht und sagte es ihm. Plötzlich überkam mich panische Angst. Ich wollte nicht liegen und ihm ausgeliefert sein. Ich dachte, dass ich nicht schmutzig werden wollte, und sprach diesen Gedanken aus. »Du wirst nicht schmutzig, leg dich hin, mach schon, dumme Kuh, stell dich nicht an, leg dich endlich hin.« Dann packte er mich an einer Schulter und drückte mich runter, in der anderen Hand hatte er schon sein Ding. Ich blieb völlig ruhig, ich weinte nicht, ich sah ihn nicht an, ich sah eigentlich gar nichts, ich legte mich einfach hin. Er schob mir den Rock hoch und zog mir die Strumpfhose herunter. Ich spürte, wie er mich anschaute, mehr nicht. Ich zitterte, aber ich fror nicht, obwohl es draußen ziemlich kalt war. Diesmal brauchte ich ihn nicht anzufassen, er tat es selbst, dabei streichelte er meine Schenkel und meinen Bauch. Es dauerte nicht lange, bis er schneller atmete, meine Beine wurden nass. Wieso wurden meine Beine so nass und kalt? Es ekelte mich, ich musste würgen. Nachdem er seine Hose geschlossen hatte, holte er ein Taschentuch heraus und wischte mir damit die Beine ab. Ich war nicht fähig, mich zu bewegen, ich konnte nichts sehen und nichts fühlen. Er stieß mich an, ich sollte schnell aufstehen. Wie bin ich aus der Scheune herausgekommen? Wie ins Haus hinein? Meine Beine waren so kalt. Mir war übel. Als ich ins Haus kam, dachte ich, außer mir sei niemand da. Ich ging ins Bad und schrubbte meine Hände, bis sie rot waren. Würde man etwas sehen? Eine Weile blieb ich noch dort. Dann verließ ich das Bad und alle waren da: meine Mutter, die Kleinen, meine zwei größeren Brüder und er. Niemand sah mich komisch an oder fragte mich, wo ich gewesen war. Offensichtlich war alles normal. Alles ging seinen üblichen Gang. Ich spielte mit den Kleinen und half meiner Mutter, das Geschirr abzutrocknen. Allerdings fiel mir etwas aus den Händen. Meine Mutter schimpfte deswegen mit mir. Sonst redeten wir nicht. Ich war froh, als ich mich wieder um den kleinen Thomas kümmern konnte. Er war so lieb zu mir. Ich konnte mit ihm kuscheln. Auch Sonja klammerte sich an mich. Die beiden wussten, wie lieb ich sie hatte.

Die Vogelstimmen vor dem Fenster lenken mich endlich von meiner Grübelei über die Vergangenheit ab und ich bemerke, dass es bereits dämmert. Nur noch eineinhalb Stunden Zeit bis zum Aufstehen. Ich bin todmüde und möchte wenigstens noch einen Moment in Ruhe schlafen. Als ich wieder aufwache, ist es zu spät, um zur Arbeit zu gehen. Ohne es zu realisieren, muss ich den Wecker ausgeschaltet haben. Mit schlechtem Gewissen rufe ich meine Vorgesetzte an und melde mich krank. Dann raffe ich mich auf und putze die ganze Wohnung. Zwischendurch ruft Marc an und fragt, wie es mir geht. Mir geht es gut, sage ich. Er fragt, warum ich nicht im Büro bin. Ich sage ihm, dass ich verschlafen hätte, weil ich zu lange auf war. »Am Freitag komme ich nach Hause«, sagt Marc und fügt hinzu, dass er mich sehr liebt. »Ich liebe dich auch und ich vermisse dich«, antworte ich.

Als die Wohnung picobello sauber ist, gehe ich duschen und setze mich anschließend erschöpft mit einem Kaffee auf die Couch. Ich will mich ablenken und schalte den Fernseher ein. Die ersten zehn Minuten kann ich dem Programm noch folgen, dann falle ich in einen unruhigen Dämmerschlaf. Ein kleines blondes Mädchen, das für Joghurt wirbt, weckt mich auf. Ich mache das Fernsehgerät aus, nehme zwei Tabletten und lege mich wieder hin. Endlich sinke ich in einen tiefen Schlaf. Der nächste Tag verläuft ähnlich.

Am Freitagmorgen überwinde ich mich, zur Arbeit zu gehen. Marc kommt heute zurück, außerdem steht das Wochenende vor der Tür. Würde ich noch einmal zu Hause bleiben, müsste ich mir von meinem Arzt eine Krankschreibung besorgen. Dazu habe ich keine Kraft, lieber gehe ich ins Büro und verbringe dort irgendwie die Zeit. Aber meine Kolleginnen fragen mich, warum ich nicht doch besser zum Arzt gegangen bin, so wie ich aussehe. Beim gemeinsamen Frühstück esse ich zum ersten Mal etwas, seit ich aus Mannheim zurück bin.

Marc ruft mich an, um mir zu sagen, dass er zurück ist und mich vom Büro abholen wird. Bevor es so weit ist, nehme ich noch eine Tablette. Wir gehen zusammen einkaufen und Kaffee trinken. Es fällt mir schwer, einen normalen Eindruck zu machen. Marc erzählt mir von seiner Geschäftsreise und will wissen, wie es mir ergangen ist. Ich berichte nur das Notwendigste und versuche, mir nicht anmerken zu lassen, wie schlecht es mir tatsächlich geht. Dass Marc wieder zu Hause ist, beruhigt mich sehr, trotzdem nehme ich heimlich meine Tabletten.

Am Samstagnachmittag kommt endlich Kerstin zu Besuch. Wir trinken gemeinsam Kaffee und Marc kocht uns ein schönes Abendessen. Meine Tochter erzählt mir vom Zusammenleben in ihrer Wohngemeinschaft und berichtet, dass sie in einem Internetcafé arbeitet. Es ist ein richtig schöner Tag.

Am Sonntagmorgen sitze ich wie üblich mit Marc am Frühstückstisch. Es ist die schönste Zeit vom Tag, weil wir uns viel Zeit lassen und uns lange unterhalten. Doch an diesem Morgen ist unser Gespräch alles andere als angenehm für mich. Marc sagt mir auf den Kopf zu, dass er sofort nach seiner Rückkehr bemerkt hat, dass ich wieder Tabletten nehme. Er beklagt sich darüber, dass alle seine Bemühungen, mir zu helfen, umsonst seien und er jetzt auch nicht mehr weiterwüsste. Morgen will er mich in eine Klinik bringen. Ich schäme mich und verstehe, dass er böse auf mich ist. Marc tut wirklich alles, dass es mir gut geht. Aber ich bin nicht ehrlich zu ihm. Ich spiele Theater und versuche ihm vorzumachen, dass alles in Ordnung sei.

Auch jetzt sage ich nicht viel dazu. Ich hole die restlichen Tabletten und lege sie vor ihm auf den Tisch. »Pack sie weg, Marc, ich schwöre dir, ich nehme keine mehr. Ich schaffe es dieses Mal allein, sie abzusetzen. Es waren doch auch nur ein paar Tage, an denen ich sie genommen habe. Bitte glaub mir, ich nehme sie nie wieder. Ich will nicht in die Klinik. Auf keinen Fall!« Marc greift wortlos nach den Pillen. Ich gehe zu ihm, umarme ihn und schwöre noch einmal, dass ich diese Tabletten nie wieder anfassen werde.

Nach einigen Tagen kehrt der Alltag in unser Leben zurück. Es gelingt mir, völlig normal zu wirken, um Marc keinen Grund zu geben, noch einmal über dieses Thema zu reden. So vergeht einige Zeit und mein dreiwöchiger Urlaub steht bevor. Marc plant eine Reise mit dem Auto nach Ungarn. Aber ohne sein Wissen habe ich Karin bereits meinen Besuch zugesagt. Ich wusste, dass er nicht damit einverstanden sein würde, aber Karin zuliebe will ich es unbedingt und setze mich durch. Allerdings gehen wir einen Kompromiss ein. Ich werde acht Tage nach Mannheim fahren und die restliche Zeit wollen wir zusammen in Ungarn verbringen.

Schweren Herzens bringt Marc mich zum Bahnhof und bittet mich, gut auf mich aufzupassen, was ich ihm versprechen muss.

Ich bin fast erleichtert, als der Zug abfährt und ich meinen aufgestauten Gedanken freien Lauf lassen kann. Wie immer habe ich einen Fensterplatz gebucht. Der Zug gewinnt an Fahrt und die Häuser rauschen an mir vorüber. Mir fällt ein Plakat auf, das für einen Zirkus wirbt. Dadurch werde ich sofort daran erinnert, was mein Stiefvater sich alles hatte einfallen lassen, um an Geld zu kommen, ohne dass er dafür arbeiten musste.

Kapitel 6

Ein Zirkus und laute Nächte

STÄNDIG VERSPRACH ER MEINER MUTTER, sich wieder eine Arbeit zu suchen. Eines Abends kam er mit einem fremden Mann nach Hause, den er meiner Mutter als Zirkusdirektor vorstellte. Der Mann war freundlich und erzählte, wie schwierig es sei, für seine Familie und die Tiere ein Winterquartier zu finden. Unsere Scheune fand er dafür ideal. Meine Mutter war nicht besonders begeistert von der Idee, aber der Mann versprach, dass wir kaum etwas von ihnen mitbekommen würden. Mein Stiefvater und der Fremde einigten sich über den Preis für die Unterkunft und der ganze Zirkus erschien am nächsten Tag vor unserem Haus. Einige Zirkuswagen und Autos wurden auf den Hof gefahren. Es kamen sieben Leute und mindestens zehn Tiere: ein kleiner Elefant, ein Schimpanse, eine Raubkatze, Kleintiere und ein Elefantenhauthund. Das war ein Hund ohne Fell, er hatte eine graue Haut wie ein Elefant und am Schwanzende einen Pinsel. Die Familie bezog mit ihren Wohnwagen die Scheune. Zwei oder drei Wagen mit Tieren blieben auf dem Hof stehen, die anderen wurden ebenfalls in der Scheune untergebracht. Es wurde ziemlich laut bei uns. Ich denke, meine Mutter war schockiert, aber sie wehrte sich nicht. Sie wehrte sich so gut wie nie gegen meinen Stiefvater, was immer er auch tat.

Nun hatten wir für die Winterzeit einen echten Zirkus bei uns. Es lag Schnee und es war sehr kalt, doch das schien weder den Menschen noch den Tieren etwas auszumachen. Die Leute waren alle sehr nett zu uns. Wir Kinder konnten uns die Tiere anschauen und durften manche sogar füttern. In einem der Wagen, die auf dem Hof standen, wohnte der Schimpanse. Er saß hinter seinem Gitter und beobachtete traurig, was auf dem Hof passierte. Sicher wäre er gerne im Freien herumgelaufen, um mit uns Kindern zu spielen. Manchmal gab ihm der Direktor seine Zigarette, die der Affe zu Ende rauchte. Mir tat der Affe leid, weil er immer eingesperrt war.

Eines Nachts wurde es auf dem Hof ziemlich laut, alle rannten und riefen durcheinander. Ich musste unbedingt nachschauen, was los war. Als ich nach unten kam, hörte ich, dass der kleine Elefant ausgebrochen war. Wie das passieren konnte, wusste niemand. Jedenfalls war es ihm gelungen, durch das Hoftor auf die Straße zu laufen. Alle Zirkusleute riefen nach ihm. Durch den Lärm wurden einige Nachbarn geweckt. Natürlich hatten die Leute bereits mitbekommen, dass bei uns ein Zirkus überwinterte. Ein paar Leute kamen aus ihren Häusern, um bei der Suche zu helfen. Nach einer Weile wurde der Ausreißer gefunden und zurückgebracht. Für uns alle war es eine spannende Abwechslung. Am nächsten Morgen war die nächtliche Aktion Dorfthema. Es fehlte nur noch, dass man es in der Zeitung lesen konnte. Die Leute amüsierten sich darüber.

Ich hatte mich schnell an die Situation gewöhnt und der Zirkus störte mich nicht. Ich fühlte mich sogar recht wohl unter den Leuten, wenn der Direktor mir auch nicht besonders sympathisch war. Er war nicht groß, sehr schlank, Mitte vierzig vielleicht, hatte O-Beine und an der rechten Hand fehlte ihm der Daumen. Seine raue Stimme klang freundlich und er lachte oft. Ich wollte nicht unbedingt in seiner Nähe sein, konnte aber nicht sagen, wieso er mir irgendwie unheimlich war.

Das Beste für mich an alledem war, dass die Scheune besetzt war und mein Stiefvater keine Möglichkeit hatte, mit mir dort hineinzugehen. Ich fühlte mich damit wohl und es gab mir für eine Weile die Illusion, meine Ruhe zu haben, denn im Haus war noch nie etwas passiert.

Meine Mutter war von all dem Trubel genervt und fand das alles nicht gut. Überhaupt wirkte sie gereizt und litt häufig an starken Kopfschmerzen. Sie war sehr dünn und blass geworden. Das Haus war groß, hatte viele Zimmer über zwei Etagen und machte eine Menge Arbeit. Wie immer gab es Berge von Wäsche zu waschen, viel Essen zu kochen, die Hausarbeit schien kein Ende zu nehmen. Ich vermute, dass es ihr deshalb nicht gut ging. Ich half, so gut ich konnte. Tat alles, was mir aufgetragen wurde. Immerhin war ich jetzt schon fast zehn Jahre alt. Mein Stiefvater war viel unterwegs. Oft kam er erst spätabends zurück, meist betrunken. Nach wie vor war es nachts ziemlich laut, weil er mit meiner Mutter schimpfte und stritt. Manchmal warf er auch mit Gegenständen.

Einmal kam ich morgens in die Küche und sah, dass eine Wand völlig ruiniert war. Große braune Flecken, offensichtlich Kaffee, bedeckten sie. Das erklärte mir das laute Klirren und Scheppern in der Nacht. Er hatte eine Kaffeekanne samt Inhalt an die Wand geschmissen. Warum sie wieder gestritten hatten, wusste ich nicht. Jedenfalls war es bis zum Morgengrauen so laut gewesen, dass wir Kinder nicht schlafen konnten. Außerdem ängstigten wir uns. Ralf und Bernd schliefen oft nicht zu Hause, sondern übernachteten bei Freunden.

Nach solchen Nächten konnten wir manchmal nicht aufstehen, um zur Schule zu gehen. Oder meine Mutter war so nervös und weinte, dass ich wegen ihr daheim blieb, um im Haushalt zu helfen, den kleinen Thomas zu behüten und zu versorgen. Dies alles sollte möglichst leise vonstattengehen, damit mein Stiefvater lange schlief. Keiner von uns wollte ihn morgens schon sehen. Wir alle waren froh, wenn er im Bett blieb oder das Haus verließ. Er war oft schlecht gelaunt, knurrte wegen jeder Kleinigkeit, schimpfte dauernd mit uns. Vor allem auf die größeren Brüder Bernd und Ralf hatte er es ständig abgesehen. Er ließ sie nicht in Ruhe. Er machte sie bei meiner Mutter schlecht, wie er nur konnte. Erzählte, die Nachbarn würden sich laufend über sie beschweren. Oder er behauptete, Bernd und Ralf hätten gestohlen. Kurt, der Älteste, kam nur kurz an den Wochenenden zu uns. Er brachte nach wie vor Fleisch- und Wurstpakete mit und außerdem seine Wäsche zum Waschen.

Eines Tages stritten sich Kurt und meine Mutter heftig. Ich weiß nicht, worum es ging. Jedenfalls mischte mein Stiefvater sich ein. Alle schrien durcheinander und die Situation drohte zu eskalieren. Es gab ein Handgemenge und mein Stiefvater schrie wie von Sinnen und drohte meinem großen Bruder Schläge an. Schließlich packte er die Sachen von Kurt in dessen Reisetasche, warf sie aus der Tür und meinen Bruder auch gleich hinterher mit den Worten, er brauche sich nie wieder blicken zu lassen. Ich hatte den Eindruck, dass mein Bruder, wenn er es nur gewollt hätte, sich durchaus gegen den Stiefvater hätte wehren können. Meine Mutter zitterte und ich weinte, denn während der ganzen Situation hatte ich große Angst, es würde etwas passieren, weil mein Stiefvater sehr aggressiv werden konnte.

Kurt war weg und mein Stiefvater hatte es geschafft, dass er nicht wiederkam. Wir sahen ihn jahrelang nicht. Bernd und Ralf allerdings fuhren an den Wochenenden oft in die Stadt, in der Kurt als Metzger arbeitete und wohnte, und sie verbrachten das Wochenende zusammen. Natürlich durfte mein Stiefvater davon nichts wissen, weshalb meine Brüder auch kein Fleisch mitbrachten.

Bernd und Ralf wussten, wie er reagierte, wenn ihm etwas nicht passte. Denn vor einiger Zeit, als Kurt noch bei uns war und die drei Jungen wieder einmal etwas angestellt hatten – so wie das bei Jugendlichen eben öfter mal vorkommt –, tat mein Stiefvater etwas, was meine Brüder wohl nicht vergessen sollten. Das Vergehen war sicher nichts Weltbewegendes, denn ich konnte mich im Nachhinein an die Geschichte gar nicht mehr erinnern, an die Folgen aber sehr wohl.

Meine Brüder hielten zusammen, niemals hätte einer den anderen verraten. Was auch immer es gewesen sein mag, mein

Stiefvater erfuhr es. Und wie es so seine Art war, musste es eine gebührende Strafe geben. Dazu allerdings wollte er den Hauptschuldigen herausfinden. Natürlich spielte sich das ganze Szenarium spätabends ab, als er wie immer angetrunken nach Hause gekommen war. Meine Brüder wurden einer nach dem anderen regelrecht vernommen. Dann auch ich, weil er davon ausging, dass ich die Geschichte kannte. Schließlich wusste er ja, dass ich gerne mit meinen Brüdern zusammen war. Doch keiner verriet den anderen, so war es abgemacht unter uns Geschwistern.

Diesmal ergriff er neue Maßnahmen, um den Schuldigen zu finden. Meine Brüder mussten sich in der Küche nebeneinander auf Stühle setzen. Sie wurden vernommen. Ich wurde hinzugerufen und sollte endlich einen von ihnen verraten, was mir im Traum nicht eingefallen wäre, selbst wenn ich gewusst hätte, um was es ging. Uns allen gefiel die Methode nicht, wie das Ganze ablief. Mit seinen Reitstiefeln, seiner Reithose und dem weißen Hemd stand er vor den Jungen. Sein Gesichtsausdruck war bedrohlich. Als ich geholt wurde, sollte ich mich hinter meine Brüder stellen und endlich die Wahrheit sagen. Bald wurde mein Stiefvater richtig wütend, brüllte mich an und drohte damit, allen dreien eine Glatze zu scheren, wenn ich nicht gleich sagen würde, wer es war. Ich schwieg, denn dass ich nichts wusste, glaubte er mir sowieso nicht. Nachdem er meine Brüder noch eine ganze Weile mit Worten traktiert hatte und ich weinte, holte er die Haarschneidemaschine und schor wirklich einem nach dem anderen die Haare vom Kopf. Meine Brüder saßen regungslos da und ließen es geschehen. Nach jedem Kopf fragte er mich, ob ich endlich reden würde. Ich schwieg. Alle drei hatten nun eine Glatze. Ich fand das brutal und unmenschlich und hatte Mitleid mit meinen Brüdern, weil sie keine Haare mehr hatten und schlimm aussahen. Auf meinen Stiefvater hatte ich eine Riesenwut. Ich nahm mir vor, nie wieder mit ihm zu reden.

Die Jungens kauften sich am nächsten Tag Pudelmützen, denn es war Winter und sehr kalt. Außerdem schämten sie sich, so nach draußen zu gehen. Meine Mutter sagte zu alledem nichts, sie schwieg wie immer. Nach solchen Ereignissen sprachen meine Brüder und ich manchmal miteinander darüber. Natürlich waren auch sie fürchterlich wütend und nahmen sich vor, sich nichts mehr gefallen zu lassen. Sie schmiedeten Pläne, wie sie sich beim nächsten Mal gegen ihn zur Wehr setzen wollten. Doch da gab es noch unsere Mutter und die Geschwister und keiner der Jungen wollte daran schuld sein, wenn diese darunter zu leiden hätten. Niemand von uns war also in der Lage, an der Situation etwas zu ändern.

Die Spannung in unserer Familie wurde von Tag zu Tag größer. Es war so um die Weihnachtszeit herum und ich bekam mit, dass wir wie üblich kaum Geld hatten. Schon deshalb gab es immer wieder Streit. Mein Stiefvater brachte einen Weihnachtsbaum nach Hause, der sehr klein und kahl war. Auch deswegen wurde geschimpft und geschrien. Mir war überhaupt nicht nach Weihnachten zumute. Meine Mutter backte trotzdem mit uns Kindern ein paar Plätzchen und am Heiligen Abend herrschte vormittags Ruhe im Haus. Mein Stiefvater war schon früh weggegangen. Es herrschte eine seltsame Stille und keiner von uns redete darüber, dass Weihnachten war. Am Nachmittag kam er wie so oft mit einem Taxi nach Hause. Er war beladen mit Einkaufstaschen und zwei weiteren kleinen Weihnachtsbäumen.

Meine Mutter packte die Einkaufstaschen aus. Sie waren mit Lebensmitteln gefüllt. Mit den drei Bäumchen und all dem Mitgebrachten verschwand er zusammen mit meiner Mutter im Dachgeschoss. Ich passte auf die Kleinen auf und erzählte ihnen nun doch vom Christkind und vom Heiligabend.

Es verging einige Zeit, bis wir alle nach oben gerufen wurden. Dort war aus den drei kleinen Bäumchen ein schön geschmückter Tannenbaum entstanden. Ein Tapeziertisch war zu einer festlichen Tafel geworden, voll bepackt mit Süßigkeiten, Äpfeln, Mandarinen, Apfelsinen und Nüssen. Kerzen waren aufgestellt und es roch nach Weihnachten. Es gab auch Geschenke – und nicht wenige. Die kleine Sonja bekam einen sehr teuren Teddybären, der auf Rädern stand und brummte, wenn man an einem Ring zog, Thomas einen Traktor, mit dem er herumfahren konnte, Karin ein Paar weiße und ich ein Paar braune Stiefel. Achim bekam einige Autos zum Spielen und eine Strickjacke. Bernd und Ralf bekamen jeweils eine Armbanduhr, genau wie meine Mutter. Überraschenderweise bekam mein Stiefvater von meinen Brüdern ein Rasierwasser geschenkt und von meiner Mutter Socken und eine Krawatte.

Ich spürte, dass die Weihnachtsstimmung nicht echt war. Mir schien es gespielt, dass alles in bester Ordnung sein sollte. Monate später erfuhr meine Mutter, dass alles, was er mitgebracht hatte, nicht bezahlt war. Die Leute wollten ihr Geld haben und schickten ständig Zahlungsaufforderungen. Irgendwann musste mein Stiefvater einen Offenbarungseid leisten, weil er die Dinge nicht bezahlen konnte.

Die Kleinen merkten damals von alledem noch nichts und waren glücklich. Die nächsten Tage verliefen ruhig. Kurt, den der Stiefvater ja rausgeworfen hatte, war auch zu Weihnachten nicht bei uns. Bernd war siebzehn und auch nur noch manchmal am Wochenende zu Besuch da. Er wohnte und arbeitete in Frankfurt. Ralf war fünfzehn und damit jetzt der Älteste im Haus. Er lenkte meinen Stiefvater nachts oft mit Gesprächen ab oder spielte Schach mit ihm, damit er ruhig blieb, wenn er wieder angetrunken nach Hause gekommen war. Ralf war still und sensibel und hatte eine unglaublich freundliche Ausstrahlung. Es war beruhigend, wenn er da war.

Die Gefühle von damals und die Erinnerungen daran erwachen jedes Jahr zur Weihnachtszeit erneut in mir. Ich habe keinen

Einfluss darauf und muss dagegen ankämpfen. Ich kann meinen Gefühlen keinen freien Lauf lassen, weil ich sonst an manchen Tagen bewegungslos und stumm in einer Ecke sitzen würde. Ich bin froh, wenn die Weihnachtsfeiertage vorüber sind, genau wie damals. Es gelingt mir aber trotzdem, das Weihnachtsfest für meine eigene kleine Familie sehr liebevoll zu gestalten, und niemand merkt mir meine Traurigkeit an. Ich habe mich unter Kontrolle, so wie ich es gelernt habe. Manchmal kommt es allerdings vor, dass ich pünktlich zu Weihnachten krank werde. Dann bekomme ich jedes Mal Magen-Darm-Probleme. Einmal war es so schlimm, dass Kerstin den Tannenbaum allein schmücken musste, weil ich vor Schmerzen nicht stehen konnte. Zusammen mit Kerstin baue ich jedes Jahr eine Krippe auf. Das habe ich mir als Kind zu Weihnachten immer gewünscht. Meine Tochter darf mit den Figuren spielen und ich erkläre ihr, warum Weihnachten gefeiert wird. Ich schenke ihr das, was sie sich gewünscht hat, und immer noch eine Überraschung dazu. Dabei gebe ich mir Mühe, etwas ganz Persönliches auszusuchen. Zum Beispiel ein goldenes Kettchen oder eine Spieluhr oder etwas besonders Schönes zum Anziehen. Die Geschenke verpacke ich aufwendig und liebevoll, worüber sich Kerstin sehr freut. Ich denke dann so oft an meine Halbschwester Sonja, die schon so früh ein trauriges Kind war.

Kapitel 7

Der Schultag, der keiner war

Mein Stiefvater liebte seine kleine Tochter sehr. So schien es jedenfalls. Erst viele Jahre später sollte ich erfahren, dass er das kleine Mädchen nur benutzte. Mit drei Jahren war sie ein niedliches Kind. Manchmal holte er sie nachts aus dem Bett. Das war oft sehr anstrengend für meine Mutter.

Die Kleine war müde und verstand natürlich nicht, warum sie aus dem Schlaf gerissen wurde. Um sie bei Laune zu halten, gab ihr mein Stiefvater etwas zu essen. Meistens waren es Süßigkeiten. Wenn Sonja anfing zu weinen, reichte er sie an meine Mutter weiter, die sie dann wieder ins Bettchen brachte. Die Kleine war übermüdet und weinte lange, bis meine Mutter sie endlich beruhigt hatte.

Wir Größeren bekamen dies alles mit. Ich wusste, dass das für ein Kind nicht gut sein konnte. Alle versuchten in diesen Nächten, kein falsches Wort zu sagen, ganz brav zu sein, um ihn bloß nicht zu reizen, damit er nicht aggressiv wurde und anfing, mit meiner Mutter zu streiten und herumzuschreien. Die Spannung war oft unerträglich und die Angst allgegenwärtig. In dieser Zeit ging ich nicht besonders oft zur Schule. Wenn ich dort war, machte es mir aber Spaß. Allerdings hatte ich keine Freundin, dafür gab es zu wenig Kontakt und ich hatte auch keine Zeit. Wir lebten überhaupt ziemlich allein.

Eines Morgens, als ich mich für die Schule fertig machte, war mein Stiefvater bereits vor mir aus dem Haus gegangen. Das geschah eigentlich nie und ich hoffte schon, er hätte eine Arbeit gefunden. Allerdings wunderte ich mich, dass er die Reiterkluft angezogen hatte. Ich machte mich auf den Weg zur Bushaltestelle. Kurz bevor ich um die Ecke bog, hörte ich meinen Namen. Nein, schrie ich innerlich, nicht jetzt, ich muss doch zur Schule!

Mein Stiefvater hatte sich in einer Nische versteckt und auf mich gewartet. Er winkte mich zu sich heran und befahl mir, in eine bestimmte Kneipe zu gehen und dort auf ihn zu warten. »Nein«, sagte ich, »ich muss zur Schule.« »Du tust, was ich dir sage, ich schreibe dir eine Entschuldigung«, antwortete er zornig. Auch auf meinen Einwand, dass die Kneipe so früh noch geschlossen sei, wusste er eine Antwort. »Sie hat bereits geöffnet«, schnauzte er mich an. Ich bat ihn, mich gehen zu lassen, aber es nutzte nichts. »Geh voran«, schnauzte er mich an, »ich laufe ein Stück weit hinter dir her, du brauchst gar nicht erst auf die Idee zu kommen, vor mir wegzulaufen.«

Widerwillig ging ich los. Ich stapfte durch den Schnee und weinte vor Wut, als der Schulbus an mir vorüberfuhr. Vor der Kneipe wartete ich auf ihn, weil ich mich nicht allein hineintraute. Mein Stiefvater kannte den Wirt und stellte mich ihm vor. »Das ist meine Tochter Stefanie, sie hat großen Hunger«, sagte er, streichelte mir übers Haar und bestellte für uns beide Frühstück. Ich war wütend und rührte nichts davon an. Er gab mir Geld für die Musikbox, aber ich weigerte mich, die Maschine in Gang zu setzen. Wütend knallte er das Geld auf den Tresen und forderte mich auf, etwas zu essen. Ich nahm ein halbes belegtes Brötchen und trank den Orangensaft. Dann zahlte er und wir verließen die Kneipe.

Ich stapfte einfach hinter ihm her, ohne zu wissen, wohin er ging. Am Rande des Dorfes liefen wir auf einem Weg weiter, der parallel zur Hauptstraße ins nächste Dorf führte. Obwohl es so kalt war und ich bereits bitterlich fror, zog er mich hinter ein Gebüsch, wo ich ihn befriedigen musste. Danach gingen wir weiter. In dem anderen Dorf fand er eine Gastwirtschaft, in der wir uns aufhielten, bis es Zeit wurde, nach Hause zu gehen. Er bestellte ein Taxi, bezahlte den Fahrer und sagte ihm, wohin er mich bringen sollte. Pünktlich, so als wenn ich nach Schulschluss mit dem Bus gefahren wäre, kam ich nach Hause. Meine Mutter fragte natürlich nicht, wie mein Tag in der Schule war.

Bald kam der Frühling und der Zirkus verabschiedete sich. Die Leute zogen weiter, um wieder ihre Vorstellungen zu geben. Ich überlegte manchmal, ob ich nicht hätte mitgehen sollen. Aber ich wusste, dass ich zu Hause gebraucht wurde. Als es wärmer war, gingen wir auch wieder öfter hinaus. Wenn mein Stiefvater Sonja mitnahm, musste ich mit, um auf das Kind aufzupassen, während er in einer Kneipe sein Bier trank. Wenigstens ließ er mich in Ruhe. Die Scheune stand ja nun wieder zur Verfügung.

Drei Monate ist es jetzt her, dass Sonja meine Mutter aufgenommen hat, um sie zu Hause zu pflegen. Zum ersten Mal werde ich sie dort besuchen. Aber wohnen will ich bei Karin. Das ist mir lieber. Ich habe Bedenken, es könnte mir mit Sonja und meiner Mutter zu viel werden. Außerdem freut sich Karin jedes Mal sehr, wenn ich bei ihr bin. Bevor wir zu unserer Mutter fahren, erzählt sie mir, dass sich mittlerweile alles gut eingespielt habe und sie bei Sonja sei, sooft es ginge. Sie kümmere sich dann um unsere Mutter, damit Sonja Zeit für sich und ihre Kinder habe. Es müsse alles immer nur gut abgesprochen werden.

Das Einfamilienhaus gefällt mir, es ist groß genug für alle. Die Kinder haben ihre Zimmer oben, sodass es nicht weiter stört, dass meine Mutter sich im Wohnzimmer aufhält. Als ich zu ihr gehe, erkennt sie mich sofort und freut sich. Sonja hat das Mittagessen zubereitet und ich helfe meiner Mutter aus dem Bett in den Rollstuhl, was schwierig für mich ist. Sie kann am Tisch mit uns essen. Danach muss sie aber wieder in ihr Bett gebracht werden, denn sie hält es sitzend nicht sehr lange aus.

In der Woche, in der ich bei Karin bin, besuche ich meine Mutter jeden Tag und bekomme mit, dass der Alltag nicht so einfach ist, wie es mir bei meinem ersten Besuch erschien. Die Kleinen sind unglaublich wild und laut und meine Mutter hat ständig Angst davor, eines der Kinder könne in ihr Bett kommen und sich auf sie legen. Als ich Sonja nach der Ursache für diese Angst frage, erklärt sie, es sei einmal vorgekommen, die Kinder wüssten jetzt aber, dass sie das nicht dürfen. Es sei allerdings schwer, meiner Mutter das glaubhaft zu machen. Sie hätte vor allem Angst davor, dass die Kinder Spielsachen in ihr Bett werfen und sie treffen könnten. Wegen ihrer Lähmung könne sie sich ja nicht wehren. Einmal hätte sie schon ein Spielzeugauto am Kopf getroffen. Sonja und ihr Mann, der die Pflege meiner Mutter hauptsächlich übernommen hat, empfinden die Situation aber als nicht so schlimm.

Abends, wenn die kleinen Kinder schlafen und die größeren in ihrem Zimmer sind, sitzen wir noch gemeinsam im Wohnzimmer und unterhalten uns. Meine Mutter kann den Gesprächen teilweise folgen und beteiligt sich daran. Zum Beispiel, wenn Sonja erzählt, dass sich die Nachbarn darüber beschweren, dass die Kinder beim Spielen im Garten zu laut sind. Mutter bestätigt die Meinung der Nachbarn, aber Sonja erklärt, dass die Kinder draußen ruhig lauter sein dürften. Ich stimme meiner Schwester zu und meine Mutter schüttelt den Kopf. Manchmal schläft sie ein, aber es stört sie offensichtlich nicht, dass wir uns trotzdem weiter unterhalten oder fernsehen. Dann sprechen wir leise über den Gesundheitszustand der Mutter und deren Pflege. Diese ist aufwendig und die gesamte Rente und das Pflegegeld müssen dafür eingesetzt werden. Sonja erklärt mir, dass sie einmal in der Woche von einer Sozialarbeiterin besucht wird, die sich erkundigt, ob die Familie zurechtkommt.

Ich komme meist erst spät zu Karin zurück. Oft schlafen sie und ihr Mann schon und ich schleiche mich ins Wohnzimmer. Karin hat mir die Couch hergerichtet, aber an Schlaf ist nicht zu denken. Mit einer Decke und einem Glas Wein setze ich mich auf den Balkon und zünde mir eine Zigarette an. Der Himmel ist klar und ich entdecke sogar eine Sternschnuppe. Weshalb ich mich gerade jetzt daran erinnere, wie mein Stiefvater einmal nach Hause kam und stolz erzählte, dass wir bald viel Geld haben würden, kann ich mir nicht erklären.

Kapitel 8

Die Hühnerfarm

Mein Stiefvater kam eines Tages stolz mit einem großen schwarzen Auto nach Hause. Meine Mutter, Ralf, Karin, Achim, die beiden Kleinen Sonja und Thomas und ich mussten einsteigen. Dann fuhr er mit uns zu einer Hühnerfarm. Dort gab es eine große Halle mit unzähligen Hühnern. Voller Stolz verkündete er, dass diese Farm unsere neue Zukunft wäre. Selbst meine Mutter hatte noch nichts davon gehört und wunderte sich. Er hatte die Farm gepachtet. Niemand von uns konnte wissen, was da auf uns zukommen würde. Wir, die Familie, sollten sie ganz allein betreiben. Mein Bruder Ralf, meine Schwester Karin und ich wurden zusammen mit meiner Mutter für bestimmte Arbeiten eingeteilt. Karin musste mit mir die Eier einsammeln, die Ralf zum Halleneingang zu bringen hatte, wo meine Mutter und mein Stiefvater standen, um sie nach Größen sortiert in Schachteln zu setzen. Für unsere Arbeit hatten wir Gummistiefel bekommen, denn es war eine schmutzige Angelegenheit, die Eier in Körbe zu sammeln. Die Hühner flatterten durch die Gegend und es stank. In der Mitte der Halle gab es einen Gang, links und rechts davon war ein Gitter und dahinter befanden sich die Hühner. Einige von ihnen pickten nach uns. Schon nach ein paar Tagen hatte ich keine Lust mehr, diese Arbeit zu tun. Nebenbei mussten Sonja, Achim und Thomas beaufsichtigt werden.

Den ganzen Tag hielten wir uns auf der Farm auf. Mein Stiefvater lud die Eier in das Auto, dann brachte er sie weg, sodass wir Kinder und unsere Mutter Gelegenheit hatten, uns auszuruhen, etwas zu essen und zu trinken. Wenn dann noch Zeit blieb, spielten wir auf dem Gelände. Nach wie vor hatte meine Mutter natürlich auch noch den großen Haushalt, den sie abends erledigte. Außerdem musste ja für uns alle gekocht werden.

Nach einer Weile blieb sie oftmals mit den kleineren Geschwistern zu Hause. Diese Zeit war besonders schlimm für mich, weil ich Karin und Ralf gegenüber auch noch ein schlechtes Gewissen bekam. Denn während die beiden damit beauftragt wurden, ihre Arbeit zu tun, ging er mit mir hinter den Hühnerstall. Das Gebüsch dort war sehr hoch und bot ein ideales Versteck für sein Vorhaben, sich von mir befriedigen zu lassen. Manchmal kam es vor, dass mein damals zwölfjähriger Bruder Ralf mich fragte, wo mein Stiefvater mit mir gewesen sei. Er fand es unfair, dass die Arbeit an Karin und ihm allein hängen blieb. Ich konnte nichts anderes tun, als ihm zu sagen, dass ich nichts dafür konnte. Ralf machte dann ein grimmiges Gesicht, ließ mich aber in Ruhe.

Der Ekel vor meinem Stiefvater wurde immer größer. Ich konnte ihn nicht mehr ertragen und mir wurde jedes Mal übel von dem komischen Geruch, der von ihm ausging. Hin und wieder versuchte ich mich zu verweigern, es half aber nichts. Wenn er bekommen hatte, was er wollte, war er gut gelaunt und ließ den Rest der Familie einschließlich meiner Mutter in Ruhe.

Er ging jetzt auch nicht mehr so oft aus, sondern trank sein Bier zu Hause. Jeder tat, was er wollte, Hauptsache, es gab keinen Krach. Jeder von uns wusste mittlerweile, wie wir uns zu verhalten hatten, um es ihm recht zu machen. Er wurde regelrecht verwöhnt. Nächtliche Streitigkeiten gab es in dieser Zeit fast nur noch, wenn er am Wochenende aus der Kneipe kam. An der Art, wie er die Tür des Taxis zuschlug, erkannten wir, dass er betrunken war. Wir waren schon darauf vorbereitet, dass es so kommen würde, wenn er sich die helle Reithose, sein weißes gestärktes Hemd und die von uns Kindern auf Hochglanz polierten Reitstiefel anzog.

Er hatte uns beigebracht, wie wir die Stiefel zu putzen hatten. Nachdem sie mit schwarzer Schuhcreme eingerieben und mit einer Bürste poliert waren, wurden sie noch einmal behandelt. Dazu sollten wir auf die Stiefel spucken und sie dann mit einem speziellen Tuch nochmals polieren. Im Winter trug er seinen Kamelhaarmantel, ansonsten das Jackett.

Wenn er so angezogen ausging, war uns klar, wie er wiederkommen würde. Dann gab es nichts zu lachen. Manchmal versuchte meine Mutter, ihn davon abzuhalten wegzugehen, was ihr aber nie gelang. Wenn er dann zurückkam, war er wütend und zornig. Karin und ich hofften immer, dass es nicht so schlimm werden würde. Zu meiner Mutter waren wir an diesen Tagen besonders lieb, weil es uns leidtat, wie gemein er sie behandelte. Vor allem, wenn Ralf nicht zu Hause war, um ihr beizustehen.

Manchmal kam es aber auch ganz anders, als ich vermutet hatte. Obwohl Ralf nicht da war, blieb mein Stiefvater ruhig. Ich hörte keine Geräusche aus der Küche. Das erschien mir fast unheimlich. Dann dauerte es nicht lange und ich bekam mit, dass er mit meiner Mutter zusammen ins Schlafzimmer ging. Manchmal hörte ich meine Mutter einige Zeit später stöhnen. Dieses Geräusch war mir total unheimlich und ich konnte es mir nicht erklären. Jahre später erst begriff ich, was es zu bedeuten hatte.

Trotz der warmen Decke wird mir auf dem Balkon allmählich kalt. Ich rauche noch eine Zigarette und lege mich morgens um drei endlich auf die Couch. Doch obwohl ich todmüde bin, kann ich nicht schlafen. Ich bin traurig und wütend zugleich, weil ich daran denken muss, dass ich bereits vor langer Zeit festgestellt habe, dass mir absolut nichts Schönes einfällt, wenn ich an meine Kindheit und Jugend denke. Alles, was sich ereignet hat, seitdem mein Stiefvater in unser Leben gekommen war, wurde kontinuierlich schlimmer und bösartiger. Meine Reise in die Vergangenheit, zu der die Besuche in der Heimat geworden sind, kommt mir deshalb wie eine Suche vor – nach meiner verlorenen Kindheit und Jugend. Die Suche nach Familie, nach meinem früheren Leben. Die Suche nach mir. Die Suche nach etwas, das einmal da gewesen sein muss, etwas Schönem, etwas Lustigem, etwas aus meiner Kindheit, das mir Freude bereitet haben muss. Doch auch wenn ich mich noch so anstrenge, es fällt mir nichts ein. Das macht mich unheimlich traurig und wütend. Es ist, als wenn mir alle diese Jahre – die Kindheit und die Jugend – gestohlen worden wären. Auch wenn das unglaublich klingt, ich kann nichts Schönes erzählen, weil es einfach nichts gibt, und ich fühle mich betrogen und leer.

Was mich jedoch genauso traurig macht, ist die Tatsache, dass wahrscheinlich kein Mensch wirklich nachvollziehen kann, wie anstrengend und schwierig es ist, unter solchen Umständen ein normales Leben zu führen. Damit zu leben, sich Gefühle wie Traurigkeit, Wut und Hass nicht anmerken zu lassen. Aber auch Freude und Glücksgefühle zu unterdrücken. Nicht zu weinen, obwohl einem danach ist. Nicht sagen zu können, was man mag und was nicht. Immer stark zu sein und auf keinen Fall Schwäche zu zeigen. Das Gefühl, alles richtig machen zu müssen, nicht versagen zu dürfen und stets mehr als hundert Prozent zu geben. Es ist, als sei ich gefesselt. Manchmal kann ich nicht durchatmen und es überkommt mich eine beklemmende Angst.

Bis heute – ich bin mittlerweile fünfundvierzig Jahre alt – weiß ich nicht, wer ich bin. Mein Innerstes kommt nicht zum Vorschein. Ich habe Angst, dass sich das niemals ändern wird. Es fällt mir nicht leicht, mir meine Vergangenheit zu vergegenwärtigen. Denn je weiter ich in meinen Erinnerungen zurückgehe, desto schlechter fühle ich mich. Nicht selten frage ich mich, ob es gut ist, alles noch einmal durchzumachen. Andererseits sage ich mir: Einmal muss es sein, vielleicht hilft es mir ein wenig, mich selbst besser zu verstehen und mich doch noch zu finden.

Ich werde wach, weil ich meine Schwester und meinen Schwager höre, die gerade aufgestanden sind. Es ist fünf Uhr dreißig. Vielleicht habe ich wenigstens zwei Stunden geschlafen. Ich stehe auf und decke den Frühstückstisch, bevor mein Neffe sich für die Schule fertig machen muss. Wir frühstücken gemeinsam und nacheinander verlassen alle die Wohnung. Ich räume ein wenig die Küche auf und mache die Betten, bevor ich unter die Dusche gehe. Heute habe ich absolut keine Lust, zu Sonja zu gehen. Ich fühle mich überhaupt nicht wohl in meiner Haut. Wenn ich doch wenigstens meiner Mutter die Frage stellen könnte, warum sie das alles so lange geduldet hat! Irgendwann wird es zu spät sein und ich weiß nicht einmal mit Sicherheit, ab wann sie es gewusst hat. Denn dass sie nie etwas bemerkt haben will, daran glaube ich schon lange nicht mehr. Ich rufe Sonja an und sage ihr, ich hätte wahnsinnige Kopfschmerzen und würde heute nicht kommen. Morgen ist mein letzter Tag. Einige Stunden werde ich dann doch noch dort verbringen müssen. Ich lege mich auf die Couch und versuche, mich zu entspannen. Stattdessen schweifen meine Gedanken wieder zurück zur Hühnerfarm.

Dort gab es mittlerweile eine Sortiermaschine. Die Eier wurden eingesammelt, auf ein Fließband gelegt und am Ende des Bandes automatisch nach Größe sortiert. Sie mussten dann nur noch in die verschieden gekennzeichneten Eierschachteln gesetzt werden, bevor mein Stiefvater sie abtransportierte. Eine Zeit lang ging es uns finanziell besser. Jedenfalls war immer genug zum Essen da und wir bekamen bessere Kleidung. Alles andere jedoch blieb, wie es war. Der Weg mit ihm hinter die Farm war für mich selbstverständlich geworden. Die nächtlichen Streitereien wurden ebenfalls fortgesetzt. Mittlerweile trank er sein Bier schon zum Frühstück. Schule war nach wie vor Nebensache für mich. Jedoch half ich Karin viel bei ihren Hausaufgaben. Kontakte zu anderen Menschen hatten wir nur selten.

Der Sommer war sehr warm. Fast täglich fanden wir in der Halle tote Hühner vor und es gab immer weniger Eier. Es dauerte nicht lange, bis ein Tierarzt feststellte, dass eine Seuche ausgebrochen war. Bald mussten wir nicht mehr auf der Hühnerfarm arbeiten. Was mit den restlichen Tieren geschah, weiß ich nicht. Mein Stiefvater brachte ungefähr dreißig Hühner mit auf den Hof. Wir fütterten sie und die Eier verbrauchten wir selbst. Kurze Zeit später wurden auch diese Hühner krank und mussten getötet werden. Der Vorgang war grausam. Den Hühnern wurden auf einem Baumstumpf die Köpfe abgeschlagen. Das Blut schoss aus ihren Hälsen. Ohne Kopf rannten sie noch eine Weile über den Hof. Es war schrecklich für mich, das mit ansehen zu müssen. Es löste Albträume und schlaflose Nächte aus und ich konnte es nie wieder vergessen. Ralf, mein zwei Jahre älterer Bruder, musste helfen. Ich sollte die Hühner einfangen, bevor sie geköpft wurden. Das gelang mir aber nicht, weil ich sie nicht anfassen konnte. Ich musste dann aber dabei helfen, die toten Tiere in Mülltüten zu stopfen, damit sie entsorgt werden konnten. Das Ende der Hühnerfarm war eine grausame Angelegenheit.

Im Frühjahr 1969 zogen wir aus dem großen Haus aus, weil die Miete nicht mehr bezahlt werden konnte. Mein Stiefvater hatte in einem kleinen Dorf im Odenwald eine große Neubauwohnung gefunden. Um das Haus zu erreichen, musste man eine sehr steile Straße direkt zwischen Feld und Wald zurücklegen. Außer uns wohnte noch eine weitere Familie darin. Wir bezogen die Wohnung im Erdgeschoss. Sie war schön und hatte einen Balkon und davor einen Garten. Das Haus war so neu, dass es noch nicht einmal verputzt war. Der Balkon hatte kein Geländer und rings um das Gebäude war noch Baustelle. Es war das vorletzte Haus in dieser Straße. Der Weg ins Dorf erwies sich als beschwerlich und weit, vor allem, wenn man einkaufen musste. Zur Schule musste man wiederum mit dem Schulbus in den nächstgrößeren Ort fahren.

Sonja war vier und Thomas zwei Jahre alt. Achim, das letzte Kind meines verstorbenen Papas, wurde sieben, Karin zehn und ich zwölf. Ralf war jetzt mit vierzehn der Älteste im Haus. Bernd war sechzehn und hatte in einer anderen Stadt eine Freundin, bei der er sich die meiste Zeit aufhielt. Er kam nur noch gelegentlich nach Hause. Mein Stiefvater verrichtete Gelegenheitsarbeiten, ansonsten lebten wir vom Kindergeld. Unsere wenigen alten Möbel passten nicht zur neuen Wohnung. Meine Mutter hatte nie gute Laune und schimpfte viel. Oft gab es auch Schläge. Die Kinder meines Stiefvaters – Sonja und Thomas – wurden von ihr verwöhnt. Mit ihnen kuschelte sie und man sah, dass sie ganz besonders den Jüngsten sehr lieb hatte. Auch Karin saß oft auf ihrem Schoß, was mich sehr eifersüchtig machte. Obwohl meine Schwester ja nichts dafür konnte, dass meine Mutter ihre Lieblinge hatte und die anderen weniger gut behandelte, ließ ich Karin meine Eifersucht spüren. Ich fing oft Streit mit ihr an und machte mich über ihre roten Haare lustig. Dass meine Mutter mich schlug, wenn Karin zu weinen anfing, nahm ich in Kauf. Ralf war nicht viel zu Hause. Die Schule war ihm nicht so wichtig und er ging nicht regelmäßig hin. Er hatte seine Freunde oder hielt sich bei seinem Bruder Bernd auf.

Achim hatte am meisten unter der schlechten Stimmung meiner Mutter zu leiden. Jeden Tag, wenn er aus der Schule gekommen war und zum Essen am Küchentisch saß, schimpfte sie mit ihm. Ständig nörgelte sie an ihm herum, bezeichnete ihn als dumm und sagte voraus, er würde als Straßenkehrer enden. Schon vor langer Zeit war mir bewusst geworden, was der Grund gewesen sein muss, dass sie ihre Kinder so unterschiedlich behandelte. Sie erzählte mir einmal, dass sie Achim eigentlich nicht zur Welt bringen wollte, weil unser Vater schon todkrank war. Der Arzt, bei dem sie in Behandlung war, vertrat jedoch die Meinung, sie sei gesund und stark und könne das Kind bekommen. Meine Mutter fand das unmöglich und erklärte, dass sie Achim nicht hatte haben wollen. Ich war betroffen und versuchte vorsichtig auszudrücken, Achim könne doch nichts dafür, dass er geboren wurde, und dass es unfair wäre, ein Kind deswegen nicht gut zu behandeln. Meine Mutter wurde sehr böse und behauptete, es gäbe keine Unterschiede in der Behandlung ihrer Kinder. Ich gab darauf keine Antwort.

Mit meinem Stiefvater wurde es immer schlimmer. Seine Launen waren kaum noch zu ertragen. Niemand durfte ein falsches Wort zu ihm sagen. Mir war schon längere Zeit aufgefallen, dass er zu Thomas, seinem eigenen kleinen Sohn, ganz besonders gemein war. Er beschimpfte ihn oft als Waschlappen, wenn er ihn überhaupt beachtete. Das tat mir sehr leid und ich schloss deshalb den kleinen Kerl noch mehr in mein Herz. Sonja hingegen war seine Prinzessin. Er verwöhnte sie, wo er nur konnte. Sie war eine kleine Puppe, die alles bekam. Nach wie vor nahm er sie mit, wenn er ausging, was allerdings nicht mehr so häufig vorkam. Er trank sein Bier jetzt lieber zu Hause. Schon morgens saß er damit am Küchentisch. Oft klagte er über Magenschmerzen, weswegen er angeblich auch nicht arbeiten gehen konnte.

Ich hatte große Angst vor ihm, denn er ließ mich nicht in Ruhe. Jede Gelegenheit nahm er wahr, mich für seine Zwecke zu benutzen. Der Ort war ihm mittlerweile egal. Wann immer er mich allein erwischte, ergriff er die Gelegenheit. Mein Hass auf ihn wurde immer größer. Ich versuchte zu vermeiden, mit ihm zu reden. Wenn er mich etwas fragte oder mich ansprach, gab ich ihm patzige Antworten. Ich wollte, dass er und alle anderen merkten, wie sehr ich ihn hasste. Das alles half aber nichts, im Gegenteil, ich machte ihn damit noch aggressiver, sodass er mir öfter eine Ohrfeige gab. Ich weinte aber nie. Er sollte nicht glauben, dass es mir etwas ausmachen oder gar wehtun würde.

Den Geschwistern fiel meine schlechte Stimmung allerdings auch auf. Besonders Ralf, aber auch Bernd, der nicht mehr allzu oft nach Hause kam, sprachen mich darauf an und schoben meine Stimmung auf die Pubertät, in der ich mich befände. Ich wusste mit dem Begriff überhaupt nichts anzufangen. Wir wurden ja zu Hause nicht aufgeklärt. Ich bemerkte auch keine körperliche Veränderung an mir. Davon abgesehen hoffte ich aber auch, mich nicht zu verändern. In meiner Klasse gab es Mädchen, die schon einen richtigen Busen hatten. Einmal nahmen mich zwei meiner Schulkameradinnen, mit denen ich gern zusammen war, mit auf die Toilette. Dort zeigte mir eines der Mädchen, dass sie ihre Tage hatte. Auch darüber wusste ich nicht Bescheid. Sie legte sich eine Binde in den Schlüpfer und war offenbar stolz darauf, dass sie bereits ihre Periode hatte. Ich dagegen musste mich vor Ekel beinahe übergeben und meine Schulkameradinnen lachten mich aus. Ich betete, nur ja keinen Busen zu bekommen und erst recht nicht die Periode. Mir fiel auf, dass die Mädchen sich nett anzogen, kurze Röcke und enge T-Shirts trugen. Außerdem bekam ich mit, dass sie sich gerne mit Jungs ihres Alters trafen und miteinander Spaß hatten. Im Dorf traf ich beim Einkaufen manchmal Mädchen und Jungen, die sich sogar küssten. Da wurde mir klar, dass ich auf gar keinen Fall meinen Stiefvater auf mich aufmerksam machen durfte. Am liebsten zog ich deswegen die Hosen meines Bruders und Schlabber-T-Shirts an. Dabei kam es mir sogar zugute, dass wir nicht viel Geld hatten und uns nicht laufend neue Kleidung kaufen konnten.

Karin und ich stritten jetzt fast nur noch. Mir ging alles auf die Nerven und ich hatte wenig Lust, mich mit meinen Geschwistern auseinanderzusetzen. An allen Streitigkeiten gab meine Mutter mir die Schuld und ich bekam Ohrfeigen, wenn Karin weinte und nach meiner Mutter rief. Das machte mir aber relativ wenig aus, denn es waren die einzigen Gelegenheiten, bei denen ich ihre Aufmerksamkeit hatte. Ralf und ich fragten bei den Bauern im Ort oft nach einer Arbeit. Wir gingen Kartoffeln ausmachen, Trauben lesen und Kirschen pflücken, um unsere Mutter finanziell zu unterstützen. Diese Arbeiten machten mir Spaß und ich brauchte nicht zu Hause zu sein. Wo immer ich auch allein hinging, ob zum Einkaufen, in die Schule oder zu einer Schulkameradin, überall lauerte er mir auf, passte mich ab und ging mit mir in den Wald oder auf einen Acker, wo ich ihn befriedigen musste.

Fast erleichtert, nicht mehr allein zu sein und auf andere Gedanken zu kommen, nehme ich wahr, dass mein Neffe aus der Schule nach Hause gekommen ist. Wir machen uns eine Kleinigkeit zu essen und ich frage ihn, wie sein Tag war. Er ist ein netter Junge und wir beide haben schon immer ein sehr gutes Verhältnis zueinander. Er fragt, warum ich nicht bei meiner Mutter bin. Ich erkläre ihm, dass ich Kopfschmerzen hätte. Karin arbeitet halbtags als Friseurin und es dauert nicht lange, da kommt auch sie nach Hause. Sie genießt es, dass ich da bin. Zusammen mit ihrem Sohn machen wir uns einen gemütlichen Nachmittag. Wir gehen Eis essen und bummeln durch die Stadt.

Ich bin froh, dass ich mich dazu entschlossen habe, nicht zu meiner Mutter zu gehen. Am nächsten Tag habe ich es auch nicht sonderlich eilig. Ich bleibe auch nicht sehr lange bei Sonja und meiner Mutter. Ich verabschiede mich bald und verspreche, sobald wie möglich wiederzukommen. In Vorfreude auf den gemeinsamen Urlaub mit Marc sitze ich am nächsten Tag im Zug und fahre nach Hause.

Noch bevor der Zug hält, sehe ich Marc auf dem Bahnsteig stehen und zu meiner Überraschung ist auch Kerstin dabei. Wir gehen gemeinsam essen, wobei sich meine Stimmung erheblich verbessert. Marc erzählt, dass er Kerstin gefragt habe, ob sie mit nach Ungarn kommen möchte. Aber Kerstin hat bereits andere Pläne. Sie möchte lieber mit ihren Freunden für einige Tage verreisen. Marc und ich bringen sie nach Hause und wir verabschieden uns für die nächsten zehn Tage. Wie immer sage ich meiner Tochter, wie lieb ich sie habe und dass sie gut auf sich aufpassen soll.

Die Reise nach Ungarn tut mir sehr gut. Wir wohnen in einer kleinen Pension mit familiärem Flair. Jeden Tag erkunden wir die Umgebung, haben Spaß und es gelingt mir tatsächlich, die Zeit mit Marc zu genießen und einigermaßen abzuschalten. Wie schnell sind die zehn Tage vorüber und der Alltag hat uns wieder eingeholt! Aber ich zehre noch lange von dieser schönen Zeit.

Im Frühjahr 2002 ruft Karin mich während der Arbeit im Büro an und berichtet, dass es meiner Mutter so schlecht geht, dass man sie ins Krankenhaus bringen musste, wo man nicht genau weiß, was mit ihr los ist. Sonja hat sie verkrampft im Bett vorgefunden und einen Krankenwagen gerufen. Karin befürchtet, dass unsere Mutter nicht mehr lange leben wird. Sie fragt, ob und wie schnell ich kommen könnte. Ich leite sofort alles in die Wege, sodass ich bereits am nächsten Tag losfahren kann.

Karin holt mich wie üblich am Bahnhof ab. Noch auf der Fahrt zu ihr berichtet sie mir vom Befinden meiner Mutter. Im Krankenhaus wurde ein leichter Schlaganfall festgestellt, wovon sie sich aber so weit wieder erholt hat, dass sie bereits nach Hause gebracht werden konnte. Ich frage mich, ob ich vielleicht etwas zu voreilig gehandelt habe und die Tage hier umsonst verbringe. Wir Schwestern haben nichts davon, Karin muss arbeiten und ich verliere meine Urlaubstage. Wir fahren direkt zu Sonja. Meiner Mutter geht es nicht gut. Sie ist schläfrig und kann sich nicht mit uns unterhalten. Das ändert sich auch in den nächsten Tagen nicht. Sie muss gefüttert werden, da sie das Bett nicht verlassen kann. Sobald sie aufgesetzt wird, bekommt sie Schwindelanfälle.

Als ich wieder nach Hause fahre, hat sich an der Situation nichts geändert. Auch in der nächsten Zeit kann mir meine Schwester telefonisch nichts von einer Besserung ihres Zustandes berichten. Wie immer nach den Besuchen in meiner Heimat fällt es mir schwer, mich auf meine Arbeit zu konzentrieren. Ich frage mich, wie ich wohl reagieren werde, wenn meine Mutter stirbt. Mittlerweile bin ich mir darüber klar geworden, dass ich hauptsächlich Karin und Sonja zuliebe bei jedem Alarm dort hinfahre.

Ich möchte die beiden mit diesen Problemen nicht allein lassen und ihnen zeigen, dass ich für sie da bin.

In einigen Tagen werde ich fünfundvierzig. Marc fragt mich dauernd, wie ich diesen Tag verbringen möchte. Er weiß, dass ich meinen Geburtstag nicht gern feiere, und auch in diesem Jahr möchte ich keinen einladen. Deswegen schlage ich vor, dass wir gemeinsam mit Kerstin essen gehen, womit Marc einverstanden ist. Am Abend überwinde ich mich, ihm zu erzählen, warum ich meine Geburtstage nicht gern feiere.

Kapitel 9

Zwölfter Geburtstag

ALS ICH AN MEINEM ZWÖLFTEN GEBURTSTAG aus der Schule nach Hause kam, war Ralf nach einigen Tagen wieder einmal da. Im Wohnzimmer hatte er einen kleinen Geburtstagstisch für mich vorbereitet. Auf einem Hocker hatte er ein weißes Tuch ausgebreitet und ein kleines Blumentöpfchen mit Vergissmeinnicht daraufgestellt. Es lagen auch zwei Päckchen da. Eins von meiner Mutter und eins von ihm. In dem Päckchen meiner Mutter befand sich ein T-Shirt, weiß mit blauen Blumen. Ich mochte es sehr, vor allem, weil ich vermutete, dass Ralf es mitgebracht hatte. In seinem Päckchen waren ein paar weiße Söckchen. Ich bedankte mich bei meiner Mutter, umarmte Ralf und gab ihm einen Kuss.

Die Geburtstage wurden bei uns nie großartig gefeiert. Es gab keine Feiern, zu denen andere Kinder eingeladen wurden. Die Jüngeren bekamen außer Kleidung meistens auch etwas zum Spielen. Meine Mutter oder ich backten Kuchen und wir feierten allein. Ich gab mir immer Mühe, die Geburtstage meiner jüngeren Geschwister so schön wie möglich zu gestalten. Das letzte Mal, dass ich bei einem anderen Kind zum Geburtstag eingeladen war, war bei meiner besten Freundin Biggi in unserer alten Heimat. Sonst wurde uns das nicht erlaubt. Wir hatten kein Geld, um fremde Kinder zu beschenken. Karin und die jüngeren Geschwister hatten ein schönes Bild für mich gemalt und es ebenfalls auf das Tischchen gelegt. Das T-Shirt gefiel mir so gut, dass ich es gleich anziehen musste. Ich ging damit ins Badezimmer, und als ich zurückkam, winkte mein Stiefvater mich ins Schlafzimmer, das direkt neben dem Bad lag.

Dort verlangte er von mir, meine Mutter zu fragen, ob sie mich noch zu meinen Schulkameradinnen gehen ließ. Ich ahnte sofort, worauf er hinauswollte, und in mir sträubte sich alles. Diesen Tag sollte er mir nicht kaputt machen. Nicht heute, nicht an meinem Geburtstag wollte ich mich von ihm missbrauchen lassen. Ich wollte zu Hause bleiben und den Tag mit Ralf verbringen. Ich war so froh, dass er an meinen Geburtstag gedacht hatte und gekommen war. Ich war so glücklich über dieses liebevoll gedeckte Geburtstagstischchen. Seit langer Zeit spürte ich endlich einmal, dass mich jemand lieb hatte – mein Bruder Ralf. Ich hoffte so sehr, meine Mutter würde mir nicht erlauben wegzugehen. Und falls doch, dass ich dann wenigstens eines meiner kleinen Geschwister mitnehmen müsste. Normalerweise war das so und ich tat es gerne. Es gab mir eine gewisse Sicherheit vor ihm. Ich fragte meine Mutter also eher halbherzig und rechnete fest mit einem Nein. Doch sie ließ mich gehen. Vielleicht wollte sie mir eine Freude machen, schließlich hatte ich ja Geburtstag.

Mein Stiefvater hatte mir befohlen, an einer bestimmten Stelle im Wald auf ihn zu warten. Ich ging also los, aber nicht in den Wald, sondern – wie meiner Mutter versprochen – zu einer meiner Schulkameradinnen. Zum Glück war sie zu Hause. Ihre Eltern waren nicht da. Ich war ziemlich aufgeregt und hatte Angst. Ich sagte ihr, falls jemand nach mir suche sollte, würde ich mich in ihrem Zimmer unterm Bett verstecken. Das muss ihr sicher komisch vorgekommen sein, vielleicht hat sie mich auch nicht ernst genommen, aber sie willigte ein, ohne Fragen zu stellen. Es dauerte etwa eine halbe Stunde, bis es an der Tür klingelte. Ich verschwand sofort in ihrem Zimmer und legte mich unter ihr Bett. Ich konnte hören, dass mein Stiefvater nach mir rief. Aber meine Schulkameradin sagte zu ihm, ich sei nicht bei ihr. Er glaubte ihr nicht und wurde zornig. Er befahl mir, sofort herauszukommen und nach Hause zu gehen. Meine Schulkameradin wollte mich aus ihrem Zimmer holen, aber ich weigerte mich.

Er kam ihr nach und zerrte mich am Arm unter dem Bett hervor. Ich kam mir vor wie eine Katze, die etwas angestellt hatte. Er sah aus wie der Teufel. Seine Augen wurden ganz schmal, seine Wangenknochen bewegten sich und er war blass vor Zorn. Ich hatte Angst, dass er mich schlagen würde. Aber er sah mich nur an und schnaubte wie ein Stier. Meine Schulkameradin stand mit aufgerissenen Augen und offenem Mund hinter ihm, sie sagte nichts. Er zog mich nach draußen. Ich wollte mich losreißen, aber er hielt mich so fest, dass es mir wehtat. Mir blieb nichts anderes übrig als mitzugehen.

Er lief mit mir ein ganzes Stück. Außerhalb des Dorfes zog er mich auf ein Feld. Nach einer Weile war die Straße nicht mehr zu sehen. Weit und breit kein Mensch. Hinter einem Busch blieb er stehen und schubste mich, sodass ich auf die Erde fiel. Zum ersten Mal in meinem Leben hatte ich wirkliche Todesangst. Ich weinte und zitterte am ganzen Körper. Er zog mir den Schlüpfer aus, streifte sich die Hose hinunter und kam mir immer näher, bis er auf mir lag. Ich glaubte, jetzt endlich sterben zu müssen. Er befahl mir, mit dem Weinen aufzuhören und die Beine zusammenzupressen. Er steckte sein Ding zwischen meine Beine und begann, sich über mir auf und ab zu bewegen. Ich zitterte am ganzen Körper, aus Angst, dass ich nie wieder nach Hause kommen würde. Unter seinem Gewicht bekam ich keine Luft und spürte seinen Atem auf meinem Gesicht. Dann drehte ich meinen Kopf zur Seite und schaute über das Feld. Ich fühlte überhaupt nichts mehr und tat, als sei ich gar nicht da.

Nach einer Weile stand er auf, holte ein Taschentuch aus seiner Hosentasche und gab es mir. Ich wischte meine Beine trocken, suchte nach meinem Schlüpfer und zog ihn an. Ich weinte nicht mehr. Ich stand auf und wusste nicht, was ich tun sollte. Ich konnte nicht gehen, hatte kein Gefühl mehr in meinem Körper und musste mich beinahe übergeben. Erst als ich seine Stimme hörte, kam ich wieder zu mir. Er befahl mir, meine weißen Socken, die mir mein Bruder Ralf am Nachmittag zum Geburtstag geschenkt hatte und die ich zum ersten Mal trug, nach links zu drehen, denn sie waren ziemlich schmutzig geworden. Das neue T-Shirt, das Geschenk von meiner Mutter, war ebenfalls schmutzig. Zu Hause sollte ich erzählen, ich wäre mit meiner Schulkameradin im Garten gewesen. Wir machten uns auf den Heimweg. Es war später geworden, als ich eigentlich zu Hause sein sollte.

Als wir im Dorf angekommen waren, ließ er mich den Rest des Weges allein laufen. Er ging in die Kneipe. Bevor ich mich auf den Weg machte, befahl er mir wieder einmal, meinen Mund zu halten und zu keinem ein Wort zu sagen. Wenn ich es doch täte, würde ich es bitter bereuen. Die ganze Scheißfamilie würde dann darunter leiden. Das sagte er in einem ganz ruhigen Ton.

Ich beeilte mich, den Rest des Weges hinter mich zu bringen. Ich hoffte und wünschte, dass meine Mutter sehen würde, wie schmutzig ich war, dass sie meine links gedrehten Socken bemerken und mich fragen würde, was mit mir passiert wäre. Meine Mutter, Ralf und Karin saßen im Wohnzimmer und sahen fern. Die Kleinen schliefen schon. Ich stellte mich in die Tür, bis meine Mutter auf mich aufmerksam wurde. Sie sah mich an, bemerkte aber nicht, wie ich aussah. Stattdessen sagte sie ärgerlich, ich hätte ihre Freundlichkeit ausgenutzt, weil ich doch schon vor zwei Stunden zu Hause hätte sein sollen. Sie schickte mich ins Bett und schaute weiter fern.

Ich ging ins Badezimmer, um mich zu waschen. Als ich mich ausgezogen hatte, bemerkte ich blaue Flecken an meinem Arm und an meinen Beinen. Ich versuchte, alles wegzuwaschen. Ich hatte das Gefühl zu stinken. Mir war immer noch übel. Solange ich auch versuchte, mich zu säubern, ich wurde das Gefühl nicht los, schmutzig zu sein.

Ich ging in mein Bett. Karin und Achim, mit denen ich mir das Zimmer teilte, schliefen bereits und hörten mich nicht. Bis es hell wurde, lag ich wach und weinte leise. Ich hasste ihn. Mein Hass wurde immer größer und ich war wütend auf mich, weil ich mich nicht genug gewehrt hatte.

Ich war aber auch wütend auf meine Mutter und in Gedanken schrie ich: »Warum hilfst du mir nicht, siehst du denn nicht, was geschieht, was er mit mir tut? Ich kann es nicht mehr aushalten, bitte hilf mir doch!« Wie oft habe ich sie flehend angesehen, wie oft habe ich gesagt, dass ich nicht mit ihm weggehen will. Immer wieder habe ich versucht, ihre Aufmerksamkeit auf mich zu lenken, indem ich frech zu Karin war oder dadurch, dass ich die ganze Wohnung putzte. Entweder war ich besonders lieb zu meiner Mutter und las ihr jeden Wunsch von den Augen ab, oder ich war besonders böse und gab freche Antworten. Wenn mein Stiefvater zu Hause war, beschäftigte ich mich mit allem Möglichen, nur damit er mich nicht zu fassen bekam und mich nicht wegschicken konnte, damit ich wieder irgendwo auf ihn warten musste.

Ich hätte mich nie getraut, meiner Mutter etwas zu sagen, weil sie sowieso immer der Meinung war, dass ich lüge, zum Beispiel auch, wenn es um Streitereien mit Karin ging. Schließlich war ich doch die Ältere und sollte mich dementsprechend benehmen. Sie fragte mich nie, was mit mir los war, stattdessen nahm sie den Kochlöffel und schlug mich.

Manchmal betete ich zu meinem Papa, mir zu helfen. Ich erinnerte mich daran, dass er ein guter Mensch und ein liebevoller Vater gewesen ist. Mit ihm hätten wir alle ein schönes Leben gehabt. Die große Familie war sein Wunsch. Er hätte uns ein Haus gebaut mit einem großen Garten, in dem er mit uns gespielt hätte. Ich sehnte mich nach ihm und versuchte, ihn mir vorzustellen. Er war nicht größer, als ich es bin. Im Gegensatz zu mir hatte er aber dunkle Haare. Die vielen Sommersprossen und die langen Wimpern hatte ich jedoch von ihm. Ich sah sein liebevolles Gesicht vor mir. Auf einmal fiel mir die Ähnlichkeit zwischen ihm und meinem Bruder Bernd auf. Oft konnte ich nur einschlafen, wenn es mir gelang, an meinen Papa zu denken.

Zwei Tage später ging ich zur Schule und die Schulkameradin, die geholfen hatte, mich zu verstecken, wollte wissen, warum mein Stiefvater so böse auf mich gewesen sei. Ich war gezwungen zu lügen und erklärte ihr, ich sei ohne Erlaubnis bei ihr gewesen. Sie fand seine Reaktion übertrieben und fragte, ob meine Mutter denn mit diesen Methoden einverstanden sei. Ich presste ein undeutliches »Ja« hervor. Auch ihre Eltern, denen sie davon erzählt hatte, waren der Meinung, mein Stiefvater hätte übertrieben reagiert.

Als ich älter wurde, hatte ich keine Erinnerung mehr daran, was an den Tagen geschehen war, an denen mein Stiefvater mich in Ruhe ließ. Ich konnte mich an kein anderes Erlebnis erinnern, an keinen Alltag, an keinen Schultag. Ständig hatte ich Angst vor dem nächsten Mal. Ich dachte immer darüber nach, was ich tun könnte, um den Albtraum zu beenden. Ich überlegte, ob ich weglaufen sollte. Oft wünschte ich mir, einfach nicht mehr da zu sein. Manchmal wollte ich tot sein, aber ich hatte zu große Angst davor. Würde ich es schaffen durchzuhalten, bis ich erwachsen bin? Ich konnte meine Geschwister doch nicht allein lassen, sie brauchten mich. Ich war die Einzige, die sie tröstete, wenn sie Angst hatten, weil mein Stiefvater tobte. Ich war die Einzige, die sie mit ins Freie nahm und mit ihnen spielte. Ich musste außerdem Achim und Karin bei den Schulaufgaben helfen. Wer sollte das tun, wenn ich nicht mehr da wäre?

Wenn Ralf nicht zu Hause war, musste ich die Milch vom Bauern holen. Dann lauerte mein Stiefvater mir unterwegs auf. Er ging mit mir in den Wald. Nur ein paar Meter von dem Haus entfernt, in dem wir wohnten. Zwischen den Bäumen musste ich ihn schnell befriedigen. Ich war schon froh, wenn ich dazu nur meine Hand gebrauchen musste. Manchmal steckte er sein Ding im Stehen von hinten zwischen meine Schenkel, die er zusammenpresste und zwischen denen er sich bewegte, bis es ihm kam. Es war ekelhaft und es stank. Immer ging ich allein nach

Hause, tat, als wäre nichts geschehen. Er kam dann später nach und tat ebenfalls, als wäre nichts geschehen. An einem solchen Abend dort im Wald hörte ich jemanden die Straße entlangkommen. Die Personen kamen laut lachend und redend näher und ich erkannte, dass es meine beiden Brüder Bernd und Ralf auf dem Weg nach Hause waren. Mein Stiefvater hatte sie auch bemerkt. Plötzlich hielt er mir den Mund zu. Ich bekam furchtbare Angst und geriet in Panik. Ich zerrte an seiner Hand, aber je mehr ich mich wehrte, desto fester drückte er zu. Meine Brüder liefen nun so dicht an uns vorbei, dass ich sie durch die Bäume hindurch sehen konnte. Sie entdeckten uns aber nicht, es war schon zu dunkel. Als sie vorbei und weit genug weg waren, sagte er, dass ich mir nicht einfallen lassen solle zu schreien, wenn er mich losließe. Ich schüttelte nur den Kopf, dann ließ er mich endlich frei.

Ich zitterte am ganzen Körper und weinte. Er befahl mir, die Hose hochzuziehen. Dann sollte ich mir die Tränen abwischen und mich beruhigen. Er trug mir auf, zu Hause zu sagen, ich wäre hingefallen und hätte deswegen geheult. Er nahm die volle Milchkanne, goss sie zur Hälfte aus und sagte, so würde nichts auffallen und alle würden mir glauben. Ich nahm die Kanne, drehte mich um und ging. Mutter öffnete mir die Tür und ging in die Küche. Nebenan im Wohnzimmer spielten meine jüngeren Geschwister. Nur Karin sah mich an, spielte aber weiter. Auch an diesem Abend stellte meine Mutter natürlich keine Fragen. Sie wollte nicht einmal wissen, warum die Milchkanne nur halb voll war. Ich stellte sie einfach in den Kühlschrank. Ich fühlte mich völlig allein. Wie immer in solchen Momenten beobachtete ich meine Mutter ganz genau. Sie kniff die Lippen zusammen und schaute an mir vorbei. Ich war mir sicher, dass sie etwas wusste. Das machte mich sehr wütend, aber auch unglaublich traurig, denn es musste wohl so sein, dass sie mich nicht lieb hatte. Ich war sicher, dass sie nichts sehen und nichts wissen wollte.

Eines Abends beschloss mein Stiefvater aus heiterem Himmel, mit meiner Mutter auszugehen. Achim, Sonja und Thomas hatte sie schon ins Bett gebracht. Karin und ich bekamen Anweisungen, wie wir uns zu verhalten hätten, wenn die Kinder wach werden sollten. Vor allem verboten sie uns, die Kinder auf den Balkon zu lassen, der kein Geländer hatte. Auch wenn wir im Erdgeschoss wohnten, hätte etwas passieren können. Für uns war es selbstverständlich, darauf zu achten, zumal es sowieso schon dunkel war.

Nachdem sie gegangen waren, dauerte es nicht lange und der kleine Thomas wurde wach. Als ich zu seinem Bettchen ging, merkte er sofort, dass nicht seine Mama da stand. Er streckte seine Arme aus und ich holte ihn aus dem Bett. Er vermisste seine Mutter und weinte. Mit allen möglichen Tricks versuchten Karin und ich, ihn abzulenken. Nach einer Weile war es uns gelungen und wir spielten mit ihm. Auf einmal hörte man von draußen ein fremdes Geräusch. Ein Tier schien ganz in der Nähe zu sein. Thomas war sehr neugierig und wollte unbedingt nachschauen, was es war. Vom Fenster aus konnte man nichts entdecken. Thomas lief zur Balkontür und wollte sie aufmachen. Ich ging zu ihm und sagte, dass das verboten sei. Weil er aber unbedingt wissen wollte, was draußen los war, öffnete ich die Balkontür einen Spalt breit, sodass man hinausspähen konnte. Ich war ja selbst neugierig. Im Garten stand ein Fasan und krähte. Wir schauten eine Weile hin, dann schloss ich die Tür wieder. Ich schärfte dem Kleinen ein, dass er nichts verraten dürfe, denn Mama hätte uns doch verboten, die Türe zu öffnen. Karin würde nichts sagen, da war ich sicher. Wir spielten weiter und bald war Thomas so müde, dass ich ihn in sein Bettchen zurücklegen konnte und er wieder einschlief. Karin und ich blieben wach, bis meine Mutter und der Stiefvater nach Hause kamen. Dann gingen wir ebenfalls in unsere Betten. Bevor ich einschlief, hörte ich noch, dass Thomas erneut wach geworden war und nach seiner Mama rief.

Ich war noch nicht richtig eingeschlafen, als die Tür aufging und mein Stiefvater mich ins Wohnzimmer holte. Er wollte wissen, wieso ich die Kinder auf den Balkon gelassen hätte. Meine Mutter musste wohl bei dem Kleinen im Schlafzimmer sein, sie kam nicht dazu. Ich erzählte die Geschichte und erklärte, dass wir gar nicht ganz draußen waren und dass ich gut aufgepasst hätte. Er war wütend und schrie mich an. Dann holte er ein Tuch und verband mir damit die Augen. Er müsse mich bestrafen, damit ich mir merke, dass ich darauf zu hören habe, was man mir sagt. Er beugte mich über den Tisch und zog mir die Hose meines Schlafanzugs runter. Ein paar Mal schlug er zu. Es tat höllisch weh und ich schrie. Als er aufhörte, riss ich mir das Tuch von den Augen und zog meine Hose hoch. Ich sah ein gelb-grün gestreiftes Stück von einem Gartenschlauch in seiner Hand. Damit hatte er mich geschlagen. Ich hatte höllische Schmerzen und lief voller Zorn in mein Bett – an meiner Mutter vorbei, die mir gerade entgegenkam. Wieder einmal weinte ich die ganze Nacht. Es fiel mir schwer zu liegen, denn mein Po und mein Rücken taten mir weh.

Als ich am nächsten Tag in der Badewanne saß, klopfte meine Mutter an die Tür, die ich wie immer verschlossen hatte. Sie wollte, dass ich aufmache. Ich tat es und sie forderte mich auf, mich umzudrehen. Sie sagte nichts. Als ich sie anschaute und auf eine Reaktion wartete, drehte sie sich um und verließ das Badezimmer. Die Striemen auf meinem Körper waren nicht zu übersehen. Es wurde aber kein Wort darüber gesprochen. Ich wunderte mich, dass sie auch das hinnahm, und es machte mich sehr traurig, aber auch wütend. Obwohl ich mittlerweile wusste, dass sie zu allem schwieg, kam es mir jedes Mal vor, als ob ich wieder etwas Wertvolles verloren hätte. War ich ihr denn überhaupt nichts wert? Durfte er mich derart verprügeln? Empfand meine Mutter nicht einmal Mitleid, als sie die Striemen sah? Der Funken Hoffnung, dass sie mich vielleicht doch liebte, verschwand mehr und mehr.

Und ich verlor mich selbst mehr und mehr. Ich war also nichts wert und fing an zu resignieren. Anscheinend musste das alles so sein. Hatte ich vielleicht selbst Schuld an allem? Wenn ja, warum und was habe ich falsch gemacht?

Nur wenige Tage nach dieser Geschichte war ich mit ihm wieder auf einem Acker. Auf dem Weg dorthin behauptete er, mich nur verprügelt zu haben, damit die anderen nicht merken sollten, wie lieb er mich hat! Wie lieb er mich hat? Wie sollte ich das denn verstehen? War das seine Art, mir zu zeigen, dass er mich lieb hat? Darunter verstand ich aber etwas ganz anderes. Ich war doch auch auf ganz andere Art lieb zu meinen Geschwistern. Diese Aussage konnte ich nicht akzeptieren und doch sollte mich der Satz mein ganzes Leben lang begleiten. Wenn er zu mir als Erwachsener gesagt wurde, bekam ich es immer mit der Angst zu tun.

Noch heute ist es so, dass ich ihn überhöre, wenn er von Menschen gesagt wird, an denen mir etwas liegt. Der Satz »Ich hab dich lieb« ist mir immer noch unangenehm. Selbst wenn ich spüre, dass er nicht so wie bei meinem Stiefvater gemeint ist, will ich ihn nicht hören. Ich kann ihn auch nicht erwidern. Wenn ich jemanden lieb habe, kann ich das viel besser zeigen. Ich brauche das nicht zu sagen. Die einzige Ausnahme ist meine Tochter. Ihr habe ich immer wieder gesagt, dass ich sie lieb habe. Und wenn sie zu mir sagt: »Ich hab dich lieb«, glaube ich ihr das sofort und es macht mich glücklich.

Kapitel 10

Die Anzeige

Von nun an behandelte er mich auch zu Hause strenger und härter. Ich sagte kein Wort, wenn er mir eine Ohrfeige verpasste, und ich unterließ es ganz bewusst zu weinen. Diese Genugtuung gönnte ich ihm nicht. Mein Hass wurde immer größer. Ich gab ihm freche Antworten, wenn er etwas von mir verlangte. Er ließ sich gerne von allen bedienen. Ich vermied das, wann immer ich nur konnte, und wenn ich ihm etwas bringen sollte, dann tat ich es so widerwillig, dass es ihm auffallen musste. Meiner Mutter gegenüber war ich auch oft frech und hatte zu nichts Lust. Trotzdem tat ich alles, was sie mir auftrug. Dabei überlegte ich oft, wozu ich überhaupt am Leben wäre, denn es gab nichts, was mir Freude gemacht hätte. Ich konnte mich schon damals nicht mehr daran erinnern, dass es einmal etwas Schönes in meinem Leben gegeben haben soll.

Von meiner Mutter fühlte ich mich sowieso ungerecht behandelt. Sie bestrafte mich, wenn ich etwas nicht so machte, wie sie es wollte, oder auch einfach nur, weil sie schlechte Laune hatte. Sie nörgelte ständig an mir herum. Was ich auch tat, es war nie gut genug.

Eines Tages, als ich aus der Schule kam und sie mir die Tür öffnete, schlug sie mir mit dem Handrücken dermaßen hart ins Gesicht, dass ich beinahe umgefallen wäre. Ich war schockiert und nicht in der Lage zu reagieren. Dann fragte sie mich, ob ich wüsste, warum sie das getan hätte. Ich wusste es nicht. Sie zeigte mit dem Finger auf meinen Oberarm und fragte, was das wäre. Ich sah auf meinem Arm einen dunkelroten großen Fleck.

Ich erklärte, dass ich mir aus Langeweile in der Schule am Arm gelutscht hätte und der Fleck so entstanden sein müsste. Sie glaubte mir kein Wort. Damit war das Thema für sie erledigt. Sie drehte sich um und ging in die Küche. Ich lief ins Badezimmer und entdeckte auf meiner roten Wange eine dicke blaue Stelle. Die kam von ihrem Ring. Ich wusste gar nicht, was ich falsch gemacht hatte. Den Fleck am Arm hatte ich mir wirklich selbst beigebracht und konnte nicht erkennen, was daran so schlimm sein sollte. Was dachte sie denn, woher der Fleck kam? Damals wusste ich noch nichts von Knutschflecken. Ich hatte überhaupt keinen Kontakt zu Jungs und mit Sicherheit hätte ich mich nicht von ihnen berühren lassen. Was hat meine Mutter damals nur von mir gedacht?

Jeder Tag wurde unerträglicher und ich fühlte mich völlig allein. Ständig schickte er mich nach draußen, wo ich dann nicht weit von unserem Haus entfernt versteckt auf ihn warten musste. Als er wieder einmal etwas Neues von mir verlangte, geriet ich in totale Panik. Hinter einer Hecke holte er sein Ding heraus und ich sollte mich hinknien. Ich ahnte nicht, was er von mir wollte. Er nahm meinen Kopf in seine Hand und drückte mein Gesicht auf sein Ding. Ich sträubte mich und versuchte auszuweichen. »Nimm ihn in den Mund«, befahl er mir. Ich schüttelte den Kopf, weigerte mich und fing an zu weinen. Er drückte mich mit der Hand wieder zu seinem Ding und sagte: »Nur einmal«, dabei hielt er sein Ding in der Hand. Als er damit meinen Mund berührte, musste ich mich übergeben. Ich würgte und weinte. Er wurde sehr grob. Beschimpfte mich und zwang mich, es in den Mund zu nehmen. Ich konnte es aber nicht. Ich musste würgen und bekam keine Luft. Da ließ er mich los. Wütend machte er seine Hose zu, riss mich am Arm hoch, schaute mir ins Gesicht und sagte, ich sei so doof wie meine Mutter. Wir wären alle gleich. Am liebsten würde er uns alle umbringen, wir seien nichts wert. Er ließ mich stehen und verschwand im Dunkeln Richtung Dorf.

Ich stand da und weinte. Ich spuckte aus und rieb mir mit der Hand den Mund aus. Ich konnte ihn überall riechen. Am liebsten wäre ich gestorben, so sehr ekelte ich mich. Nach einer Weile ging ich nach Hause. Ich wusste nicht, wo ich sonst hätte hingehen sollen. Ich war furchtbar wütend auf meine Mutter. Ich wollte, dass sie mich endlich fragte, warum ich so traurig wäre, warum ich so oft verweint nach Hause käme. Ich wollte, dass sie etwas bemerkte. Aber sie merkte nichts. Sie war so wie immer. Manchmal hatte ich das Gefühl, sie sah mich nicht einmal. Wie oft hatte ich mich gefragt, ob es tatsächlich möglich war, dass eine Mutter ihrem Kind nicht anmerkt, wie sehr es leidet, wie unglücklich und verzweifelt es ist. Was musste denn noch alles geschehen, bis sie darauf aufmerksam wurde, bis sie endlich eingriff? Was ich auch tat – ich putzte oft die ganze Wohnung, nahm immer die Kinder mit, wenn ich hinausging, putzte alle Schuhe und war ganz gehorsam –, es nutzte nichts. Sie merkte es nicht und das machte mich unheimlich traurig.

Ich hatte ständig Angst vor ihm. Wohin ich auch ging, er fand mich, nahm mich mit und benutzte mich. Oft sollte ich an verabredeten Stellen auf ihn warten. Dann stand ich da und überlegte, was ich tun sollte. Einfach weglaufen? Aber wohin? Und was passierte dann? Ließ er seine Wut darüber an der Familie aus? Meistens war er schlecht gelaunt, schrie herum, tobte. Nicht selten zerschlug er Geschirr und drohte damit, die ganze Wohnung kurz und klein zu schlagen. War er einmal ruhig, jammerte er, wie schlecht es ihm gehe. Alle möglichen Krankheiten dachte er sich aus. Arbeiten ging er nicht. Er saß zu Hause, schrie herum oder jammerte.

Sein eigener Sohn, der kleine Thomas, musste ständig beschäftigt werden. Am besten hielt man ihn von seinem Vater fern, denn der konnte ihn nicht leiden und beschimpfte ihn oft. Überhaupt passten alle ständig auf, was sie taten und dass sie möglichst ruhig und brav waren, um ihn nicht zu reizen. Meine Mutter musste ihm Gesellschaft leisten, sie hatte bei ihm zu sitzen und sich mit ihm zu unterhalten. Auch dabei musste sie darauf achten, nichts zu sagen, womit sie ihn reizen konnte. Diese Spannung war kaum auszuhalten und wurde von Tag zu Tag unerträglicher. Wieder und wieder zwang er mich von nun an, sein Ding in den Mund zu nehmen. Doch es ging nicht so, wie er es sich offenbar vorgestellt hatte. Ich konnte mich nicht überwinden und das machte ihn jedes Mal wütender. Irgendwann gab er es auf und ließ sich von mir stattdessen wieder mit der Hand befriedigen. Schon das war für mich mittlerweile eine Erleichterung.

An einem Sonntagvormittag erklärte er meiner Mutter, er wolle mit seinen beiden Kindern ausgehen. Meine Mutter musste sie hübsch anziehen. Ich musste natürlich mitkommen, denn er brauchte jemanden, der auf die Kinder aufpasste. Wir gingen ins nächste Dorf, es war schönes Wetter und der Spaziergang war angenehm. Doch Thomas mochte irgendwann nicht mehr laufen, aber er nahm ihn nicht auf den Arm und verbot es auch mir. Der Kleine fing an zu jammern, sodass ich ihn schließlich doch hochnahm und ihn eine Weile trug. Mein Stiefvater wurde böse und schimpfte mit dem Kleinen, er nannte ihn eine Memme, einen Schwächling und bedauerte, dass Thomas sein Sohn wäre. Ich drückte den Kleinen fest an mich, sodass er sich beschützt fühlen konnte. Ich traute mich nicht, etwas zu sagen. Als wir im Dorf ankamen, gingen wir natürlich in eine Kneipe. Mein Stiefvater setzte sich an den Tresen und bestellte ein Bier. Ich saß mit Thomas auf dem Arm neben ihm. Sonja lief herum. Er wollte seinen Sohn nun selbst halten, Thomas weigerte sich aber, zu ihm zu gehen, und klammerte sich an mich. Er wurde wütend und schimpfte. Der Kleine weinte. Nun wurde der Stiefvater sehr böse und drohte: »Wenn du nicht sofort ruhig bist, stecke ich dich in das Waschbecken.« Mir war nicht klar, ob er schon früher einmal in dieser Kneipe gewesen ist oder ob es das erste Mal war. Die Wirtsleute sprachen nur das Nötigste mit ihm. Es wunderte mich, dass sie sich nicht einmischten, als er so mit Thomas umging. Der Wirt wandte sich ab und ging seiner Arbeit nach. Seine Frau verschwand in die Küche. Zwar saßen noch zwei weitere Gäste am Tresen, aber auch sie hielten sich zurück. Vielleicht nahmen die fremden Menschen an, es wäre eine Ausnahme. Es konnte ja niemand ahnen, dass er stets so mit uns umging. Ich stand auf und lief mit Thomas auf und ab, bis er sich beruhigt hatte. Ich lenkte ihn so lange ab, bis wir endlich gingen.

Zu Hause war ich erschöpft. Es war sehr anstrengend, auf diese Art und Weise auf die Kinder aufzupassen. Nachts lag ich wach und hörte, wie Ralf, der als Einziger von den drei Großen noch zu Hause wohnte, wieder mit ihm Schach spielte, damit er nicht laut wurde. Ich bewunderte meinen Bruder, er war sehr geduldig. Doch bald würde auch er aus dem Hause gehen. Er war mit der Schule fertig und würde – genau wie Kurt – eine Lehre als Metzger beginnen, mit Kost und Logis. Dann war keiner der großen Jungen mehr im Haus. Ich war dann die Älteste und außer mir waren nur noch die vier jüngeren Geschwister da.

Einmal kam ich früher als gewöhnlich von der Schule nach Hause. Meine Mutter war mit Thomas und Sonja zum Kinderarzt gegangen, was ich nicht wusste, und sie waren noch nicht wieder zurück. Karin, Ralf und Achim waren noch in der Schule. Ich klingelte wie immer und es dauerte eine Weile, bis die Tür geöffnet wurde. Mein Stiefvater war gerade aus dem Bett gekommen. Ich sollte ihm Kaffee kochen, was ich auch tat. Ich redete nicht mit ihm. Er wartete nicht einmal, bis der Kaffee fertig war, und holte mich aus der Küche, indem er mich am Arm packte. Er zog mich ins Wohnzimmer und drückte mich dort auf die Couch. Als er grob meine Beine anhob, sodass ich zum Liegen kam, geriet ich in Panik. Ich hoffte, dass jeden Moment die Tür aufgehen und meine Mutter hereinkommen würde. Es geschah aber nicht. Mit einem Ruck schob er meinen Rock hoch und riss mir den Schlüpfer herunter, den er dabei zerfetzte. Er hielt meine

Arme über meinem Kopf fest. Er steckte sein ekelhaftes Ding ganz oben zwischen meine Beine. Er berührte meine Scheide. Das genügte ihm noch nicht, er bohrte sein Ding in mich hinein, aber nicht sehr tief. Ich verkrampfte mich total, sodass mein ganzer Körper schmerzte. Mir war nicht bewusst, was geschah, aber dass er in meinen Körper kam, konnte ich nicht ertragen. Ich stellte mich tot und dachte an nichts mehr. Ich schloss die Augen, lag nur da und wartete ab. Ich sah ihn nicht, ich sah nichts mehr und wusste eine Zeit lang auch nicht, wo ich war. Erst als ich ganz nass wurde und er von mir herunterstieg, war mir bewusst, dass ich auf der Couch lag und was passiert war.

Ich stand auf, lief ins Badezimmer und fing an, mich zu waschen. Ich ekelte mich dermaßen, dass ich würgte und mich fast übergeben musste. Ich hatte die Tür verschlossen, er rüttelte am Griff und sagte, ich solle herauskommen. Ich tat es. Er verlangte nach meinem Schlüpfer, den ich sowieso ausgezogen hatte. Was er damit machte, weiß ich nicht. Wahrscheinlich hat er ihn weggeworfen, damit ihn meine Mutter nicht fand. Ich holte mir einen frischen. Er forderte mich noch auf, die Couch zu säubern. Auch das tat ich.

Dann wartete ich, bis meine Mutter mit den beiden Kindern kam. Ich sagte wieder einmal nichts. Niemand sagte etwas. Ich war gar nicht anwesend. Das Mädchen, das in der Wohnung herumlief und wie gewohnt anfing, sich um die Geschwister zu kümmern, war nicht ich. Dieses Mädchen war dasjenige, das nicht gerade zuvor von ihrem Stiefvater, dem Vater der Kinder, mit denen es jetzt spielte, missbraucht worden war. Dieses Mädchen fühlte sich wohl hier. Es streichelte seiner kleinen Schwester über die blonden Locken und freute sich, wie gerne sie und der kleine Junge mit ihr zusammen waren. Das missbrauchte Mädchen war nicht da. Ich hatte mich völlig in mich zurückgezogen. Ich war zutiefst traurig, den Tränen nahe. Ein dicker Kloß in meinem Hals hinderte mich daran, zu weinen und zu sprechen.

Ich fühlte mich ganz dünn und klein und spürte nichts als Leere in meinem Körper.

In dieser Nacht konnte ich nicht schlafen. Ich war wieder ich selbst und fing an zu überlegen, wie ich die Situation ändern könnte. Ich wollte den Missbrauch nicht mehr länger ertragen. Ich hatte Angst, dass das, was mein Stiefvater mir antat, immer schlimmer wurde. Ich schmiedete einen Plan. Es musste aber ein guter und vor allem sicherer Plan sein, sodass wir alle ihn los wären und unsere Ruhe vor diesem furchtbaren Menschen haben würden. Ich wollte mich nicht seinetwegen töten, es musste einen anderen Weg geben. Es musste ein Weg sein, bei dem ich es schaffen würde, auch meiner Mutter klarzumachen, was los war. Schließlich hatte sie doch auch kein schönes Leben. Sie hatte kein Geld, oft fehlte es am Nötigsten, um uns Kinder satt zu bekommen. Ich musste versuchen, ihr klarzumachen, dass das Leben ohne ihn nur besser werden konnte. Es würde Ruhe einkehren und keine nächtlichen Auseinandersetzungen mehr geben. Und keine Angst mehr vor ihm. Vielleicht wäre sie mir dankbar und hätte mich sogar wieder lieb. Ich wollte zur Polizei gehen. Dort würde man mir glauben und helfen, davon war ich überzeugt.

Ich stand früh auf, um mich für die Schule fertigzumachen. Mittlerweile war es Herbst geworden und es war kalt. Ich dachte noch mal über meinen Plan nach, zögerte jedoch ein bisschen. Aber ich machte mir selbst Mut, um ihn in die Tat umzusetzen. Die Qualen, die er mir antat, sollten endlich ein Ende haben. Das ganze Elend, welches er meiner Mutter und der ganzen Familie zufügte, sollte endlich aufhören. Als ich aus dem Haus ging, schlug mein Herz vor Aufregung bis zum Hals und ich spürte das Blut in meinem Körper. Obwohl es so kalt war, wurde mir heiß. Ich fuhr mit dem Schulbus bis zur Schule. Damit hatte ich schon ein ganzes Stück meines geplanten Weges geschafft. Da ich keinen Pfennig Geld hatte und noch weiter wollte, nämlich in die nächste Stadt, fuhr ich per Anhalter. Das funktionierte sehr gut, damals war das nichts Besonderes, um von einem Ort zum anderen zu gelangen. Als ich um neun Uhr in der Stadt ankam, fragte ich mich zum Polizeigebäude durch. Je näher ich kam, desto lauter hörte ich mein Herz schlagen. Mein Entschluss stand aber fest und ich war überzeugt, das Richtige zu tun.

Endlich war ich vor dem Polizeigebäude angekommen. Ich musste bei einem Pförtner angeben, was ich wollte, damit der mich in das richtige Zimmer schicken konnte. Ich wusste nicht genau, was ich sagen sollte, und stammelte, dass ich jemandem erzählen müsste, dass mein Stiefvater mich nicht in Ruhe lassen und die ganze Familie tyrannisieren würde. Der Mann in der Pförtnerloge schickte mich in einen Warteraum. Dort sollte ich bleiben, bis mich jemand holte. Ich war ganz allein, aber immer noch fest entschlossen. Jetzt war ich hier und alles sollte ein Ende haben. Schließlich wurde ich von einem Beamten in ein Büro geholt. Er fragte mich, worum es ginge, und ich zögerte mit meiner Antwort. Ich wusste nicht recht, wie ich anfangen sollte. Bis ich damit begann, dass mein Stiefvater mich nicht in Ruhe lassen und die Familie tyrannisieren würde. Der Beamte wollte wissen, was ich damit meinte, dass der Stiefvater mich nicht in Ruhe ließe. Ich wusste nicht, wie ich mich ausdrücken sollte. Der Beamte fragte weiter, ob ich von ihm sexuell belästigt würde. Das bestätigte ich. Dann musste ich erklären, was er mit mir tun würde. Ich erzählte, dass ich ihn immer anfassen müsse und dass er grob zu mir sei, dass er mir überall auflauern würde und ich mit ihm in den Wald gehen müsse und aufs Feld und dass er es auch zu Hause tun würde. Der Beamte erklärte, dies seien sehr schlimme Anschuldigungen. Er fragte mich, ob das denn stimmen würde und ob ich eine Anzeige machen wollte. Ich antwortete mit fester Stimme, dass ich die Wahrheit gesagt hätte. Noch einmal fragte mich der Beamte, ob ich eine Anzeige machen wollte. »Ja, ich will, dass es aufhört, dass er mich und meine Familie in Ruhe lassen soll. Ich will, dass er geht.«

Der Beamte fing an, auf seiner Schreibmaschine zu tippen. Als er fertig war, sollte ich mir durchlesen, was er geschrieben hatte. Er wollte wissen, ob das so in Ordnung wäre. Ich nickte. Dann sagte er, dass es damit aber nicht getan wäre. Er müsste mich jetzt zu einer Polizeiärztin bringen, die mich untersuchen sollte. Auch würde er veranlassen, dass mein Stiefvater von zu Hause abgeholt wird, um ihn zu verhören. Er fragte, ob ich damit einverstanden wäre, wenn dies so geschähe. Natürlich war ich damit einverstanden, hatte aber auch Angst davor. Was wäre, wenn er wieder zurückkommen würde. Der Beamte beruhigte mich und meinte, er würde mir glauben, und wenn es stimmte, was ich erzählt hatte, hätte ich nichts zu befürchten und mein Stiefvater käme mit Sicherheit nicht so schnell zurück. Das war mir erst einmal ein kleiner Trost.

Der Beamte brachte mich zur Polizeiärztin. Bei ihr musste ich mich zum ersten Mal in meinem Leben auf einen gynäkologischen Stuhl setzen, was mir sehr unangenehm war. Sie war um einige Jahre älter als meine Mutter. Die Untersuchung war schnell vorüber und die Ärztin sagte danach: »So schlimm kann es nicht gewesen sein, du bist ja noch unschuldig.« Ich war empört. Was wusste diese Frau denn schon davon, wie es mir ging und was ich durchmachen musste. Ich reagierte nicht darauf, denn ich merkte, dass sie mich überhaupt nicht ansah und kein Interesse daran hatte, Näheres zu erfahren. Sie machte sich einige Notizen und ich konnte gehen, nachdem sie telefonisch nachgefragt hatte.

Nun stand ich da. Ich befand mich ganz allein auf der Straße und wusste nicht, was geschehen würde. Schließlich machte ich mich auf den Heimweg. Während der Busfahrt ließ ich mir die Worte der Ärztin noch einmal durch den Kopf gehen. Ich empfand es als Anmaßung, dass sie gesagt hatte: »So schlimm kann es nicht gewesen sein, du bist ja noch unschuldig!« Musste man erst vergewaltigt worden sein, damit die Menschen einem glauben? Warum hatte diese Frau so reagiert? Hatte sie vielleicht

Kinder und ebenfalls einen zweiten Mann? Kann sie sich so etwas vielleicht überhaupt nicht vorstellen, weil ihr Mann nicht so ist wie mein Stiefvater? Zum Glück sind nicht alle Männer so wie er, aber leider gibt es sie und das sollte einem wenigstens geglaubt werden, dachte ich. Auch wenn keine sichtbaren Verletzungen vorliegen, auch wenn ein Kind nicht weint, wenn es anderen Menschen so etwas anvertraut. Ich fühlte mich sehr verletzt, gedemütigt und von der Ärztin nicht ernst genommen. Einen Moment lang bereute ich, zur Polizei gegangen zu sein.

Als ich fast zurück war und unser Haus schon sehen konnte, bemerkte ich, dass ein Polizeiauto davorstand. Ich rannte in den Wald und versteckte mich, bis das Auto fort war und bis ich wusste, dass sie meinen Stiefvater mitgenommen hatten. Ich wartete noch eine Weile, bevor ich mich nach Hause traute. Ich klingelte an der Haustür, und bis ich an der Wohnungstür angekommen war, war meine Mutter schon in die Küche verschwunden. Sie saß da und rauchte eine Zigarette. Sie sah mich nur an, sagte aber kein Wort. Ich sagte auch nichts. Meine Geschwister reagierten überhaupt nicht auf das, was geschehen war. Sie fragten nicht, warum er abgeholt worden war und wohin man ihn bringen würde oder wann er wiederkommen würde. Manchmal hatte ich das Gefühl, dass mittlerweile jedem alles egal war. Nie sagte jemand etwas zu dem, was gerade passierte. Wir gingen einfach darüber hinweg, was mir jedes Mal unvorstellbar erschien.

Ich war völlig erstaunt über das Verhalten meiner Mutter. Sie überging die ganze Sache, als wenn überhaupt nichts geschehen wäre. Mir war das alles so unangenehm. Ich wusste nicht, wie ich mich meiner Mutter gegenüber verhalten sollte. Ich wartete darauf, dass sie mich endlich ansprechen würde. Es konnte ihr doch nicht egal sein. Wenn sie keine Ahnung von dem hatte, was er mit mir tat, dann musste sie sich doch jetzt aufregen, über die Sache und über mein Verhalten. Die Beamten, die meinen Stiefvater abgeholt hatten, mussten doch etwas zu ihr gesagt haben, sie haben ihr doch bestimmt einen Grund angegeben. Wieso fragte sie mich nicht, warum ich das getan hatte, wollte sie es denn gar nicht wissen?

Am nächsten Morgen ging ich ganz normal zur Schule. In der zweiten Unterrichtsstunde holte mich die Schulsekretärin aus der Klasse. Sie brachte mir die Nachricht, dass ein Polizeibeamter gekommen sei, der sich mit mir unterhalten wolle. Ich wurde in ein kleines Büro gebracht. Dort erwartete mich ein Mann. Er machte einen netten Eindruck auf mich und stellte sich bei mir vor. Er sei gekommen, um Näheres über meine Anzeige gegen meinen Stiefvater zu erfahren. Ich setzte mich auf einen Stuhl. Der Polizist, der in ziviler Kleidung war, saß mir gegenüber. Er fragte, ob das, was ich auf dem Revier erzählt hätte, der Wahrheit entspräche. Ich sah ihn an und sagte sehr deutlich, dass ich das nicht erfunden hätte und dass alles noch viel schlimmer sei, als ich es seinem Kollegen schon gesagt hätte. Der Polizist wollte jetzt Einzelheiten wissen und fragte, was mir mein Stiefvater getan hätte. Ich schämte mich aber zu sehr, ihm Einzelheiten zu erzählen. Je länger ich da saß, umso weniger traute ich mich, darüber zu sprechen. Die Situation wurde mir immer peinlicher. Ich verspürte großen Druck auf meiner Brust und im Hals, als hätte ich dicke Steine darin, und brachte kein Wort heraus. Der Polizist war geduldig und fragte sehr vorsichtig, ob ich denn nichts erzählen wolle. Ich konnte nicht sprechen. Ich hätte ja gerne erzählt, aber ich konnte es nicht. Je länger ich da saß, desto schwieriger wurde es für mich. Ich schämte mich zu sehr.

Nach vier Stunden, in denen der Polizist Geduld mit mir bewiesen hatte, fragte er mich plötzlich, ob ich lieber mit einer Frau sprechen würde. Mir fiel ein Stein vom Herzen, ich fühlte mich wie erlöst. Erleichtert schaute ich ihn an und nickte, endlich fing ich auch an zu weinen. Der Polizist sagte noch, es würde ihm leidtun, er hätte auch schon früher auf den Gedanken kommen können. Er entschuldigte sich. Für den nächsten Tag kündigte er mir eine Kollegin an, die mich im Klassenraum abholen sollte. Das war mir unangenehm und ich deutete an, es sei mir lieber, hier vor der Tür auf sie zu warten. Er meinte, das sei kein Problem, und wir verabredeten eine Zeit.

Zu Hause erzählte ich nichts davon. Alles war wie immer. Am nächsten Vormittag wartete ich schon vor dem Büro in der Schule, als die Beamtin kam. Auch sie war sehr freundlich zu mir. Wir gingen hinein. Sie fragte mich erst einmal einige Dinge über unsere Familie: Wie viele Kinder wir seien, wie alt sie sind, wie alt meine Mutter sei, was für ein Verhältnis ich zu ihr und meinen Geschwistern hätte und wie lange mein Stiefvater schon bei uns wäre und vieles mehr. Das waren alles Dinge, die ich ohne zu zögern beantworten konnte. Dann kam sie auf den Punkt. Wieder dauerte es sehr lange, bis ich überhaupt etwas sagen konnte. Erst als die Frau mir erklärt hatte, dass ich unbedingt erzählen müsse, was geschehen war, weil man mir nur dann helfen könne, war es mir möglich anzufangen. Sie erklärte mir noch, ich hätte eine schwere Beschuldigung ausgesprochen, weshalb es unbedingt erforderlich wäre, alles zu sagen. Sie holte uns beiden ein kleines Frühstück und forderte mich dann freundlich auf, jetzt anzufangen. Ich dachte mir, jetzt oder nie, nahm meinen ganzen Mut zusammen und berichtete. Genauso, wie alles angefangen hatte, als ich sieben war. Zwischendurch stellte sie Fragen wie »Du hast nie etwas gesagt?« und »Deine Mutter hat nie etwas gemerkt?«.

Ich war verlegen und wusste manchmal nicht genau, was ich sagen sollte. Ich erzählte von seinen Drohungen und wie er mich mit dem Schlauch verprügelt hatte und ich schilderte, wie er mit uns umging und dass wir alle Angst vor ihm hatten. Dass er fast immer betrunken nach Hause kam und dass es dann jedes Mal zwischen ihm und meiner Mutter Streit gab. Auch, dass wir nachts deswegen nicht schlafen konnten. Dass er nie arbeitete, um Geld zu verdienen, und dass er die ganze Familie von Klein bis

Groß tyrannisieren würde. Dass Ralf nachts oft mit ihm Schach spielte, um ihn davon abzuhalten, einen Streit anzufangen. Alles erzählte ich und ich hatte das Gefühl, endlich befreit zu werden von dem, was ich und alle anderen in der Familie mit ihm erleben mussten.

Noch einmal fragte die Polizistin nach, ob meine Mutter denn nicht eingreifen würde, ob sie sich alles gefallen ließe und ob sie mich noch nie gefragt hatte, ob etwas nicht in Ordnung sei. Sie müsse doch etwas bemerkt haben, zum Beispiel wenn meine Kleidung verschmutzt war, nachdem er wieder mit mir im Wald oder auf dem Feld gewesen ist. Ich wusste aber keine Antwort auf diese Fragen. Ich konnte nur vermuten, dass meine Mutter wohl genauso viel Angst vor ihm hatte wie ich. Anders konnte ich mir nicht erklären, warum sie immer geschwiegen und alles geschehen lassen hatte. Ich sagte der Polizistin, dass sie jetzt, nachdem ich die Anzeige gemacht hatte, noch nicht einmal danach gefragt habe, warum ich das getan hatte. Ich fügte hinzu, dass ich mich nicht traute, meiner Mutter gegenüber den Anfang zu machen, da ich nicht wusste, wie ich es ihr sagen sollte.

Die Beamtin hatte jetzt anscheinend genug von mir erfahren, sie hatte viel mitgeschrieben. Dann fragte sie, ob sie mich nach Hause fahren sollte. Ich wollte aber nicht. Sie kündigte an, dass ich mit Sicherheit nochmals von jemandem befragt werden würde, und wollte wissen, ob es mir recht wäre, wenn man mich wieder in der Schule aufsuchte. Mir war das egal, ich wollte nur noch weggehen. Ich war erschöpft, hatte während der vielen Stunden oft geweint. Mir wurde jetzt erst nach und nach bewusst, was ich eigentlich schon jahrelang über mich ergehen lassen musste. Ich war müde und leer und hasste ihn. Ich wollte nur noch, dass es zu Ende war.

Die junge Polizistin packte ihre Sachen und stand auf. Wir gingen zusammen hinaus und sie verschloss das Büro, in dem wir stundenlang gesessen hatten. Sie reichte mir die Hand und sagte, dass sie mir alles Gute wünsche; dann meinte sie noch, es würde alles gut werden. Dabei schossen mir die Tränen in die Augen und ich konnte nichts sagen.

Ich machte mich auf den Heimweg. Ich war froh, dass ich noch ein ganzes Stück zu laufen hatte, nachdem ich mit dem Bus in unserem Dorf angekommen war. Das half mir, noch einmal darüber nachzudenken, ob das, was ich getan hatte, auch richtig gewesen war. Ich kam zu dem Schluss, dass es die einzige Möglichkeit war, das, was mir mein Stiefvater antat, nicht mehr ertragen zu müssen, und dass ich mich nur so von ihm befreien konnte. Ich kam zu dem Schluss, dass es richtig war. Meine Mutter musste doch auch so empfinden. Auch für sie musste es doch eine Erleichterung sein, von ihm befreit zu werden. Ohne ihn konnte eigentlich alles nur besser werden. Wir brauchten ihn doch gar nicht. Wir Kinder würden alle unserer Mutter helfen, in jeder Beziehung. Auf uns konnte sie sich verlassen und sie würde schon bald feststellen, dass es ohne ihn viel besser ging. So sprach ich zu mir selbst. Schließlich war ich überzeugt davon, dass sie gar nicht anders denken konnte, und ging beruhigt nach Hause. Die junge Polizistin hatte mir mit ihrem Zuspruch, alles würde gut, Mut gemacht. Von ihr fühlte ich mich verstanden und war überzeugt, sie glaubte alles, was ich ihr anvertraut hatte.

Meine Mutter öffnete mir die Tür. Außer »Guten Tag« sagten wir nichts. Ich erzählte ihr nicht, dass eine Beamtin in der Schule gewesen war, um stundenlang mit mir zu reden. Ich sagte ihr nichts davon, dass ich zum ersten Mal alles über uns erzählt hatte. Ich stellte ihr nicht die Frage, ob sie alles wusste. Ich konnte ihr nicht sagen, wie froh ich war, dass er nicht mehr da war. Ich fragte sie auch nicht, wie sie darüber dachte, dass er weg war. Es war eine eigenartige Stimmung zwischen uns. Ich wartete, dass sie endlich mit mir reden würde. Sie tat es aber nicht. Unser Leben ging fast vier Wochen lang einfach weiter, als sei nichts geschehen. Es war aber etwas geschehen, es war sogar sehr, sehr viel geschehen. In der Gegenwart meiner Mutter war ich mir plötzlich nicht mehr sicher, ob ich das Richtige getan hatte; sie verunsicherte mich, weil sie nicht mit mir sprach. Ich strengte mich noch mehr an als sonst, alles richtig zu machen. Ich half wie immer im Haushalt und kümmerte mich um die Geschwister. Nur eines hatte sich dabei verändert. Ich tat alles noch intensiver. Meine Mutter sollte keinen Grund haben, mit mir zu schimpfen. Sie sollte sehen, dass ich noch besser arbeitete, wenn er weg war. Sie sollte merken, dass sie diesen Mann nicht brauchte.

Meine Mutter beachtete mich kaum und redete nur das Nötigste mit mir. Sie sagte mir nur, was ich zu tun hatte. Schickte mich zum Einkaufen oder nach draußen, um mit den Kindern zu spielen. Ich spürte, dass mir meine Mutter aus dem Weg ging, und ich vermied es auch, sie anzuschauen. Meine Geschwister fragten mich nie, wo ihr Vater sei und ob er wiederkäme. Bei ihnen hatte ich aber das Gefühl, sie seien erleichtert, dass er weg war. Als mein Bruder Ralf uns besuchte, schickte sie mich sofort weg und ich hatte keine Ahnung, was sie ihm erzählte. Auch Ralf stellte mir keine Fragen.

Es ist jetzt ein halbes Jahr vergangen, seit ich in meiner Heimat war. Der Zustand meiner Mutter hat sich in der Zeit nicht wesentlich verändert und ich hielt es für besser, bis zu meinem nächsten Besuch so lange wie möglich zu warten. Jetzt, im Sommer 2003, nutze ich einmal mehr meinen Urlaub, um nach Mannheim zu fahren. Ich habe mich dazu entschlossen, als ich vor ungefähr drei Wochen in meinem Wohnzimmerschrank einen Briefumschlag mit alten Bildern gefunden habe. Ich wusste gar nicht mehr, dass ich diese Fotos besitze. Mir fiel ein, dass ich sie bei einem Besuch vor einigen Jahren, lange bevor meine Mutter den Schlaganfall hatte, von Karin bekommen hatte. Sie hatte mir damals erzählt, dass unsere Mutter alte Fotos an alle Kinder verteilt hatte und ich diesen Umschlag bekommen sollte.

Wieso habe ich das total vergessen und mich sogar schon manches Mal darüber geärgert, keine alten Bilder zu besitzen? Ich habe es vergessen, wie ich so vieles in den letzten Jahren immer wieder vergessen habe, weil ich es vergessen wollte. Zu der Zeit nahm ich schon sehr viele Tabletten, von denen ich über acht Jahre abhängig sein sollte. Sie halfen mir zu vergessen. Kerstin brauchte mich nicht mehr so sehr. Mit zwölf Jahren wollte sie wie ihre Freundinnen ihre eigenen Abenteuer erleben und ich ließ sie gehen. Mir war bewusst, dass es für ihre weitere Entwicklung wichtig war. Auch an den Wochenenden kam es vor, dass sie bei einer Freundin übernachtete oder eine Freundin mitbrachte, die bei uns schlief, was ich gern erlaubte. Auch wenn es mir noch so schwerfiel, gönnte ich meiner Tochter all die Erfahrungen, die ein Kind machen muss und die ich selbst nie machen konnte. Jahrelang war meine Tochter mein Schutzwall. Mit ihr an der Hand fühlte ich mich wohl. Sie machte mich glücklich und ich hielt mich für unantastbar. Vor allem aber hatte ich jemanden, der mich bedingungslos liebte und den auch ich bedingungslos lieben durfte. Ihr konnte ich geben, was ich nie hatte. Mit ihr konnte ich zeigen, wie man ein Kind glücklich macht und wie glücklich ein Kind sein kann. Sie allein hat es geschafft, dass ich meine Vergangenheit ruhen lassen konnte. Jetzt, da sie allmählich meine Hand nicht mehr brauchte, brach das alles plötzlich zusammen und meine Vergangenheit kam mit voller Wucht zurück. Fast jede Nacht lief der gleiche Film vor meinen Augen ab. Der meiner Vergangenheit, der des jahrelangen Missbrauchs durch meinen Stiefvater.

Die Kinder meiner Arbeitskolleginnen waren zum Teil im gleichen Alter oder älter als meine Tochter und sie verstanden nicht, warum ich so große Schwierigkeiten hatte, Kerstin loszulassen. Sie waren froh, das Leben ohne Kinder genießen zu können, und gingen fast jedes Wochenende aus. Ich ließ mich manchmal dazu überreden mitzukommen. Aber ich merkte bald, dass es mir nicht guttat. Ich bekam regelmäßig Magenschmerzen und ging oft vor Schmerzen gekrümmt nach Hause.

Dann erinnerte ich mich daran, dass es mir mit siebzehn Jahren ganz genauso ergangen war. Egal, was ich außerhalb der Wohnung tat, ob ich mit Freundinnen ausgehen wollte oder nur in der Stadt bummeln, ich bekam Schmerzen und musste nach Hause. Damals dachte ich, das wäre so, weil ich es nicht gewohnt war auszugehen. Ich wusste nicht, wie ich mich verhalten sollte. Während meine damaligen Freundinnen bereits einen Freund hatten, wollte ich von jungen Männern nichts wissen. Doch jetzt ging es doch darum, mich mit meinen Arbeitskolleginnen zu amüsieren. Ich wollte auch einmal tanzen und mich ablenken. Aber sobald ich von einem Mann angesprochen wurde, fühlte ich mich schlecht. Ich wollte nicht aufgeben, zumal ich selbst nicht verstand, warum das so war.

Ich suchte eine Ärztin auf, besprach mein Problem mit ihr und sie veranlasste eine Reihe von Untersuchungen. Organisch war mit mir alles vollkommen in Ordnung. Die Ärztin verschrieb mir daraufhin fast jede Woche ein anderes Beruhigungsmittel auf pflanzlicher Basis, was allerdings keinerlei Besserung brachte. Eines Tages schlug sie mir vor, es mit einem Psychopharmakon zu probieren, und gab mir ein Rezept für ein sehr starkes, hochdosiertes Beruhigungsmittel. Am nächsten Wochenende probierte ich die Tabletten aus und nahm, wie mir empfohlen worden war, eine halbe, bevor ich das Haus verließ. Die Ärztin hatte damit genau ins Schwarze getroffen. Es ging mir so gut wie schon lange nicht mehr. Als die Packung mit den zehn Tabletten leer war, ging ich zu meiner Ärztin, um mir die nächste, diesmal gleich eine größere, verschreiben zu lassen. Allerdings musste ich bald eine ganze Tablette nehmen, um die gute Wirkung zu erzielen.

Es vergingen einige Wochen, bis ich die Dosis wieder steigern musste. Bald bemerkte ich, dass es mir auch bei der Arbeit und im Alltag viel besser ging. Ich vergaß zeitweise sogar die Suche nach mir. Mein Kopf war befreit von meiner Vergangenheit, aber nur solange die Tabletten wirkten. Je länger ich sie nahm, desto besser fühlte ich mich. Dass ich dabei meinen Appetit verlor, bemerkte ich kaum, und wenn ich mit Kerstin am Nachmittag am Tisch saß, fragte sie mich, warum ich nichts esse. Ich antwortete, dass ich bereits mit meinen Kolleginnen gegessen hätte. Meinen Kolleginnen dagegen, die meinen Gewichtsverlust ansprachen, erklärte ich, dass ich jeden Tag für mich und meine Tochter kochte und deswegen auf der Arbeit nicht so viel essen wollte. Das hielt ich fast vier Jahre lang aus.

In dieser Zeit allerdings schloss meine Ärztin ihre Praxis. Ich hatte Glück, dass der Kollege, der sie übernommen hatte, mir die Tabletten weiterhin verschrieb. Als er mir seine Meinung mitteilte, dass diese Tabletten zur Abhängigkeit führen könnten, wollte ich das nicht hören. Ich hatte Angst, er würde sie mir irgendwann nicht mehr verschreiben, und fing an, sie mir auf andere Weise zu besorgen. Ich wurde sehr einfallsreich anderen Ärzten gegenüber und wechselte die Apotheken. Ich fand sogar Privatpersonen, die mir halfen, ohne Rezept an die Tabletten heranzukommen. Allerdings war das nicht so billig wie mit einem Rezept.

Fast vier Jahre hielt dieser Zustand an, bis mein Akku leer war und ich nicht mehr weiterwusste. Eines Morgens wachte ich auf und musste mich aus dem Bett quälen. Ich war kraftlos und verlor mein Ziel aus den Augen. Was ich auch tun wollte, es gelang mir nichts. Ich konnte mir nicht einmal Kaffee kochen und glaubte, ich drehe mich im Kreis. Mit Mühe und Not schaffte ich es, meine Tochter zu wecken, damit sie zur Schule gehen konnte. Wie gewohnt richtete ich ihr Frühstück her, aber das geschah wie in Trance. Ich musste es schaffen, wie gewöhnlich vor ihr das Haus zu verlassen, um zur Arbeit zu gehen. Sie sollte nicht merken, dass ich kurz vor einem Zusammenbruch stand. Auch meine Kolleginnen sollten nicht mitbekommen, was mit mir los war. Mit Mühe und Not hielt ich die acht Stunden im Büro durch und ging anschließend zu meinem Hausarzt. Ich erklärte ihm meinen Zustand. Er wies mich sofort zu meiner ersten Entgiftung in ein Krankenhaus ein. Kerstin erzählte ich, ich hätte Probleme mit dem Magen und man wollte im Krankenhaus herausfinden, woran das lag. Ich konnte meine Tochter für diese Zeit bei meiner Arbeitskollegin unterbringen, die mittlerweile meine beste Freundin geworden war.

Lange hielt ich es im Krankenhaus nicht aus. Ich hatte ein furchtbar schlechtes Gewissen, meine Tochter allein gelassen zu haben, und auch meinen Kolleginnen gegenüber, die meine Arbeit jetzt mit erledigen mussten. Ich drängte darauf, entlassen zu werden, und versprach hoch und heilig, die Tabletten nach und nach weiterhin abzusetzen. Auf die Ärzte im Krankenhaus machte ich einen sehr vernünftigen und starken Eindruck, sodass sie mich gehen ließen. Doch meiner Arbeit, meinem Haushalt und meiner Tochter war ich keine Woche lang gewachsen. Außerdem kam meine Vergangenheit in rasendem Tempo zu mir zurück, was ich auf jeden Fall verhindern wollte. Es blieb mir nichts anderes übrig, als mir meine Tabletten wieder zu besorgen. Ich nahm mir vor, damit vorsichtiger umzugehen. Wenn ich spürte, dass ich eine gewisse Dosis überschritten hatte, trank ich ein Glas Rotwein, um die Wirkung zu verstärken.

Ich halte die Fotos von meinem Papa in den Händen, schöne Bilder. Bilder aus einer offensichtlich glücklichen Zeit. Bilder, von denen ich gar nicht mehr wusste, dass ich sie besitze. Bilder mit uns sechs Kindern, zusammen mit Papa und Mama in einem Park. Ein Foto hat es mir besonders angetan und gibt mir Anlass, meine Mutter sehen zu wollen, um wieder einmal zu versuchen, mit ihr über früher zu sprechen. Auf diesem Bild sitzt sie mit meinem Papa auf einer Eckbank in der Küche. Zu dieser Zeit hatten sie noch keine Kinder. Sie sitzen dicht nebeneinander und halten sich verliebt an den Händen. Sie sehen beide so glücklich aus, als sollte es ein Leben lang so bleiben. Und ich will sie fragen, will wissen, ob sie damals glücklich waren, meine Mama und mein Papa. Ob sie sich sehr geliebt haben. Vielleicht kann ich mich auf diese Art an ihr Leben herantasten. Vielleicht ist sie bereit, über diese Zeit zu sprechen.

Als ich so am Überlegen bin, tut sie mir plötzlich unendlich leid. Warum musste mein Papa so früh sterben? Warum konnte er nicht wieder gesund werden, um für seine Familie da zu sein? Wie unglücklich muss sie gewesen sein, als er starb, wie traurig. Warum musste sie dann so einen bösen Mann kennenlernen und warum blieb sie bei ihm? Warum hat sie später gesagt, ich sei schuld an alledem, was geschehen war? Glaubt sie das wirklich? Denkt sie heute noch so? Und warum? Habe ich einen Fehler gemacht, als ich meinen Stiefvater damals angezeigt habe? Hätte ich weiter alles aushalten müssen? Wenn ich an all das denke, bekomme ich ein schrecklich schlechtes Gewissen. Wieder tut mir alles so leid, es schmerzt unendlich und ich bekomme Zweifel, ob ich überhaupt mit ihr reden soll. Ich weiß, dass es ihr im Moment besser geht, und sehe tatsächlich eine Möglichkeit, jetzt mit ihr zu reden. Vielleicht ist es die letzte Gelegenheit für mich. Soll ich es tun? Soll ich es nicht tun? Ich werde mich entscheiden, wenn ich dort bin und ihre gesundheitliche Situation besser einschätzen kann.

Marc ist wie immer nicht sehr glücklich darüber, dass ich nach Mannheim fahren will. Er hält mich aber nicht zurück, denn er weiß, wie wichtig das alles für mich ist. Er versteht, dass ich auf der Suche nach mir bin, und hofft für mich, dass meine Mutter doch noch mit mir redet. Er bringt mich zum Zug und sagt mir beim Einsteigen, wie sehr er mich liebt und dass ich gut auf mich aufpassen soll. Während der Reise habe ich wieder genügend Zeit, über einiges nachzudenken.

Ich bin froh, dass ich zu meinem ältesten Bruder Kurt und zu seiner Lebensgefährtin wieder guten Kontakt habe. Kurt schreibt mir viele ausführliche Briefe und ich beantworte sie alle. Nach seinem Unfall musste er lernen, mit der linken Hand zu schreiben, weil der rechte Arm gelähmt blieb. Damals musste er ja alles wieder neu lernen: sprechen, laufen, essen, trinken, ja sogar zur Toilette zu gehen, einfach alles, was einen erwachsenen Menschen ausmacht. Ich kann mir das nur schwer vorstellen. Seine Schrift ist dementsprechend schlecht zu lesen.

Nach mehreren Briefen habe ich aber kaum noch Probleme damit und freue mich auf jeden neuen. Ich lerne meinen Bruder wieder besser kennen und lese in seinen Briefen, dass er zwar noch vieles von früher weiß, aber nicht, was wirklich geschehen ist. Er scheint unsere Mutter zu verehren. Er bezeichnet sie als die beste Mutter der Welt. Im ersten Moment kränkt mich das sehr, aber dann wird mir bewusst, dass er nichts weiß und sich sein Wunschbild geschaffen hat.

Kurt ist außerdem so mit sich selbst beschäftigt, dass ich dieses Thema nicht mit ihm besprechen kann. Er glaubt zum Beispiel noch immer, dass sich sein Zustand verbessern wird. Aber von seiner Lebensgefährtin weiß ich, dass das nicht der Fall sein wird. Kurt will immer wieder gelobt werden, man muss ihm oft Mut zusprechen und ihm sagen, dass er große Fortschritte macht. Es wäre sinnlos, mit ihm über die Familie zu sprechen. Sicher würde es ihn traurig machen. Da sein Kurzzeitgedächtnis ebenfalls geschädigt ist, kann es gut sein, dass er nach einigen Stunden sowieso alles wieder vergessen hat. Warum soll ich ihn also mit der Vergangenheit belasten? Ich bin froh, dass wir wieder guten Kontakt zueinander haben, den wir damals einige Zeit nach seinem Unfall einfach verloren hatten. Ich freue mich darauf, dass er im Juni zusammen mit seiner Lebensgefährtin für eine Woche zu uns nach Berlin kommen wird.

Doch jetzt bin ich erst einmal bei Karin angekommen. Gleich am nächsten Tag besuchen wir Sonja. Sie und ihr Mann haben meine volle Hochachtung für das, was sie tun. Meine Mutter ist zu nichts mehr imstande, außer mit der rechten Hand zu essen und zu trinken. Sie kann nicht mehr in den Rollstuhl gesetzt werden, da es ihr nicht mehr möglich ist, aufrecht zu sitzen. Aus diesem Grund kann man sie auch nicht duschen und sie muss im Bett gewaschen werden. Mir fällt auf, dass ihre rechte Hand und ihr rechter Fuß stark zittern, und Sonja berichtet, Mutter hätte nun auch noch die Parkinson-Krankheit. Am schlimmsten finde ich, dass sie sich geistig sehr gut erholt hat und alles erfassen kann, was geschieht. Ich stelle mir das furchtbar vor, so leben zu müssen. Allerdings fragt meine Mutter des Öfteren, wie lange es wohl dauern würde, bis sie wieder genesen sei und zurück in ihre Wohnung könne. Sie weiß nicht, dass Karin die Wohnung kündigen musste und dass sie schon längst ausgeräumt ist. Ich bin mir aber auch nicht sicher, ob meine Mutter wirklich daran glaubt, wieder gesund zu werden.

Mir wird klar, dass Sonja mittlerweile mit dieser Situation vollkommen überfordert ist. Sie konnte natürlich nicht ahnen, was auf sie zukommen würde. Heute, da ich mit Karin bei meiner Mutter bleiben werde, geht Sonja mit ihrer Familie zum Kinderkarneval und sie kann hoffentlich einige Stunden abschalten. Wir beide kümmern uns währenddessen um unsere Mutter. Wir versuchen, ihr alles so angenehm wie möglich zu machen. Wir fragen laufend nach, ob sie etwas haben möchte und ob sie gut genug liegt, und wir unterhalten uns mit ihr. Wie früher löst meine Mutter gerne Kreuzworträtsel, was ich dann über eine Stunde lang mit ihr gemeinsam mache, indem ich ihr die Fragen stelle und sie immer wieder lobe, weil ihr so viel einfällt.

Sie erzählt uns, dass es zu Verständigungsschwierigkeiten zwischen ihr, Sonja und deren Mann kommt. Es geht dabei nicht um schwerwiegende Dinge und ich mache den Vorschlag, alles gemeinsam zu besprechen, damit es nicht zu Missverständnissen kommt. Dabei bemerke ich ganz beiläufig, dass es schon früher ein großer Fehler von unserer Familie war, alles unter den

Teppich zu kehren, und dass deswegen nie einer den anderen verstehen konnte. Sie fragt mich, was ich mit früher meine. Ich nutze die Gelegenheit, weil ich plötzlich das Gefühl habe, meine Mutter ist bereit zu reden. Ich sage ihr, es wäre nie zu spät zum Reden, und gehe dabei ganz dicht an ihr Bett. Sie schaut mich lange an und fragt mich, ob das meine Meinung sei. Es klingelt an der Tür und ich kann nun leider diese Unterhaltung mit ihr nicht mehr fortsetzen. Mein Bruder Achim ist gekommen und das Thema ist beendet. Bald darauf kommt auch Sonja mit ihrer Familie zurück und damit beginnt das alltägliche Chaos wieder.

Karin und ich verabschieden uns bald, aber ich werde am nächsten Tag wieder zu meiner Mutter gehen. Allerdings habe ich eingesehen, dass es keinen Sinn haben wird, sie auf die Bilder anzusprechen und über früher zu reden. Genau wie bei Kurt denke ich: Warum soll ich sie jetzt noch damit belasten? Ich bin jedes Mal hin- und hergerissen. Bevor ich bei ihr bin, habe ich den festen Willen, mit ihr zu sprechen, und wenn ich sie sehe, kann ich es nicht. Sie tut mir einfach leid. Trotzdem würde ich so gerne von ihr hören, dass sie nicht glaubt, ich sei an allem schuld gewesen.

Es ist spät, alle schlafen bereits, nur ich sitze wieder einmal allein in Karins Wohnzimmer und denke darüber nach, warum meine Mutter nicht ein einziges Mal mit mir geredet hat, nachdem ich meinen Stiefvater angezeigt hatte.

Kapitel 11

Zurückgezogen

Nachdem ich ihn angezeigt hatte, war er weg und ich glaubte, meine Mutter wäre genauso froh darüber wie ich. Wieder einmal sollte ich mich gewaltig irren. Es vergingen einige Wochen, ohne dass etwas Besonderes passierte. Bei uns zu Hause war es sehr ruhig, niemand sprach über die Angelegenheit. Ich war mir nicht sicher, ob meine Halbgeschwister meine Mutter vielleicht nach ihrem Vater fragten, wenn ich in der Schule war. Dass Achim sich nicht nach ihm erkundigen würde, war mir klar. Den Jungen hörte und sah man sowieso kaum. Er war viel zu verschüchtert und suchte nicht einmal nach der Nähe meiner Mutter.

Eigentlich war es uns Kindern grundsätzlich kaum möglich, unserer Mutter Fragen zu stellen. Meistens wimmelte sie uns ab mit der Begründung, sie hätte keine Zeit oder einfach keine Lust, unsere Fragen zu beantworten. Oft hieß es auch, frag deine große Schwester, also mich. Von mir wollte aber niemand etwas über den Stiefvater bzw. Vater wissen, auch Karin nicht. Die Atmosphäre zu Hause war mir fast unheimlich. Es lag so viel Spannung zwischen mir und meiner Mutter, dass sie mir fast greifbar schien. Sie ging mir regelrecht aus dem Weg, als hätte sie Angst davor, mit mir zu reden. Ich beließ es dabei, denn ich hatte ebenfalls Angst davor. Ich registrierte, dass Mutter oft Post von meinem Stiefvater bekam. Er schrieb ihr lange Briefe. Ich wusste nicht, ob sie sie beantwortete, aber ich vermutete es.

Eines Tages – ich saß gerade im Flur und putzte Schuhe – kam meine Mutter mit einem Brief in der Hand auf mich zu. Damit wedelte sie vor meinem Gesicht herum und weinte. Sie fragte mich, was sie denn tun solle. Er sei in einer Nervenheilanstalt und sehr verzweifelt. Er wolle wieder zurückkommen und versprach, dass alles besser werden solle. Schließlich hätten sie zwei Kinder miteinander, an die man auch denken müsse, die bräuchten doch ihren Vater. Weinend stand meine Mutter vor mir, fragte mich wieder und wieder, was sie tun solle, als erwarte sie eine Antwort von mir. Ich hatte auch eine im Kopf. Ich wollte nicht, dass er jemals wieder zu uns nach Hause kam. Ich wollte ihn nie wiedersehen. Ich wollte nichts mehr von ihm hören. Ich wollte nur, dass er mich endlich in Ruhe ließ. Ich war verzweifelt. Doch vielleicht weil mir meine Mutter in dem Moment leidtat oder weil ich Sonja und Thomas gegenüber ein schlechtes Gewissen hatte, sagte ich schließlich, ohne es wirklich zu wollen: »Es ist mir egal, was du machst.«

Das war der größte Fehler meines Lebens. Einige Tage später teilte meine Mutter mir mit, er könnte wieder nach Hause kommen, ich müsste allerdings die Anzeige zurückziehen. Im ersten Moment dachte ich, ich hätte mich verhört. Ich konnte nicht glauben, was meine Mutter da gesagt hatte. Ich sollte die Anzeige zurückziehen? Wieso denn? Wie stellte sie sich das vor? Und was sollte dann werden? Würde er einfach wieder nach Hause kommen? Ich konnte es nicht fassen! Meine Mutter wollte wissen, ob ich das tun würde. »Und dann, was ist dann?«, fragte ich sie. Sie meinte, dass er uns in Ruhe lassen würde, weil er es ihr in den Briefen, die er ihr in letzter Zeit geschrieben hatte, hoch und heilig versprochen hatte. Wieder sagte ich etwas, was ich eigentlich gar nicht wollte: »Tu, was du für richtig hältst.«

Gleich zwei Tage später fuhr sie mit mir in die Stadt zur Polizei, wo ich die Anzeige gegen meinen Stiefvater erstattet hatte. Dem Beamten, zu dem uns der Pförtner geschickt hatte, erklärte sie, ich wolle meine Anzeige zurücknehmen. Der Beamte suchte eine Akte heraus und sah uns verwundert an. Er fragte mich, ob ich das wirklich wollte. Ich bestätigte, was meine Mutter gesagt hatte. Auf die Frage nach den Gründen antwortete meine Mutter für mich. Ich würde mich nicht gut mit ihm verstehen, wir hätten viel Streit gehabt, es sei aber alles gar nicht so schlimm gewesen. Ich hätte eine blühende Fantasie und wäre einfach nur böse auf ihn gewesen. Der Beamte sah mich seltsam an, als wollte er noch etwas dazu sagen. Ich war ganz still. Als er dann fragte, ob das alles stimme, nickte ich. Er machte sich Notizen, dann konnten wir gehen. Der Beamte kündigte an, dass wir von ihm hören würden.

Ich war unglaublich wütend auf meine Mutter. Wie konnte sie das von mir verlangen! Warum wollte sie diesen Mann wiederhaben? Er war doch ein Schwein. Er war doch auch nicht gut zu ihr. Er ging nie arbeiten, versorgte die Familie schlecht, kümmerte sich nicht um seine eigenen Kinder, von uns anderen ganz zu schweigen. Was hatte sie denn von ihm? Nur Ärger, Kummer und Sorgen. Was würde wohl jetzt passieren? Ließ er mich tatsächlich in Ruhe? Würde ihm das Geschehene eine Lehre sein? Hatte er verstanden, dass ich mir von ihm nichts mehr gefallen lassen würde? Wenn er wirklich zurückkehrte, musste er doch böse auf mich sein. Von diesem Moment an hatte ich keine Ruhe mehr.

Zwei Wochen waren vergangen, als mein Stiefvater mittags nach Hause kam. Es gab keinen freudigen Empfang. Sogar seine beiden eigenen Kinder zeigten keine Freude. Er kam herein, als sei nie etwas geschehen. Er ging in die Küche, setzte sich an den Tisch und bekam von meiner Mutter Kaffee eingegossen. Sie unterhielten sich, als sei er nie weg gewesen. Merkwürdige Stimmung! Nach einer Weile rief er mich zu sich und ich ging hin. Er schickte mich ins Schlafzimmer, um ihm etwas zu holen. Als ich dort war, kam er hinter mir her. Er packte mich am Arm, drehte ihn mir nach hinten, was sehr wehtat. Er drückte mich gegen die geschlossene Schlafzimmertür und kam ganz nah an mich heran. Mit einer unheimlichen Stimme sagte er: »Wenn du so etwas noch ein einziges Mal wagst, bringe ich dich um. Hast du das verstanden!« Dabei drückte er mir den Arm noch schmerzhafter in die Höhe. »Hast du das verstanden?«, wiederholte er. Ich antwortete: »Ja, ich habe verstanden.« Er drohte mir, er würde mich überall finden und dass es von nun an bei uns anders zugehen würde. Wir seien Abschaum und es eigentlich nicht wert weiterzuleben. Ich sei eine dumme Kuh und kein Mensch würde mir mehr glauben, sollte ich noch einmal so blöd sein, ihn anzuzeigen.

Das Entsetzlichste, was er sagte, war: »Merke dir gut, wenn ich gehen muss, ziehe ich eine große Blutspur hinter mir her.« Ich glaubte ihm diese Worte sofort und sie machten mir wahnsinnige Angst. Auf einmal fühlte ich mich total verloren, von meiner Mutter weggeschmissen. Ich spürte wahnsinnige Wut auf sie. Hat sie das gewollt? War ich ihr wirklich so egal? Ich war mir ganz sicher, dass sie wusste, was los war, aber anscheinend interessierte sie das wirklich nicht. Warum nur? Bis zu diesem Tag hatte ich sie geliebt, ich hätte alles für sie getan und ihr alles verziehen. Ich wollte sie und uns Kinder doch nur vor diesem Mann retten. Jetzt hatte auch sie dazu beigetragen, mich zu zerstören. Jetzt konnte ich sie nicht mehr lieben. Als er mich endlich losgelassen und das Schlafzimmer verlassen hatte, stand ich noch einen Moment gegen die Wand gelehnt. Ich konnte nicht einmal weinen. Ich resignierte und spürte immer mehr, wie mein Inneres meinen Körper verließ. Von diesem Moment an lief nur noch eine Hülle von mir herum.

Mir blieb nichts anderes übrig, ich musste mich seinem Willen beugen. Trotzdem fragte ich mich, wie lange ich das noch ertragen könnte. Zu Hause wurde die Situation unerträglich. Die Spannungen und unzumutbaren Zustände spitzten sich zu. Wir hatten nie Geld. Es reichte kaum, das Nötigste zu kaufen. Mein Stiefvater kümmerte sich einen Dreck darum. Wir lebten nur vom Kindergeld. Die Miete für unsere damalige Wohnung war recht hoch und nach ein paar Monaten, als schon etliche Mahnungen vom Vermieter eingegangen waren, wurde uns gekündigt. Meine Mutter wusste anscheinend nicht, was sie nun tun sollte. Sie ging nicht zum Sozialamt, wo man uns sicher hätte helfen können. Es kam zur Zwangsräumung.

Ich fühlte mich so wert- und hilflos, dass ich einfach nur noch tat, was man von mir verlangte, und mich überwiegend um den Haushalt und meine kleinen Geschwister kümmerte. Mein Leben und meine Zukunft waren mir egal. Ich wollte nur, dass meine Geschwister nicht zu sehr leiden mussten. Seit mein Stiefvater wieder da war, stampfte er nur noch durch die Wohnung wie eine Dampfwalze. Er herrschte über uns alle und wir taten, was er wollte. Er fühlte sich unglaublich stark. Und er hatte auch allen Grund dazu. Schließlich hatte er meine Mutter dazu gebracht, dass sie ihn wiederhaben wollte. Er hatte gewonnen und nun die absolute Macht über uns.

Bevor wir die Wohnung verlassen mussten, hatte mein Stiefvater wieder einmal eine seiner genialen Ideen. Wir packten das Nötigste an Kleidung in Koffer. Meine Mutter brachte meine Schwester in unsere Heimatstadt. Dort hatte Karin noch aus der Zeit, in der wir dort gewohnt hatten, eine sehr gute Freundin. Ich weiß nicht, was meine Mutter den Leuten erzählte, aber meine Schwester verbrachte dort etliche Wochen.

Die restliche Familie fuhr nach Fürth. Dort quartierte uns mein Stiefvater in ein billiges Hotel ein. Wie auch immer er das geschafft haben mag! Dann ging er mit meiner Mutter zum Caritasverband und zum Roten Kreuz und bat dort offensichtlich um Hilfe für eine arme, kinderreiche Familie, der man alles genommen hatte.

Es vergingen vielleicht zwei oder drei Wochen, bis man uns eine Unterkunft zuwies. Während der ganzen Zeit, die wir im Hotel verbrachten, war es meine Aufgabe, mich um die drei jüngeren Geschwister zu kümmern. Alles spielte sich in nur einem Zimmer ab und es ging furchtbar eng zu.

Die Unterkunft, die wir schließlich über das Sozialamt in einem anderen Ort bekamen, war eine Baracke. Normalerweise verbrachten dort Grünflächenarbeiter oder Landschaftsgärtner ihre Pausen. Die Baracke bestand aus zwei langgezogenen Zimmern. Am Ende war ein kleinerer Raum, in dem sich die Toilette und ein kleines Waschbecken befanden. Es gab nur kaltes Wasser. Neben dieser Baracke befand sich eine Scheune, dort hatte man bei der Zwangsräumung unsere Möbel untergestellt. Offensichtlich hatte dies der Caritasverband oder das Rote Kreuz in Erfahrung gebracht und deshalb darum gebeten, der Familie diese Räumlichkeiten als Notunterkunft zu überlassen. So zogen wir im Spätsommer 1971 dort ein. Der vordere Raum diente als Küche und Aufenthaltsraum. Der hintere Raum war unser aller Schlafzimmer. Wir waren immerhin sieben Personen. Das Waschen morgens in der kleinen Toilettenkammer war schrecklich – das Wasser eiskalt und das Waschbecken viel zu klein. Aber nun wohnten wir eben dort und mussten uns damit abfinden. Karin, die immer noch bei ihrer Freundin untergebracht war, wurde erst nach Wochen abgeholt. In einem Brief der Familie musste meine Mutter erst dazu aufgefordert werden. Wahrscheinlich wollte sie Karin so lange wie möglich diese elenden Zustände ersparen. Die Menschen in unserer Umgebung schauten uns komisch an und ich fühlte mich sehr unwohl. Nach einiger Zeit hatten sich die Nachbarn aber an uns gewöhnt und ihre fragenden Blicke störten mich nicht mehr.

Meine Schule war dieselbe geblieben, denn der Ort, in dem wir vorher gewohnt hatten, gehörte zum gleichen Einzugsgebiet. Allerdings ging ich nicht mehr oft hin, weil meine Mutter mich zu Hause brauchte. Ich sorgte aber dafür, dass wenigstens Achim und Karin regelmäßig die Schule besuchten. Mein Stiefvater saß morgens wie ein alter Mann am Tisch und bekam von meiner Mutter sein Frühstück serviert. Er schickte sie zum Einkaufen, und während sie weg war, musste ich ihm zur Verfügung stehen.

Doch in dieser Baracke gab es ja nur das eine kleine Waschbecken mit kaltem Wasser und es war mir nicht einmal möglich, mich richtig zu waschen. Wenn meine Mutter nach Hause kam, schien es, als sei nichts geschehen.

Mittlerweile war ich fünfzehn. In den Sommerferien suchte ich mir einen Job, um etwas Geld zu verdienen, was ich meiner Mutter gab. Eine Zeit lang arbeitete ich in einer Reinigung an der Bügelpresse. Es war eine schwere Arbeit und ich verbrannte mir einmal den Oberschenkel an einer Heißwasserleitung. Irgendwann bekam ich einen Zettel in die Hand, mit dem eine kleine Pension eine Ferienaushilfe suchte. Ich stellte mich dort vor und bekam den Job. Die Leute waren sehr reich, besaßen ein sehr schönes Haus und gegenüber befand sich die kleine Pension mit vier oder fünf Zimmern. Es machte mir Spaß, dort zu arbeiten. Die Arbeit fiel mir nicht schwer. Es gab nichts, was ich dafür nicht zu Hause gelernt hatte. Frau Eschwege schien zufrieden mit meiner Arbeit, denn sie lobte mich oft, wie fleißig und ordentlich ich sei. Es war schön, so etwas gesagt zu bekommen, und es erfüllte mich mit Stolz. Zu Hause bekam ich das leider nie zu hören und konnte nie sicher sein, ob ich alles gut genug und richtig erledigt hatte.

Das Ehepaar war etwa Anfang dreißig und sehr nett zu mir. Ich hatte das Gefühl, dass sie mich mochten. In ihrem Haus gab es ein tolles Badezimmer. Neben der Toilette befand sich noch ein anderes Becken, was so ähnlich aussah. Ich glaubte, es sei zum Füßewaschen da. Als mich Frau Eschwege einmal dabei überraschte, fing sie an zu lachen und erklärte mir, das sei ein Bidet. So etwas hatte ich noch nie gesehen. Sie erklärte mir, was man damit tut. Bei Gelegenheit probierte ich es aus und fand es sehr praktisch. Ich hatte bei diesen Leuten eine schöne Zeit. Da gab es Dinge zu essen, die ich gar nicht kannte. Frau Eschwege schenkte mir auch manchmal Kleidungsstücke, die sie nicht mehr trug. Die waren so schön, dass ich glaubte, sie passten überhaupt nicht zu mir, und mich kaum traute, sie zu tragen. Einmal kam sie sogar zu uns in die Baracke, um mir Sachen zu bringen. Vielleicht wollte sie auch nur sehen, wie wir lebten. Im ganzen Ort wusste man ja mittlerweile, dass dort eine Familie untergebracht war. Es war mir unglaublich peinlich und meine Mutter schimpfte mit mir, als die junge Frau wieder gegangen war. Aber ich konnte nichts dafür, sie war einfach gekommen, ohne mich vorher zu fragen.

Eines Tages tauchte mein Stiefvater bei den Leuten auf. Angeblich wollte er nachsehen, wo und bei wem ich arbeitete. Nett und charmant, wie er sich durchaus geben konnte, und natürlich entsprechend gekleidet, stellte er sich vor. Es fiel ihm nicht schwer, sich mit den Leuten zu unterhalten. Bald nannte er den Grund seines Besuches und bot seine Dienste an: zum Beispiel für die Gartenarbeit, Reparaturen am und im Haus und was sonst noch anfallen würde. Er bekam den Job und auch gutes Geld dafür. Wieder einmal hatte er es geschafft, einen bequemen Weg zu finden, mich zu missbrauchen. Denn dass es auch hier geschehen würde, war mir sofort klar. Solange er oder ich am Leben waren, würde sich daran auch nichts ändern, dessen war ich mir mittlerweile sicher. Ich nahm es resigniert hin.

All die Annehmlichkeiten hatte ich jetzt nicht mehr für mich allein. Nun hatte ich ihn wieder auf dem Hals. Da Herr und Frau Eschwege Geschäftsleute waren und dementsprechend häufig unterwegs, hatte er mich wieder unter Kontrolle und in seiner Gewalt. Vermutlich wollten mir die netten Leute einen Gefallen tun, als sie ihn einstellten. Sie glaubten bestimmt, der Familie damit zu helfen. Doch für ihn war es jetzt nicht mehr schwer zu tun, was er immer mit mir tun wollte – und das in dem Haus der mir so lieb gewordenen Leute. Ich fing an, das Bidet zu schätzen. Jetzt hatte er sogar eine vornehme Umgebung gefunden, um mich zu missbrauchen. Er brauchte mich nicht mehr in den Wald zu schicken, wo ich auf ihn warten musste. Er war nicht mehr darauf angewiesen zu warten, bis die Wohnung leer war und ich allein mit ihm war, und er brauchte mich auch nicht mehr unter irgendwelchen Vorwänden in den Schuppen zu schicken. Hier konnte er mit mir tun, was er wollte. Mal im Liegen zwischen meinen Schenkeln, mal von hinten im Stehen. Aber er zwang mich jetzt auch, sein Ding in den Mund zu nehmen, was ich aber nie zu seiner Zufriedenheit schaffte. Dann half er mit seiner eigenen Hand nach und ließ seinen Samen über meinen Oberkörper laufen. Dann reichte das Bidet mir nicht mehr, ich musste unter die Dusche, wobei ich mich dermaßen abschrubbte, dass meine Haut rot wurde und brannte wie nach einem Sonnenbrand.

Die Arbeit in der Pension musste ich nun schneller erledigen, denn er erwartete von mir, dass ich mich beeilte, um dann ins Haus zu kommen. Er kümmerte sich um den schönen Garten und erledigte kleine Reparaturen. Alles hatte seine Ordnung und funktionierte gut.

Als ich wieder einmal mit Frau Eschwege allein in der Küche stand, um ihr beim Gemüseputzen zu helfen, fragte sie, ob ich mich nicht wohlfühlte oder ob etwas nicht in Ordnung wäre. Es käme ihr so vor, als hätte ich mich verändert und wäre stiller geworden. Ich versicherte ihr, dass nichts Besonderes mit mir sei. Ich hätte mich nur zu Hause geärgert. Ich lenkte vom Thema ab, indem ich über die Schule sprach. Was wirklich los war, traute ich mich nicht zu erzählen. Das junge Paar fragte auch nie danach, warum wir in dieser Baracke lebten. Sie wussten nichts von meinen Sorgen und irgendwie genoss ich gerade das. Was für ein Gegensatz zu meinem Umfeld waren das schöne Haus und die netten Menschen, die dort lebten! Sie behandelten mich wie ein junges, ganz normales Mädchen. Ich genoss diese schöne, saubere Umgebung und wünschte mir, auch einmal so leben zu können. Solche Menschen waren meine Vorbilder. Es war mir absolut bewusst, dass mein beziehungsweise das Leben meiner Familie nicht das Normale war. Mir war bewusst, dass wir keine normale Kindheit hatten, aber ich hatte keine Ahnung, wie das alles anders werden könnte und was aus mir und meinen Geschwistern werden sollte.

Nach den Sommerferien ging ich wieder zur Schule. Ich musste ja nicht mehr zu Hause bleiben, damit er mich missbrauchen konnte. Jetzt hatte er eine viel bessere Umgebung dafür gefunden, denn am Nachmittag war ich wieder in dem schönen Haus. So gut es mir dort auch gefiel, abgesehen davon, dass ich ihm immer zu Diensten sein musste, umso schlimmer waren dann die Abende zu Hause. Mein Stiefvater trank viel zu viel Bier und es gab immer wieder Streit zwischen ihm und meiner Mutter. Wenn ich im Bett lag, konnte ich manchmal hören, dass er ihr eine Ohrfeige gab, sie als blöde Kuh beschimpfte und uns Kinder als dumme Brut. Wir alle litten darunter und ich hasste ihn abgrundtief.

In meiner Klasse lernte ich ein schüchternes Mädchen kennen. Sie stand auf dem Schulhof immer abseits und niemand kümmerte sich um sie. Sie war mir sympathisch und ich beschloss, mich mit ihr anzufreunden. Nach einer Weile waren wir sehr gute Freundinnen. Wann immer ich konnte, war ich bei ihr. Sie hatte fünf Geschwister, die alle noch zu Hause lebten. Ihre Mutter war eine liebenswerte Frau und gute Mutter. Sie puzzelte und spielte mit ihren Kindern. Sie kochte und backte die allerbesten Dinge und behandelte alle Kinder gleich. Bald gehörte ich fast zur Familie. Anna und ich hatten beide kein Interesse an Jungs. Wenn es meine Zeit zuließ, gingen wir zusammen spazieren oder fuhren Fahrrad, wobei ich ein Rad von ihren Geschwistern benutzen durfte.

Im Herbst ging Annas Mutter mit ihren Kindern in den Wald, um Pilze zu suchen. Auch dabei nahm sie mich mit, wenn ich nicht zu Hause sein musste. Dann konnte ich auch einmal ausgelassen toben und Spaß haben. Das tat mir unwahrscheinlich gut. Natürlich durfte ich Anna nie mit zu uns nach Hause bringen, aber das hätte ich wohl auch nicht getan. Es wäre mir peinlich gewesen. Annas Eltern wussten, wo wir wohnen, aber sie fragten nie nach dem Grund. Ich war einfach nur froh, wenn ich bei ihnen sein konnte, und genoss diese Zeit. Solche Familien waren für mich ein Vorbild. Von ihnen lernte ich, dass es auch ein besseres Leben gab. Ich schwor mir dann jedes Mal, dass ich irgendwann auch einmal ein normales Leben haben wollte. Wie oder wann das sein würde, wusste ich allerdings nicht. Diese Gedanken machten mir aber Mut weiterzuleben.

Als ich wieder einmal in dem schönen Haus der Eschweges Staub wischte, schaute ich in einige Kommodenschubladen, weil ich einfach neugierig war. In einer fand ich eine Pistole. Ich fasste sie nicht an, aber sofort schoss mir ein Gedanke durch den Kopf, der mich nicht mehr losließ. Diese Pistole wollte ich haben. Damit wollte ich meinen Stiefvater erschießen. Ich erschrak über diesen Gedanken und zitterte jedes Mal, wenn er wieder über mich kam. Er ließ mich nicht mehr los. Ich dachte Tag und Nacht nur noch daran. Ich machte Pläne, wann ich es tun würde, wie ich es tun würde und prüfte mich, ob ich es wirklich könnte. Eines Tages war ich schließlich überzeugt davon. Ich sah die Situation wie in einem Film vor mir. Ich würde am Abend nach Hause kommen und vor der Tür der Baracke lauschen, bis ich meinen Stiefvater hörte, um sicher zu sein, dass er auch drinnen auf seinem gewohnten Platz saß. Dann würde ich die Tür aufstoßen, mit der Pistole auf ihn zielen und so lange schießen, bis das Magazin leer wäre. Weitere Gedanken ließ ich nicht zu. Er sollte nur weg.

Aber ich wollte die Pistole nicht stehlen, um die netten Leute nicht zu enttäuschen. Ich glaubte, es sei besser, wenn ich fragen würde, ob ich sie mir ausleihen könnte. Es dauerte noch eine Weile, bis ich den Mut dazu aufbrachte. Doch dann traute ich mich. Die beiden schauten mich fassungslos an und wollten wissen, was ich denn damit vorhätte. Ich konnte ihnen schlecht sagen, dass ich mich vor meinen Stiefvater stellen und so lange abdrücken wollte, bis die Pistole leer und er tot wäre. Also zuckte ich nur mit den Schultern, um anzudeuten, dass ich das selbst nicht wisse. Natürlich liehen sie mir das Ding nicht. Sie erklärten mir, es wäre nur eine Gaspistole, aber man könnte trotzdem Schaden damit anrichten. Von diesem Tag an lag die Pistole nicht mehr an ihrem Ort. Es wurde auch nie wieder darüber gesprochen.

Meine Enttäuschung darüber, dass mein Plan nicht funktioniert hatte und dass kein Ende in Aussicht war und alles so weitergehen würde wie bisher, war unglaublich groß. Die Bilder in meinem Kopf blieben aber bis heute und ich würde es noch immer tun, wenn ich könnte. Ich war fest davon überzeugt, dass es die beste Lösung für die ganze Familie gewesen wäre. Denn alles, was später geschah, solange er lebte, wurde noch dramatischer und traumatischer, als wenn ich ihn damals erschossen hätte. So empfand ich es und daran würde sich auch in meinem ganzen Leben nichts ändern.

Hatte ich mir doch bereits ausgemalt, wie schön es wäre, wenn plötzlich all die Demütigungen ein Ende hätten, die jetzt bereits so viele Jahre anhielten. Ich versuchte mir vorzustellen, wie ein neues Leben für uns aussehen könnte. Ich dachte daran, einen guten Schulabschluss zu machen und einen tollen Beruf zu erlernen. Ich sah mich mit meinen Geschwistern im Laden, wo ich ihnen neue Kleidung kaufte, und wie ich ganz normal mit ihnen ein Eis essen ging. Ich sah sie alle lachend und glücklich vor mir. Wie ich mit meiner Mutter verfahren wollte, war mir aber völlig unklar. Wenn ich an sie dachte, dann wünschte ich mir schon, dass es ihr auch gut ging. Aber ein normales Leben mit ihr konnte ich mir nicht mehr vorstellen. Mit ihr wollte ich dann nicht mehr allzu viel zu tun haben, ich würde sie verlassen. Ich fragte mich, ob ich dann endlich wieder ein normales menschliches Leben führen könnte, ob das überhaupt möglich wäre. Was war überhaupt normal für mich? Mir wurde bewusst, wie weit ich mich von mir selbst entfernt hatte. Ich war nicht ich, ich wusste nicht einmal, wer ich einmal gewesen war. Ob es mir jemals gelingen würde, das herauszufinden?

Es kamen mir allerdings auch ganz andere Gedanken. Was wäre, wenn ich ins Gefängnis müsste? Ich hatte zwar alle Gründe für meine Tat, aber würde das reichen, mich vor der Strafe zu bewahren? Was, wenn meine Mutter noch immer gegen mich wäre? Was, wenn sie mich verantwortlich machte, an allem schuld zu sein? Diese Gedanken entmutigten mich wieder und ich dachte resigniert, dass mir das dann auch egal wäre. Dann ginge ich eben ins Gefängnis. Aber ich wäre befreit und müsste mich nie wieder missbrauchen lassen. Meine Geschwister würden schon irgendwann begreifen, was passiert war. Wenn nicht, müsste mir das dann eben auch egal sein. So wie jetzt wollte ich jedenfalls nicht mehr lange leben.

Unser Leben war das einer armen, asozialen Familie, die in einer Obdachlosenunterkunft untergebracht war und sich mehr schlecht als recht durchbrachte. Wir kannten nur dieses Leben, für uns war es normal. Mein Plan, das zu ändern, war zunichte geworden, was mich wieder einmal sehr entmutigte. Doch bei dem netten reichen Ehepaar, bei dem ich in der Pension und im Haushalt half, lernte ich, dass es auch ein schöneres Leben gibt. Ein kleines Stück davon wäre mir schon genug gewesen. Einmal nahmen die Leute mich mit, als sie sich ein Pferd kaufen wollten. Nicht weit von unserem Dorf gab es einen großen Reiterhof, wo das Pferd untergebracht war. Von da an ging ich oft mit ihnen dorthin. Ich hatte zwar Angst vor den großen Tieren und traute mich nicht so recht an sie heran, aber hier auf dem Hof sah ich wieder einmal eine kleine Chance, meinem Stiefvater zu entkommen. Es dauerte jedoch nicht lange und er tauchte auch dort auf, um sich nützlich zu machen. Er muss wohl mit den Eschweges gesprochen haben, vielleicht hatte er ihnen ja erzählt, dass er sich mit Pferden auskennt. Schließlich hatte er so eine tolle Reiterkluft, mit der er sich damals bei den Leuten vorstellte und den Job bekam. Wieder einmal wurde mir klar, dass es keinen einzigen Platz auf dieser Welt gab, wo ich vor ihm sicher gewesen wäre, keinen. Nichts hatte ich für mich, nicht die kleinste Ecke. Ich glaubte, dass er mich sogar in einem Mauseloch finden, dort herauszerren und missbrauchen würde. Es gehörte einfach zu meinem Leben.

Es dauerte Monate, bis sich erneut etwas änderte. Das junge Ehepaar besaß ein kleines Privatflugzeug, das Herr Eschwege selbst fliegen konnte. Einmal flog er mit einem Freund weg. Und dann bekam seine Frau die Nachricht, dass das Flugzeug über den Alpen abgestürzt sei, ihr Mann und sein Begleiter noch nicht gefunden worden waren, dass sie aber aller Wahrscheinlichkeit nach ums Leben gekommen wären. Leider bestätigte sich das schreckliche Unglück. Frau Eschwege tat mir von Herzen leid. Sie war so unendlich traurig, dass ich es nicht ertragen konnte, sie so zu sehen. Sie lebte dann lange Zeit bei ihren Eltern in einer anderen Stadt. Fast täglich ging ich an ihrem Haus vorbei. Irgendwann war sie wieder da und ich traf mich mit ihr. Sie erklärte mir, dass sie alles hier im Dorf verkaufen und weggehen würde. Sie müsste sich ein neues Leben aufbauen. Natürlich verstand ich das, aber ich war sehr unglücklich darüber. Am liebsten wäre ich mit ihr gegangen. Zum Abschied nahm sie mich in ihre Arme, sagte, sie habe mich lieb und in ihr Herz geschlossen. Sie wünschte mir alles Gute und riet mir, so zu bleiben, wie ich war. Wir weinten beide. So endete für mich das doch teilweise angenehme Leben in dem schönen Haus mit den lieben Menschen. Ich habe Frau Eschwege leider nie wiedergesehen.

Auf dem Reiterhof war ich immer gern. Die Leute dort ließen mich spüren, dass sie mich mochten. Doch Gelegenheit, dort Freundschaften zu schließen, hatte ich keine. Ich kam mit meinem Stiefvater hin und ging mit ihm wieder weg. Wo ich nur konnte, machte ich mich bei allen nützlich, nur um nicht allein zu sein. Ich putzte sogar die Fenster im Pferdestall, half beim Ausmisten, die Sättel zu putzen und sie dann ordentlich auf ihre Plätze zu hängen. Ich versuchte, mich überall unentbehrlich zu machen, immer in der Hoffnung, ihm so zu entkommen. Ich suchte auch stets die Nähe von anderen Leuten, damit mein Stiefvater mich in Ruhe lassen musste. Aber wenn er mich einfach zu sich rief, hatte ich zu kommen. Der Pferdehof bot jede Menge Möglichkeiten, um ungestört zu sein.

Anscheinend war es ihm gelungen, auf dem Reiterhof einige Kontakte zu knüpfen. Dort gab es so manches Fest, bei denen ich meistens half. So zapfte ich unter anderem zum ersten Mal in meinem Leben Bier, spülte Gläser, räumte auf und half beim Auf- und Abbau. Währenddessen amüsierte sich mein Stiefvater mit den Leuten vom Reiterhof und den Gästen. Als er den Job durch die traurigen Umstände verloren hatte, dauerte es nicht lange, und er hatte erstaunlicherweise einen neuen. Er hatte bei einem der Feste einen Mann kennengelernt, der eine Kiesgrube besaß.

Bald nahm er mich auch dorthin mit, um mich vorzustellen. Es war eine nette Familie mit zwei kleinen Kindern, einem schönen Haus mit großem Garten und einem tollen Auto. Mit diesem Auto fuhren der Mann, mein Stiefvater und ich einmal zur Kiesgrube. Es war eine ziemlich lange Fahrt. Ich saß zum ersten Mal in einem so tollen Wagen, aber leider wurde mir übel.

Als wir endlich angekommen waren, liefen wir auf dem großen Gelände herum und die Männer sprachen über Arbeit. Nach einer Weile fuhren wir wieder zurück, aßen noch bei den Leuten zu Abend, bevor mein Stiefvater und ich uns auf den Heimweg machten. Zwar hatte der nette Mann gefragt, ob er uns nach Hause bringen solle, aber mein Stiefvater lehnte dankend ab. Es sei ja nicht weit und wir könnten das Stückchen auch zu Fuß gehen. Wieder einmal war es so weit. Den ganzen Tag über hatte ich mich schon gefragt, was er sich heute wieder einfallen lassen würde, weil ich davon ausgegangen war, dass uns der Mann mit seinem schicken Auto nach Hause fahren würde. Ein geeigneter Platz für sein Vorhaben war schnell gefunden. Mittlerweile war ich es ja gewohnt, ihn an den unmöglichsten Stellen zu befriedigen. Mir war es sowieso egal, die Hauptsache war, dass es schnell ging. Dieses Mal fand er ein leer stehendes altes Haus, in dem es muffig roch, nass und kalt war. Egal, nur schnell sollte es gehen. Während ich tun musste, was er verlangte, dachte ich über die Familie nach, die wir heute besucht hatten. Die zwei Kinder waren so fröhlich und ausgelassen. Im Garten hatten sie alles, was Kinder sich wünschten: Schaukel, Sandkasten, ein Planschbecken und viele schöne Spielsachen. Aber das Schönste waren ihre leuchtenden Augen und ihr zwangloses Lachen. Wie die Eltern mit ihren Kindern sprachen und umgingen, das beeindruckte mich. Von so einer Familie konnte ich nur träumen, ich beneidete sie.

Mein Stiefvater hatte wieder Arbeit, was aber nicht bedeutete, dass er den ganzen Tag unterwegs gewesen wäre. Er hatte einen Job, bei dem er sich offenbar seine Zeit einteilen konnte. Manchmal nahm er mich mit und ich konnte sehen, worin seine Arbeit bestand. Er hatte jetzt ein eigenes Auto, mit dem wir zu einem neu gebauten Haus fuhren. Hier waren Handwerker bei der Arbeit, die die Wände verputzten und anstrichen. Die Badezimmer wurden gefliest und es war seine Aufgabe zu kontrollieren, ob die Leute ihre Arbeit gut machten. Er schaute sich alles an und gab Anweisungen, was noch zu tun wäre oder was besser gemacht werden müsste. Für die Männer, die dort arbeiteten, war er der Chef. Das hat mich doch überrascht.

Von nun an ging es uns finanziell tatsächlich besser. Nach wie vor lebten wir zwar in der Baracke, aber es wurde darüber gesprochen, dass wir bald wieder eine richtige Wohnung haben sollten. Er ging nun immer öfter morgens nach dem Frühstück los und war meistens erst nachts zurück. Nicht selten kam er neu eingekleidet. Nüchtern war er nie. Er brachte auch immer etwas mit, aber nicht für alle. Wieder und wieder musste meine Mutter die kleine Sonja aus dem Bett holen. Das Kind sollte dann essen, was er für sie besorgt hatte. Mal war es ein halbes gegrilltes

Hähnchen, mal eine kleine Torte oder ein großer Eisbecher. Das Kind wurde regelrecht gemästet. Auch dabei, wie die Kleine immer dicker wurde, sah meine Mutter einfach zu. An manchen Tagen nahm er Sonja mit und kam auch dann erst spät in der Nacht nach Hause.

Ich habe Kopfschmerzen, nehme eine Tablette, versuche, abzuschalten und endlich zu schlafen. Am Morgen wache ich mit den gleichen Kopfschmerzen auf und Karin sieht mir an, dass es mir nicht gut geht. Sie macht mir den Vorschlag, heute besser nicht zu meiner Mutter zu gehen, aber die Hälfte meiner Besuchszeit ist nun schon vorüber und ich möchte Sonja nicht enttäuschen. Nach einer ausgiebigen Dusche und einem guten Frühstück geht es mir tatsächlich besser und ich mache mich auf den Weg. Es sind Schulferien. Bei Sonja geht es unerträglich laut zu. Die Kinder sind alle zu Hause, sie spielen im Garten und laufen auch durchs Haus. Sonja und ihr Mann gehen einkaufen, während ich bei meiner Mutter am Bett sitze und Kreuzworträtsel mit ihr löse. Dabei muntere ich sie laufend auf und lobe sie, weil sie so viel weiß. Als Sonja und ihr Mann zurück sind, trinken wir gemeinsam Kaffee, bevor ich mich auf den Weg zurück zu Karin mache. Ich laufe die drei Kilometer, es ist ein sonniger Tag und die Luft tut mir gut. Trotzdem bekomme ich keinen klaren Kopf und wieder muss ich daran denken, was meine Mutter letzten Endes auch Sonja angetan hat, weil sie immer nur schwieg.

Es war mir stets unbegreiflich, warum meine Mutter nicht eingriff. Sie musste doch gesehen haben, was mit dem Kind geschah. welchen Schaden er Sonja zufügte. Sonja verhielt sich nicht wie eine normale Fünfjährige. Sie war verschlossen und ernst, lachte kaum, ihre Augen leuchteten nicht wie die anderer Kinder. Beim Spielen machte sie auf mich einen abwesenden Eindruck. Sie tat mir leid, und wenn ich mit ihr unterwegs war, versuchte ich, etwas wiedergutzumachen. Ich ging mit ihr auf einen Spielplatz und versuchte, ihr die Zeit draußen so schön wie möglich zu gestalten. Aber das hat nicht sehr viel genützt, denn sobald wir zu Hause waren, wurde sie wieder ernst und traurig. Das konnte meiner Mutter doch nicht entgangen sein! Hatte sie ihre Kinder denn überhaupt geliebt? Was musste in meiner Mutter vorgegangen sein, dass sie alles geschehen ließ? Ich hatte es auch gesehen und mir war bewusst, was geschah. Auch wenn ich die Auswirkungen damals noch nicht erkennen konnte, wusste ich doch, dass es in unserer Familie nicht normal zuging. Und ich war erst fünfzehn! Warum hatte sie Augen, Mund und Ohren verschlossen, hatte sie vielleicht ebenfalls Todesängste ausgestanden? Hatte er ihr gedroht, sie zu schlagen oder gar sie umzubringen? Hatte er gedroht, den Kindern etwas anzutun? Das würde ich so gern herausfinden! Ergründen, warum sie das alles hat geschehen lassen. Ich bin der Meinung, ich habe ein Recht darauf, alles zu erfahren. Aber meine Mutter schweigt.

Trotz der vielen Gedanken und des Wiedererlebens der Vergangenheit oder gerade deswegen hat mir der Spaziergang zu Karin gutgetan. Ich denke fast täglich daran, mir wieder Tabletten zu besorgen, weil sie alles so einfach machen. Aber ich will und kann Marc nicht mehr enttäuschen. Auch Kerstin gegenüber schäme ich mich, denn sie weiß mittlerweile, was mit mir los ist. Ich bin immer ehrlich mit ihr umgegangen und habe ihr stets gesagt, dass sie mit mir über alles reden kann, was in ihrem Leben passiert. Dass es besser ist, stets die Wahrheit zu sagen, weil ich ihr nur so helfen könne, falls es einmal Schwierigkeiten geben sollte. Ich fühle mich verpflichtet, ihr eines Tages alles über mich zu erzählen, damit sie mich verstehen kann. Aber ich muss den richtigen Zeitpunkt finden. Im Moment wäre das für mich einfach zu viel.

Während der Woche, die ich jetzt noch bei Karin bin, gehe ich nicht mehr jeden Tag zu Sonja. Ich fühle mich überfordert. Stattdessen helfe ich Karin im Haushalt, wenn sie vormittags arbeiten geht, damit wir die Nachmittage genießen können. Wir bummeln durch die Stadt und gehen Kaffee trinken. Dabei lenke ich das Thema ganz bewusst nicht auf die Vergangenheit, sondern versuche, mit Karin ein bisschen Spaß zu haben. Die Zeit vergeht auf diese Weise schneller, als wenn ich täglich bei Sonja bin. Ich rede mir ein, dass sie das sicher versteht. Morgen werde ich sie zum vorerst letzten Mal besuchen, denn übermorgen fahre ich nach Hause. Im Zug habe ich genug Zeit und Gelegenheit, weiter über meine Familie nachzudenken. Ich muss versuchen, alles zu sortieren und herauszufinden, warum meine Mutter uns Kindern gegenüber so gewesen ist. Vielleicht benötige ich irgendwann fremde Hilfe, vielleicht sollte ich eine Therapie machen. Ich glaube, das könnte ein Weg sein, zu begreifen und zu verstehen. Vielleicht könnte ich dabei auch etwas über mich herausfinden? Manche Dinge kann ich mir natürlich heute selbst erklären, wie zum Beispiel die Tatsache, dass ich Büstenhalter hasse und dass ich sowieso nie einen Busen haben wollte. Es gibt sicher zu allem eine Geschichte, die mir etwas erklärt.

Kapitel 12

Bloß nicht fraulich werden

MANCHMAL GING ER MIT THOMAS UND SONJA, seinen beiden Kindern, und mit Karin und mir in den Ort ins Eiscafé. Die anwesenden Gäste kannten wir vom Sehen und sie uns natürlich auch. Ich vergesse nie, welche Kleidung ich damals trug. Wie es eben normal für junge Mädchen war, hatte ich einen kurzen Rock an. Ich hatte die Beine übereinandergeschlagen und eine Hand dazwischengelegt. Plötzlich sagte mein Stiefvater so laut, dass alle Leute es hören konnten, ich würde anzüglich dasitzen. Ich wusste überhaupt nicht, was er damit meinte, bis er es mir sagte, dass man nicht mit der Hand zwischen den Beinen dasäße.

Das war mir so peinlich. Ich hatte das Gefühl, alle Leute würden mich anschauen. Am liebsten wäre ich auf der Stelle gegangen. Auch Karin war die Situation unangenehm. Sie sah mich mit einem mitleidigen Blick an, sagte jedoch nichts. Es war besser, in solchen Momenten ruhig zu sein, alles andere hätte nur zu unangenehmen Szenen geführt, die wir natürlich vermeiden wollten. Dann fing er wieder an, laut mit mir zu reden, und erklärte, ich wäre jetzt fast sechzehn und es wäre Zeit für mich, einen BH zu tragen. Er würde gar nicht verstehen, wieso meine Mutter mir nicht längst einen gekauft hätte. Direkt gegenüber vom Café war ein Wäschegeschäft und er schlug vor, das gleich zu erledigen. Dass ich das überhaupt nicht wollte, interessierte ihn nicht. Auch nicht, dass ich eigentlich noch gar keinen BH brauchte. Karin sollte mit Thomas und Sonja auf uns warten.

Er ging mit mir in das Geschäft. Am liebsten wäre ich in den Erdboden versunken, so peinlich war mir das. Er sagte der Verkäuferin, was er wollte, und sie holte aus einer Schublade jede Menge BHs hervor. Er suchte einige aus, die ich anprobieren sollte. Schließlich entschied er, welche ich nehmen sollte, und kaufte zwei Stück. Einen musste ich gleich anbehalten. Ich fühlte mich dermaßen unwohl und hätte mir das Ding am liebsten vom Körper gerissen. Ich hasste es regelrecht, vor allem aber, weil er es für mich ausgesucht und gekauft hatte.

Zu Hause berichtete er meiner Mutter stolz von seinem Einkauf und zeigte ihr den einen BH, der noch in der Tüte war. Ich schämte mich sehr. Meine Mutter verzog den Mund und schüttelte den Kopf. Sie bemerkte lediglich, ich hätte doch noch gar keinen BH nötig. Das hatte sie richtig gesehen. Mein größter Wunsch war es, mich in dieser Hinsicht auch nicht weiterzuentwickeln. Bloß keinen Busen bekommen, ihm keine Veranlassung geben, ihn sexuell zu reizen! Ich sah mittlerweile, wie andere Mädchen meines Alters sich kleideten und dass sie stolz darauf waren, wie sie sich entwickelten. Ich bemerkte, dass sie sich gerne nett anzogen, schminkten und sich die Haare zurechtmachten, um den Jungs zu gefallen. Mir war bewusst, dass das für mich gefährlich war, ich durfte das nicht tun.

Es war etwa ein halbes Jahr vergangen, als wir endlich aus der Baracke auszogen. Zwei Ortschaften weiter hatte mein Stiefvater eine Wohnung gefunden. Es war eine schöne, helle und saubere Neubauwohnung mit drei Zimmern, Küche, Bad und Balkon. Die Wohnung lag im Erdgeschoss eines Zweifamilienhauses mitten in einem Neubaugebiet. Ich weiß noch, dass ich mich nicht übermäßig freuen konnte, es war mir gleichgültig. Ändern würde sich für uns ja doch nichts. Wir zogen mit unseren Habseligkeiten im Frühjahr 1973 in diese schöne Wohnung. Auch dieses Mal musste ich die Schule nicht wechseln, denn auch dieser Ort gehörte noch zu demselben Einzugsgebiet. Bis zu meiner Schulentlassung fehlten nur noch elf Monate. Einige meiner Mitschüler wussten bereits, was sie danach tun wollten.

Damals war der Hauptschulabschluss noch völlig normal und man bekam mit guten Noten auch einen Ausbildungsplatz. Also wollte ich mich in diesem letzten Jahr besonders anstrengen. Ich wusste zwar noch nicht, was ich werden wollte, aber dass man eine Ausbildung brauchte, war keine Frage. Eigentlich machte ich mir nur Gedanken über so etwas, wenn ich in der Schule war. Zu Hause war das überhaupt kein Thema und da dachte ich auch nicht darüber nach. Ich musste das alles auf mich zukommen lassen. Wer weiß, was bis dahin noch passieren würde?

In der neuen Wohnung und der veränderten Umgebung lebten wir uns schnell ein. Den jüngeren Geschwistern war anzumerken, wie gut es ihnen hier gefiel, denn sie waren wesentlich lebhafter als zuvor. Er war oft tagsüber nicht zu Hause, was uns allen guttat. Der Küchenschrank war mit Lebensmitteln gefüllt. Er brachte alles mit, meine Mutter kam nur selten aus dem Haus. Wenn es das Wetter zuließ, ging ich nach draußen. Ich hatte nach wie vor die Pflicht, Thomas mitzunehmen, aber das störte mich nicht. Es gab im Ort einen schönen Spielplatz, auf dem ich die Tage mit ihm verbrachte und wo ich andere Jugendliche traf, die mir die Umgebung zeigten und mit denen ich des Öfteren zusammen war. Von zu Hause nahm ich etwas zum Essen und Trinken mit, damit ich so viel Zeit wie möglich mit meinem kleinen Bruder im Freien verbringen konnte.

Zu Hause musste ich jetzt nicht mehr so viel helfen. Meine Mutter kümmerte sich um alles und machte einen recht zufriedenen Eindruck. In die Stadt ging er mit ihr nur selten. Das schien sie aber nicht zu stören. Allerdings nahm er nun wesentlich öfter seine kleine Sonja mit, die er schön einkleidete und sehr verwöhnte. Nach wie vor kam er auch mit ihr sehr spät nach Hause. Es war normal geworden, dass er mit dem Taxi fuhr und das Kind schlafend hereingetragen und gleich ins Bett gelegt wurde. Meine Mutter ließ alles geschehen, die Hauptsache war, dass immer etwas zum Essen da war und es keinen großen Krach gab. Sie sah auch nicht, dass die Kleine immer dicker wurde und sich nicht wohlfühlte. Sonja sah ihre Mama mit diesem flehenden Blick an, den ich von mir selbst kannte und der zu sagen schien: »Ich will zu Hause bleiben« oder »Ich will kein Hähnchen essen« oder »Ich will so sein wie andere Kinder und genau solche Sachen anziehen wie sie«. Denn es wurde immer schwieriger, für das Kind passende Kleidung zu finden. Sie hatte ja auch kaum Bewegung, konnte sich nicht austoben, wie es für ein Kind in diesem Alter normal gewesen wäre. Sie war fünf Jahre alt und ständig unterwegs. Bis zu dieser Zeit hatten Karin und ich mit Sonja gespielt und uns um sie gekümmert. Ich konnte richtig fühlen, dass ihr das fehlte, und sie tat mir leid. Erst viele Jahre später sollte ich von Sonja erfahren, wo ihr Vater mit ihr gewesen war und was sie erlebt hatte, wenn sie mit ihm so lange unterwegs war.

Für mich war es nach wie vor normal, ihm zu Diensten zu stehen. Es gehörte einfach zu meinem Leben. Seitdem er so viel unterwegs war, passierte es nicht mehr so oft, doch in regelmäßigen Abständen. Bisher fand sich in jedem Ort, in jeder Wohnung und in jeder Umgebung eine Gelegenheit, wieso also nicht auch hier in der neuen Wohnung. Zu diesem Zweck schickte er mich in den Keller, wo ich im Heizungsraum auf ihn warten musste. Er benötigte keine Worte mehr, ein Blick, ein kleiner Wink und ich verstand, was ich zu tun hatte. Meiner Mutter musste ich sagen, dass ich mich noch mit einer Freundin treffen wollte und in einer Stunde wieder zu Hause sein würde, dann ging ich hinunter.

Meine Mutter sagte nach wie vor nichts dazu. Meine flehenden Blicke waren längst zu wütenden geworden. Mein Stiefvater verfügte über mich, wie es ihm gefiel. Er sprach nicht mit mir, sondern kommandierte mich herum. Wenn ich es wagte, ihm zu widersprechen, zog er mich am Arm ganz dicht zu sich heran, sodass ich seinen Atem in meinem Gesicht spüren konnte, und fauchte, ich hätte zu gehorchen. Manchmal gab ich ihm mit Absicht in Gegenwart meiner Mutter freche Widerworte. Ich wollte sehen, ob sie jemals auf irgendetwas reagierte, aber sie tat es nicht. Wortlos nahm sie einfach alles hin. Es schien, als wollte sie nur ihre Ruhe haben.

Im Haus gab es einen ziemlich großen Kellerraum, der eigentlich dafür vorgesehen war, dort eine Waschküche einzurichten. Aber unsere Nachbarin, die über uns mit ihren zwei Kindern allein lebte, und auch wir hatten unsere Waschmaschine im Badezimmer stehen und im Sommer wurde die Wäsche draußen im Garten oder auf dem Balkon getrocknet. Im Winter stand der Wäscheständer in der Wohnung. Unsere Nachbarin legte keinen Wert auf diesen Raum und so konnte sich mein Stiefvater darin einen »Hobbyraum« einrichten. So nach und nach schaffte er eine Eckbank, Tisch, Stühle, einen Schrank und sogar einen Kühlschrank nach unten. Die Sachen hatte er wahrscheinlich irgendwo geschenkt bekommen. Den Raum nutzten auch meine zwei älteren Brüder Ralf und Bernd, wenn sie am Wochenende zu Besuch hier waren. Es kam auch schon mal vor, dass sie dort unten eine Party feierten. Manchmal saßen sie nur unten, um Karten zu spielen. Selten ist es mir gelungen, dabei zu sein, aber wenn ich durfte, waren das schöne Abende.

Meine Brüder und ich hatten auch bald eine bessere Beziehung zueinander. Nach einer Weile ließ mich meine Mutter abends nach unten gehen, wenn meine Brüder ihr gesagt hatten, dass wir Karten spielten und dass ich auch alt genug dafür sei. Dabei sprachen wir jedoch nie über unseren Stiefvater. Sie wussten ja, wie wütend er werden konnte und dass es sinnlos war, sich ihm zu widersetzen. Als sie noch jünger waren, schlug er auch auf sie ein. Erst als sie älter wurden, ließ er sie in Ruhe. Es kam mir so vor, als hätte er Angst, dass sie sich wehren würden. Meine Brüder gingen ihm aber nur aus dem Weg. Bernd hatte uns bereits mit fünfzehn verlassen. Mein Stiefvater war darauf bedacht, meine größeren Brüder so schnell wie möglich loszuwerden. Das konnte man seinen Worten entnehmen. »Es wird Zeit, dass ihr geht. Ihr taugt sowieso nichts, sucht euch eine Arbeit und verdient euch euer Essen selbst. Ich zahle keine Miete mehr für euch, seht zu, dass ihr aus dem Haus kommt.« Das hatte er immer gut eingefädelt. Schon als sie noch jünger waren, erzählte er meiner Mutter Lügen über sie. Sie seien schlecht, würden stehlen und sich mit anderen schlagen. Schon damals stand meine Mutter meinen Brüdern nicht bei und sie wussten, dass sich daran nichts ändern würde.

Als der Zug wieder einmal in Berlin hält, habe ich das Gefühl, nicht fünf, sondern höchstens zwei Stunden unterwegs gewesen zu sein. Ich habe weder gegessen noch getrunken, und als ich aussteige, fühle ich mich richtig schwach. Ein Glück, dass Marc da ist, um mich abzuholen. Zu Hause trinke ich erst einmal Kaffee und stärke mich, bevor ich Marc erzähle, was in Mannheim los war. Dann weihe ich ihn in meinen Plan ein, eine Therapie zu machen. Marc findet die Idee sehr gut und verspricht mir, mich zu jeder Zeit zu unterstützen. Noch während meiner restlichen Urlaubstage gehe ich zu meinem Hausarzt und spreche auch mit ihm über meine Absicht. Er gibt mir einige Adressen von Therapeuten und die entsprechende Überweisung. Aber es dauert lange, bis ich jemanden gefunden habe, von dem ich glaube, dass ich mich ihm anvertrauen kann. Bis dahin habe ich mehrere Probestunden bei verschiedenen Therapeuten absolviert, die mir aber nicht sympathisch waren.

Der Therapeut beginnt mit einer Analyse und ich erzähle ihm von meiner Tablettenabhängigkeit und davon, dass ich ständig daran denke, wieder damit anzufangen. Nach mehreren Stunden soll ich ihm aus meinem Leben erzählen, meine Kindheit erklären. Aber ich kann es nicht. Es ist mir plötzlich peinlich und unangenehm. Ich habe eine Blockade im Kopf, wie eine festgerostete Schraube, die sich nicht lösen will.

Als der Therapeut mir den Vorschlag macht, mein Leben aufzuschreiben, ist das für mich wie eine Erlösung. In mehreren

Tagen bringe ich meine Geschichte zu Papier und überreiche sie ihm. Er verspricht mir, alles bis zum nächsten Termin zu lesen. Als ich an diesem Tag die Praxis verlasse, fühle ich mich sehr unwohl. Was würde er darüber denken? Würde er mir auch Vorwürfe machen, so wie meine Mutter? Hatte er überhaupt Verständnis für meine Situation? Vielleicht hätte ich mir eine Frau suchen sollen. Vielleicht würde eine Frau mich besser verstehen. Aber die Therapeutinnen, bei denen ich jeweils eine Probestunde genommen hatte, waren mir nicht angenehm. Eine meinte sogar, ich hätte einen Mutterkomplex. Ich war entsetzt über so eine Annahme. Später dachte ich, selbst wenn es so wäre – wie kann man mir so etwas in der ersten Stunde unterbreiten. Diese Vermutung machte mich wütend. Ich und einen Mutterkomplex! Ich liebe meine Mutter doch nicht einmal mehr.

Marc, dem ich meine Befürchtungen erkläre, meint, dass der Therapeut sicher nicht schlecht von mir denkt. Wenn es ein guter Therapeut ist, sagt er, wird er mir sicher helfen können. Marc ist allerdings auch ein wenig traurig und enttäuscht darüber, dass er mir offensichtlich nicht selbst so helfen kann, wie er es gerne getan hätte. Darüber, dass ich mich einem fremden Menschen anvertraue. Aber er hält zu mir. An diesem Abend liegen wir eng aneinandergekuschelt im Bett, aber das halte ich wie immer nicht lange aus. Die Nähe von Männern war mir immer unangenehm. Küssen, Kuscheln, Streicheln, das sind Dinge, die ich nie sehr gut ausgehalten habe. Sex hat mir sowieso nie viel bedeutet. Das war letztendlich auch der Grund, weshalb Kerstins Vater sich von mir trennte, kurz bevor unsere Tochter eingeschult wurde. Er wusste nichts aus meiner Vergangenheit. Wir waren nicht böse aufeinander, aber er konnte auf die Dauer mit meinem Verhalten im Bett nicht umgehen. Marc war von Anfang an rücksichtsvoll, und nachdem er einiges aus meiner Kindheit erfahren hatte, ließ er mich entscheiden, inwieweit ich Nähe ertragen kann. Die einzige Ausnahme ist meine Tochter. Die Nähe zu ihr war mir immer wichtig. Mit ihr in einem Bett zu schlafen, war das Schönste für mich. Aber auch da wusste ich, wann es Zeit ist, sie gehen zu lassen. Mir war bewusst, dass ich ihr mit allzu großer Nähe vielleicht sogar schaden könnte. Mein Bekanntenkreis nannte mich sowieso schon Übermutter. Nach einigen Minuten rolle ich mich auf die andere Seite und bin jedes Mal froh, dass Marc mich nicht festhält. Ich höre an seinem ruhigen, gleichmäßigen Atem, dass er schläft. Ich schließe die Augen, aber an Schlaf ist nicht zu denken. Mir fällt ein, wie es weiterging, nachdem wir aus der Baracke in die schöne Wohnung gezogen waren.

Kapitel 13

Längst daran gewöhnt

Nach einiger Zeit kehrten die altbekannten Zustände zurück. Als Erstes bemerkte ich, dass die Küchenschränke und der Kühlschrank wieder leerer wurden, und Dinge, nach denen wir Kinder fragten, öfter nicht mehr vorhanden waren. Meine Mutter reagierte mürrisch darauf. Bald war es wieder so weit, dass sie mich auf Pump einkaufen schickte. Ich fing an, mir selbst Erklärungen für den Marktleiter auszudenken, um Lebensmittel nach Hause zu bringen. Manchmal sagte ich, das Kindergeld sei nicht pünktlich gekommen, und sobald es einträfe, würde ich bezahlen. Oder ich erklärte, dass mein Vater seinen Lohn nicht pünktlich erhalten hätte. Natürlich hat das nicht immer funktioniert, vor allem dann nicht, wenn die letzte Rechnung noch nicht beglichen war und ich trotzdem wieder ohne Geld ankam, um nochmals anschreiben zu lassen. Diese Situationen waren unglaublich peinlich, aber ich ließ mir das nicht anmerken. Ich tat so, als sei es das Normalste der Welt. Was war das schon gegen all das andere, das ich auszuhalten hatte!

Es war nicht zu übersehen, dass er seine Arbeit verloren hatte. Wortlos und ohne jegliche Erklärung, wie es bei uns üblich war, saß er wieder jeden Tag zu Hause herum. Er schlief meistens bis Mittag und setzte sich dann ungepflegt und launisch an den Küchentisch, ließ sich seinen Kaffee bringen und aß manchmal eine Scheibe Brot dazu. Er ging immer weniger aus dem Haus – und wenn, kam er am späten Nachmittag betrunken zurück. Mit der Zeit trank er aber meistens daheim. Das Bier für ihn war stets da. Ralf, der sich immer mehr Sorgen um uns und unsere Mutter machte, war jetzt oft zu Hause und bemühte sich, den Stiefvater abends mit Schachspielen bei Laune zu halten, was ihm aber nicht immer gelang.

Alle anderen benahmen sich in seiner Gegenwart so vorsichtig wie möglich. Von Zeit zu Zeit kam es zwischen ihm und meiner Mutter aber doch zu furchtbarem Streit. Sie schrien sich an, er beschimpfte sie und uns Kinder als Brut, die es nicht verdient hätte zu leben. Wir wären Abschaum, dumm und zu nichts fähig. Er schrie, dass er uns alle umbringen würde, etwas anderes hätten wir ja auch nicht verdient.

Wenn meine Mutter weinte, machte ihn das offenbar noch wütender. »Jammern, ja. das könnt ihr alle gut. Hör auf zu heulen!«, schrie er einmal ungeheuer laut. Ich konnte hören, dass er meiner Mutter ins Gesicht schlug und einige Kaffeetassen an die Wand warf. Unterdessen hielt ich mich mit meinen Geschwistern im Wohnzimmer auf und versuchte, sie so gut wie möglich abzulenken, indem ich mit ihnen auf dem Fußboden spielte. Auch für sie gehörten diese Situationen mittlerweile zum Alltag. Niemand weinte mehr oder verkroch sich vor Angst zitternd in irgendwelchen Ecken. Wir taten einfach so, als würde gar nichts passieren. Denn wir alle hatten die Erfahrung gemacht, dass er umso lauter und wütender wurde, je mehr Aufmerksamkeit wir ihm schenkten. Das versuchten wir natürlich zu vermeiden.

An diesem Tag aber konnte er offenbar nicht genug bekommen, weshalb er auch zu uns ins Wohnzimmer kam. Karin und ich besaßen zusammen einen orangefarbenen Kassettenrekorder, der neben uns auf dem Boden lag und leise Musik spielte. Er schaute uns der Reihe nach an, kam näher, hob das Gerät auf und knallte es mit voller Wucht auf den Fußboden, sodass der Rekorder in viele Teile zersprang. Wortlos drehte er sich danach um und ging aus dem Wohnzimmer zurück in die Küche, setzte sich an den Tisch und tat, als wäre nichts geschehen. Meine Mutter und er saßen sich schweigend gegenüber.

Karin, Achim, Sonja und Thomas weinten jedoch und ich hatte Mühe, sie zu beruhigen. Am Abend, als die kleineren Geschwister schon schliefen, saß ich noch im Wohnzimmer auf der Couch und versuchte, einige Hausaufgaben für die Schule zu erledigen. Er kam herein, baute sich vor mir auf und fragte von oben herab, ob es mir denn gar nichts ausmachte, dass der Kassettenrekorder kaputt wäre. Ich sah ihn so lässig wie möglich an und antwortete: »Warum sollte es mir etwas ausmachen, ich habe ihn ja nicht auf den Boden geschmissen.« Daraufhin drehte er sich um und ging wieder hinaus. Am liebsten hätte ich laut geschrien und geweint, denn natürlich war ich unendlich traurig wegen des kaputten Rekorders. Er war das einzige Schöne, was meine Schwester und ich besessen hatten. Aber mir nichts anmerken zu lassen war die einzige Rache, die ich ausüben konnte.

Von Tag zu Tag wurde das Leben unerträglicher. Der Stiefvater war jeden Abend betrunken und stritt sich mit meiner Mutter. Von ihr hörten wir kaum etwas, sie versuchte, so wenig wie möglich zu sagen, um ihn nicht zu reizen. Wenn ich glaubte, dass es vorbei wäre, fing es wieder von vorne an. Man konnte nie wissen, was als Nächstes geschehen würde. Seine Worte und die Art, wie er sprach, machten mir solche Angst, dass ich es kaum aushalten konnte, im Bett liegen zu bleiben.

Das alles ging über Monate hinweg so. Alle waren schon längst daran gewöhnt und meine Geschwister schliefen trotz des Lärms. Karin wurde manchmal davon wach und kam in mein Bett. Wir schmiegten uns aneinander und trösteten uns gegenseitig. Meistens sah ich im Zimmer von Achim und Sonja nach, ob alles in Ordnung war. Thomas hatte sein Kinderbett nach wie vor neben dem Ehebett stehen, wurde aber nur selten von dem Lärm wach.

Ich konnte dabei nie einschlafen und wartete, bis der Sturm vorbei war und er endlich gegen Morgen in sein Bett wankte. Nicht selten ging meine Mutter zuerst schlafen, dann holte er mich leise aus meinem Zimmer ins Bad, damit ich ihm dort zu

Diensten stand. Er stank nach Alkohol und Nikotin und widerte mich an. Das geschah zwei- bis dreimal in der Woche und erschien mir mittlerweile normal. Erst danach konnte ich überhaupt daran denken zu schlafen.

In dieser Zeit ging ich schon nicht mehr regelmäßig zur Schule. Mein Stiefvater schlief bis nachmittags und ich kümmerte mich um meine Geschwister und um meine Mutter, die kaum noch mit uns sprach und immer leiser in der Wohnung herumschlich, um ihn bloß nicht zu wecken. Ich hatte es mir zur Aufgabe gemacht, dafür zu sorgen, dass sich die beiden Kleineren still verhielten.

Es wurde immer offensichtlicher, dass meine Mutter keinen Pfennig mehr hatte, um uns ausreichend mit Essen zu versorgen. Wir lebten von Sozialhilfe und vom Kindergeld. Mutter war komplett darauf angewiesen, dass er ihr wenigstens mal zehn oder zwanzig D-Mark hinlegte, womit sie mich zum Einkaufen schicken konnte. Das reichte natürlich gerade für das Nötigste. Nach wie vor musste ich öfter anschreiben lassen. So kam es dazu, dass ich ab und an eine Kleinigkeit mitgehen ließ – zum Beispiel für die Kleinen eine Tafel Schokolade oder einen Lutscher. Bald aber schrieb der Filialleiter nicht mehr an, bevor nicht die alten Rechnungen beglichen waren, die mittlerweile nicht unerheblich waren. Die Not meiner Mutter wurde immer größer. Manchmal fehlte es an den wichtigsten Dingen wie Milch und Brot.

Ich erschrecke, als Marc mich weckt. Der Wecker hat geklingelt und ich habe ihn nicht gehört, so fest habe ich geschlafen. Der Alltag tut mir gut und auch, dass ich mich in letzter Zeit öfter mit Kerstin treffen kann. Nach wie vor habe ich das Gefühl, dass sie mich am ehesten von meinen Problemen ablenkt. Es war immer mein Bestreben, mir ihr gegenüber nicht anmerken zu lassen, wenn ich Sorgen habe. Aber sie weiß, dass ich eine Therapie begonnen habe. Mittlerweile habe ich doch das eine oder andere aus meiner Vergangenheit erzählt, allerdings keine Details, das hat noch Zeit. Sie findet die Idee mit der Therapie sehr gut und glaubt, dass mir das sicher helfen wird, meine Vergangenheit zu bewältigen.

Mein Therapeut hat meine Geschichte gelesen und zeigt sich sehr erschüttert. Er erklärt mir, dass wir einen langen Weg vor uns haben werden, das alles zu überwinden. Der erste Schritt wäre getan und wir würden uns viel Zeit nehmen, um über alles zu reden. Seine Einstellung und seine Worte erleichtern mich sehr. Auf dem Weg nach Hause fällt mir wieder ein, woran ich gestern vor dem Einschlafen gedacht habe. Noch heute klopft mein Herz, wenn ich daran denke, dass ich eine Freundin bestohlen habe.

Kapitel 14

Kein schlechtes Gewissen

Auf dem Spielplatz, wo ich mich mit meinen Geschwistern oft aufhielt, lernte ich ein Mädchen kennen, das mit ihrem jüngeren Bruder dort war. Die Kinder spielten gern miteinander und wir unterhielten uns ein wenig. Das Mädchen war ganz anders als wir. Sie war immer ordentlich gekleidet und schien jeden Tag gute Laune zu haben. Sie lachte viel und erzählte, was sie alles mit ihren Eltern unternommen hätte und wo sie schon im Urlaub gewesen sei. Ich konnte nur erstaunt zuhören, ließ mir aber nichts anmerken und erzählte auch nichts von mir. Sie blieb nie länger als eine oder höchstens zwei Stunden.

Einmal lud sie mich ein, sie zu besuchen. Aber das sollte ohne ihren kleinen Bruder und meine Geschwister sein, damit wir auch Zeit für uns hätten. Ich freute mich darüber und sagte zu. Ich wusste zwar noch nicht, wie ich das organisieren sollte, aber ich hoffte, es würde sich eine Gelegenheit ergeben, allein hinzugehen. Es dauerte einige Tage, bis ich die Möglichkeit dazu bekam. Mein Stiefvater war nicht da und meine Mutter ließ mich am Nachmittag tatsächlich allein gehen.

Das Mädchen wohnte mit ihrer Familie in einem schönen Haus. Die Einrichtung erinnerte mich an die Bilder eines Katalogs. Hier war einfach alles perfekt: eine tolle große Küche mit Möbeln, wie ich sie vorher noch nicht gesehen hatte, genauso auch das Wohnzimmer und der Rest des Hauses. Natürlich hatte sie ein eigenes Zimmer, in dem noch nicht einmal ein Fernseher fehlte, ein schönes großes Bett, Regale voller Bücher und Spiele. Außerdem gab es Puppen, mit denen allerdings nicht mehr gespielt wurde, dafür waren wir dann doch zu alt. Sie saßen alle auf einer kleinen Bank, fein angezogen und gekämmt, und sahen teilweise wie echte Babys aus.

Ich hatte mit diesem Mädchen nichts gemeinsam. Sie ging auf ein Gymnasium und deswegen kannten wir uns nicht von der Schule her, was mir ganz angenehm war. Sie war zu Recht stolz auf ihr Leben und ihr Zimmer, was sie mir auch deutlich zeigte.

Wir gingen in die Küche, um leckere Kekse und Orangensaft zu holen, was wir in ihr Zimmer mitnahmen. Dort zeigte sie mir ihre Schätze: schöne Ringe und Ketten aus Gold und Kleidung in Hülle und Fülle. Ich hätte gar nicht gewusst, wann ich das alles anziehen sollte. Sie zeigte mir auch ihre geheimen Dinge. In einer Schublade lag ein rotes Sparbuch, auf dem sich etliche Hundert Mark befanden. Davon und von allem anderen konnte ich nur träumen. Noch bevor ihre Eltern nach Hause kamen, die beide berufstätig waren, verließ ich sie, nicht ohne neidisch auf sie zu sein.

Von da an besuchte ich sie manchmal. Mit der Zeit gewöhnte ich mich an sie und ihre feine Umgebung. Wir verstanden uns ganz gut. Irgendwann fragte sie mich, ob sie mich nicht auch einmal besuchen könne, aber ich ließ mir immer etwas einfallen, um das zu verhindern. Nicht unbedingt deshalb, weil wir nicht so schön wohnten und lebten, sondern wegen unserer familiären Situation, die es unmöglich machte, jemanden nach Hause mitzubringen. Meine Mutter hätte es sowieso nicht erlaubt, was ich nur zu gut verstehen konnte. Zum Glück fragte das Mädchen nicht weiter nach, sondern ließ es auf sich beruhen. Sie hatte noch genug andere Freundinnen, mit denen sie sich traf.

Einige Wochen waren vergangen und die Verzweiflung meiner Mutter wurde immer größer. Sie wusste oft nicht, wie sie etwas auf den Tisch bringen sollte. Das Geld reichte nur für die ersten paar Tage des Monats. Dann wurde eingekauft, was nötig war. Nicht aber in dem Geschäft, in dem wir die Schulden hatten.

Wir kauften woanders ein. Und wenn die Dinge verbraucht waren, war eben nichts mehr da. Was nach dem Einkauf vom Geld noch übrig war, steckte mein Stiefvater ein und verbrauchte es für sich. Meine Mutter saß oft in der Küche und weinte. Manchmal schickte sie mich zur Nachbarin über uns, um sich ein paar Zigaretten zu borgen. Manchmal auch ein Ei, ein bisschen Milch, Mehl oder Zucker. Daraus machte sie dann Eierkuchen für uns. Viele Tage lang gab es nur Zuckerbrot und Suppe zu essen. Ich wusste ja warum und konnte längst damit umgehen. Aber meine jüngeren Geschwister fingen manchmal an zu weinen und wollten etwas anderes haben. Kartoffelbrei mit Frikadellen und Gemüse zum Beispiel. Sie fragten meine Mutter, wann sie denn wieder richtig kochen könne, wann sie wieder Geld hätte, um einkaufen zu gehen. Das bekamen die Kinder schon mit, dass wir kein Geld hatten.

Eines Morgens teilte mir meine Mutter mit, dass sie nun wirklich am Ende sei und überhaupt nichts mehr zu essen machen könne, nicht einmal für die kleineren Geschwister. Ich war völlig verzweifelt und hatte das Gefühl, unbedingt etwas tun zu müssen. Mein Herz klopfte mir bis zum Hals, als mir das Sparbuch des reichen Mädchens einfiel. Mein Entschluss stand in diesem Moment fest, ich musste es tun.

Am Nachmittag besuchte ich überraschend meine Freundin. Gabriele war zu Hause und freute sich, mich zu sehen. Wir gingen auf ihr Zimmer. Nach einer Weile fragte sie, ob ich Lust auf Kekse hätte, was ich natürlich nicht verneinte. Gabriele verließ den Raum, um uns etwas aus der Küche zu holen. Auf diesen Moment hatte ich gewartet. Zielstrebig lief ich zu der Schublade, in der Gabriele ihr Sparbuch aufbewahrte, nahm es heraus und steckte es tief in meinen Hosenbund. Bis sie zurückkam, saß ich schon wieder auf ihrem Bett und blätterte in einer Jugendzeitschrift. Ich fühlte nichts, noch nicht einmal ein schlechtes Gewissen rührte sich. Ich war einfach dazu gezwungen, das zu tun. Wir aßen zusammen Kekse und unterhielten uns über die Schlagersänger und Schauspieler, die in der Zeitschrift abgebildet waren. Ungefähr eine Stunde später verabschiedete ich mich und ging.

Ich machte mich direkt auf den Weg zur Sparkasse. Dort legte ich das Sparbuch auf den Tresen und sagte, dass ich das Geld bis auf einen kleinen Betrag abheben wollte, um mir etwas zu kaufen. Anstandslos zahlte mir die Bankangestellte das Geld aus. Ich musste mit Gabrieles Vor- und Zunamen unterschreiben, was kein Problem war. Ich verließ die Bank. Alles kam mir wie im Film vor, völlig unrealistisch und eigenartig. So einfach ging das alles. Ich suchte mir eine stille Ecke, um das Sparbuch zu zerreißen, dann warf ich die Reste in verschiedene Mülleimer.

Mit dem Geld in der Hosentasche lief ich in den Laden, in dem wir immer anschreiben ließen. Ich bezahlte unsere Rechnungen und kaufte, was mir gerade am wichtigsten erschien. Mit zwei großen schweren Tüten ging ich nach Hause. Als meine Mutter mir die Tür geöffnet hatte, sah sie mich erstaunt an. Sie stellte aber nicht eine einzige Frage. Gemeinsam packten wir die Taschen aus und ich legte über dreihundert D-Mark auf den Tisch. Sie wollte nicht wissen, woher ich das Geld hatte oder wie ich dazu gekommen war. Sie nahm es, steckte es in ihren Geldbeutel und fing an zu kochen. Meine Geschwister kamen jetzt auch in die Küche und freuten sich unheimlich über das, was ich ihnen mitgebracht hatte. Mit keinem Wort wurde der Einkauf erwähnt. Auch mein Stiefvater fragte offensichtlich nicht, woher die Sachen kamen. Vielleicht hat er es überhaupt nicht mitbekommen. Für die nächsten zwei Wochen hatten wir jedenfalls genug zu essen und zu trinken.

Ich ging auch weiterhin zu Gabriele. Oft waren wir sowieso nicht zusammen und so fiel es nicht weiter auf, dass manchmal Wochen zwischen meinen Besuchen lagen. Wir plauderten ganz normal und sie erwähnte niemals, dass ihr etwas abhandengekommen sei. Vielleicht hatte sie es auch erst viel später bemerkt. Ich wusste es nicht.

Einige Monate lang brauche ich nicht in meine Heimat zu fahren. Von Karin weiß ich, dass so weit alles in Ordnung ist. Doch eines Abends ruft sie an, um mich zu informieren, dass Sonja große Probleme hat, die auch mit meiner Mutter zusammenhängen. Sie bittet mich, bald zu kommen. Ich verspreche es ihr. Eine Woche später fahre ich nach Mannheim. Gleich am Abend meiner Ankunft erzählt mir Karin, dass es nicht nur wegen der Pflege meiner Mutter Schwierigkeiten gibt, sondern auch familiäre Dinge der Grund dafür sind. Genaueres weiß meine Schwester aber auch nicht. Wir werden morgen hinfahren, um mit Sonja zu reden.

Was meine Halbschwester zu berichten hat, ist nicht erfreulich. Offensichtlich hat sich die Familie mit der finanziellen Planung von Anfang an übernommen. Die Miete für das Haus und alle damit verbundenen Kosten übersteigen ihre Einkünfte. Auch das Pflegegeld, das meine Mutter erhält, reicht nicht, um alle Kosten zu decken. Zudem wird ein Auto gebraucht, da die Einkaufs- und die Schulwege der Kinder zu weit sind, um sie zu Fuß zu bewältigen. Sonja und ihre Familie überlegen deshalb, ob sie zurück in die Stadt ziehen sollten. Die Pflege unserer Mutter ist schwieriger geworden und ich rede deswegen mit Sonja noch einmal über die Möglichkeit, sie in ein Pflegeheim zu geben. Aber im Moment möchte Sonja das noch nicht.

Ich besuche meine Mutter täglich, um wenigstens ein bisschen dazu beizutragen, Sonja zu entlasten. Sie ist dankbar dafür und bedauert es sehr, dass ich nicht in ihrer Nähe wohne. Eines Nachmittags ergibt sich die Gelegenheit, dass ich meine Halbschwester dazu einladen kann, mit mir in die Stadt zu fahren, wo wir uns für eine Weile in ein schönes Café setzen. Schon die ganze Zeit habe ich das Gefühl, dass sie mir etwas erzählen will. Es überrascht mich nur, dass sowohl Karin als auch Sonja anscheinend erst jetzt, nachdem meine Mutter den Schlaganfall hatte und sich nicht mehr einmischen kann, den Mut aufbringen, mit mir über früher zu sprechen.

Sonja fragt mich, ob ich mich daran erinnern könne, dass ihr Vater sie oft mitgenommen hatte, als wir damals in der Baracke wohnten. Ich versichere ihr, dass ich das noch sehr gut weiß, bin aber überrascht, dass sie anscheinend jetzt mit mir darüber reden will. Mit zittriger Stimme erzählt Sonja, dass ihr Vater sie mitnahm, wenn die fertigen Häuser eingeweiht wurden, bei denen er den Bau überwacht hatte. Es wurden größere Partys veranstaltet, zu der aber nur Männer eingeladen waren. Ihr Vater ließ in den schönen neuen Bädern Wasser mit viel Schaum in die Wanne einlaufen und setzte Sonja nackt hinein. Sie war noch keine fünf Jahre alt und wusste nicht, was das sollte. Dann durften alle Männer in das Badezimmer gehen und meiner kleinen Halbschwester beim Baden zuschauen. Sie sagte mir, dass er mehrmals warmes Wasser zulaufen ließ, bis sie wieder aus der Wanne durfte. Die Männer streichelten sie und sie hatte große Angst. Ich bin so wütend, als sie mir das schildert, dass ich zu zittern beginne und mich kaum unter Kontrolle habe. Sein eigenes Kind hat dieser Mensch benutzt, um sich vielleicht sogar auf diese Art zu bereichern. Ich frage mich, ob es überhaupt jemanden in der Familie gibt, der nicht von ihm missbraucht wurde. Das Gefühl von Hass auf meinen Stiefvater ist in diesem Moment so stark wie damals, als er mich missbrauchte.

Über Sonjas Bericht bin ich natürlich schockiert und finde im ersten Moment kaum Worte. Als ich mich einigermaßen gefangen habe, frage ich sie, ob ihr Vater dafür Geld bekommen hat, das weiß sie aber nicht. Ich nehme sie in den Arm, um ihr zu zeigen, wie leid sie mir tut. Aber sie ist mit ihrer Erzählung noch nicht am Ende und berichtet, dass es manchmal vorkam, dass ihr Vater nach solch einer Party mit ihr nicht gleich nach Hause fuhr, sondern in den Wald. Auf einem Weg, von dem aus Sonja ein

Haus sehen konnte, stellte er das Auto ab, verriegelte die Türen und ließ das Kind im Auto zurück. Sie schaute ihm nach, bis er in dem Haus verschwunden war. Wer darin wohnte oder was er dort tat, wusste sie nicht. Sie hatte panische Angst, es war völlig dunkel um sie herum und sie hörte Geräusche, die sie in Panik versetzten. Aber sie konnte nichts tun. Das Auto war verriegelt, weit und breit kein Mensch zu sehen. Es kam ihr vor, als wären Stunden vergangen, bis er zurückkam. Sonja sagt, sie hätte die ganze Zeit über geweint und wäre auf der Fahrt nach Hause vor Erschöpfung eingeschlafen.

So sehe ich Sonja als kleines Kind vor mir: wie er nachts mit ihr nach Hause kam und sie schlafend und in Kleidern von meiner Mutter ins Bett gelegt wurde. Ich frage sie, ob sie damals nie etwas unserer Mutter erzählt hatte, und sie erklärt mir, dass sie Angst vor ihrem Vater gehabt hätte. Er hätte ihr jedes Mal damit gedroht, dass er sie im Wald allein zurücklassen würde, wenn sie zu Hause etwas erzählte. Sie hätte in ständiger Angst davor gelebt, dass er dies tun würde. Noch heute leide sie darunter. Sie habe Angst davor, im Dunkeln zu sein oder allein in einem Auto auf jemanden warten zu müssen. Bis heute könne sie nicht ohne Licht schlafen.

Ich muss die Tränen unterdrücken. Wir bestellen noch etwas zu trinken und versuchen, uns zu beruhigen. Eine Weile sprechen wir noch über andere Dinge und von unseren Kindern. Dann machen wir uns auf den Rückweg.

Ich bin wütend auf meine Mutter und auf meinen Stiefvater. So wütend, dass ich mit einer Faust gegen die Hauswand schlage und mit dem Fuß dagegentrete, als wir aus dem Auto ausgestiegen sind. Ich bin außerstande, heute noch einmal zu meiner Mutter zu gehen, und bitte Sonja um Verständnis. Ich verspreche ihr, am nächsten Tag wiederzukommen.

Am Tag darauf versuche ich Sonja klarzumachen, dass sie mit der Pflege der Mutter überlastet ist und dass sie von ihr niemals bekommen würde, was sie sich erhofft hatte, als sie die Mutter in Pflege nahm. Nämlich den Satz von ihr zu hören: »Ich liebe dich, mein Kind.« Erschrocken schaut Sonja mich an, zuckt mit den Schultern und fängt an zu weinen. Ich spüre, dass sie noch nicht bereit ist, das zu akzeptieren. So bleibt vorerst alles beim Alten.

Ich erzähle Karin, was geschehen ist. Natürlich hört sie ebenfalls zum ersten Mal davon und ist genauso erschüttert, wie ich es bin. Noch vor einiger Zeit wäre es nicht möglich gewesen, mit Karin darüber zu sprechen. Sie konnte und wollte sich damit nicht auseinandersetzen, nicht, solange sie den unmittelbaren Kontakt zu meiner Mutter hatte. Früher, als ich noch in meiner Heimat lebte, habe ich einmal versucht, mit ihr über unseren Stiefvater zu reden. Ich habe Andeutungen darüber gemacht, was er mir angetan hat. Aber damals wollte Karin von alledem nichts wissen. Sie sagte, das sei für sie Vergangenheit und sie wolle nicht darüber reden. Ich konnte das verstehen, auch wenn es mich anfangs wütend machte, weil ich glaubte, sie hielt nicht zu mir. Dass Karin schwieg, war für mich dasselbe wie das, was meine Mutter getan hatte, nämlich alles über sich ergehen zu lassen. Nie wehrte sie sich, sondern ging das Risiko ein, dass wir Schwestern getrennt werden. Darüber machte ich mir viele Gedanken und erkannte, dass Karin zwischen zwei Stühlen saß und sich letzten Endes für die Mutter entschieden hatte. Schließlich musste sie auch noch mit ihr auskommen, als ich schon nicht mehr da war. Bei jeder Gelegenheit sagte ich Karin, wie lieb ich sie habe, in der Hoffnung, sie nicht zu verlieren. Mittlerweile wirkt meine Schwester offener und befreiter. Sie vermittelt mir, dass sie froh ist, endlich reden zu können.

Heute ist sie zum Einkaufen in die Stadt gefahren, wo sie zufällig einen unserer Onkel traf, dem sie erzählte, ich sei zu Besuch bei ihr. Er lud uns beide zum Essen ein und Karin soll ihm telefonisch Bescheid geben, ob und wann wir Zeit haben. Ich kenne unsere Verwandtschaft kaum und freue mich, einen meiner Onkel sehen zu können. Vor allem weil er der Bruder unseres verstorbenen Vaters ist, bin ich neugierig, wie er aussieht.

Am nächsten Tag gehen wir mit Onkel und Tante zusammen essen. Sie freuen sich, mich zu sehen, und umarmen mich herzlich. Seit meiner Kindheit haben wir uns nicht mehr gesehen und mein Onkel wundert sich über die große Ähnlichkeit mit meiner Mutter. Wir verbringen einen sehr netten Abend miteinander und ich erzähle aus meinem Leben. Zum Abschied werden Karin und ich noch für den nächsten Tag zum Kaffeetrinken eingeladen, was wir gerne annehmen.

Am folgenden Vormittag bin ich wieder bei Sonja und meiner Mutter. Ich muss mich heute verabschieden, morgen fahre ich nach Hause.

Nachmittags sitzen Karin und ich bei unserem Onkel. Es gefällt mir dort und schnell ergibt sich eine familiäre Atmosphäre. Meine Tante holt Fotoalben aus dem Schrank. Meine Cousins und Cousinen kenne ich nicht, was ich bedauere, denn ich hätte gerne mehr Kontakt zu unserer Verwandtschaft gehabt. Wir kommen auf unsere Familie zu sprechen. Ich sehe, dass dieses Thema für Karin etwas unangenehm ist, rede aber trotzdem weiter und beantworte die Fragen meiner Tante. Ich schäme mich nicht, auch Dinge zu erwähnen, von denen ich nicht sicher bin, ob die beiden davon wussten.

Als ich das Thema des sexuellen Missbrauchs anspreche, sind sie darüber nicht überrascht, was mich sehr stutzig macht. Mein Onkel fängt an zu erzählen und meine Tante setzt das Gespräch fort und berichtet, dass sie damals, als ich acht Jahre alt war, das Gefühl hatte, es stimmt etwas nicht mit mir und in unserer Familie. Sie hatte den Verdacht, dass sich der Stiefvater uns gegenüber nicht korrekt verhält. Mit diesen Vermutungen sprach sie sogar beim Jugendamt vor. Dort soll man ihr aber gesagt haben, ohne konkrete Beweise, die meine Tante natürlich nicht vorweisen konnte, könne man nichts unternehmen. Man riet ihr damals, noch einmal vorzusprechen, wenn sie weitere Beobachtungen in dieser Hinsicht machen sollte.

Auch mit meiner Mutter will meine Tante gesprochen haben. Meine Mutter soll sich aber wahnsinnig darüber aufgeregt und den Kontakt zur Verwandtschaft danach abgebrochen haben. Wieder muss ich mich fragen, ob meine Mutter von Anfang an vermutete oder sogar wusste, was mein Stiefvater tat. Warum soll sie dann aber auf die Tante böse gewesen sein? Sie wäre doch bestimmt zum Jugendamt gegangen oder hätte mich zumindest gefragt, ob er mir etwas getan hat. Ich kann mir nicht vorstellen, dass sie es damals schon wusste. Andererseits muss sie es doch spätestens nach der Anzeige gewusst haben und sie tat trotzdem nichts, um zu verhindern, dass es weitergeht. Ich bin total verwirrt.

Mein Onkel sieht mir an, dass ich große Schwierigkeiten habe, die Tränen zu unterdrücken. Er setzt das Gespräch mit der Bemerkung fort, dass sich die gesamte Verwandtschaft damals gewundert habe, dass meine Mutter mit diesem Mann zusammenblieb und ihn sogar geheiratet hat. Nachdem wir damals aus der Heimat weggezogen waren, ist der Kontakt zur gesamten Verwandtschaft gänzlich abgebrochen. Wir beenden das Thema, als ein Enkel meines Onkels zu Besuch kommt. Es ist spät geworden, Karin und ich müssen uns verabschieden.

Am Abend nehme ich das Gespräch mit Karin noch einmal auf. Wir sprechen über die Tatsache, dass es damals niemand vom Jugendamt für notwendig erachtet hatte, unserer Familie einen Besuch abzustatten, um sich wegen der Mutmaßungen meiner Tante selbst einen Eindruck zu machen. Vielleicht hätte das etwas verhindern können. Vielleicht wäre meiner Mutter bewusst geworden, dass etwas nicht in Ordnung war mit dem Mann, der bei uns lebte. Vielleicht wäre uns allen viel erspart geblieben, wenn meine Mutter nicht die Augen vor der Tatsache des sexuellen Missbrauchs verschlossen hätte, obwohl es sogar anderen Menschen aufgefallen war. Karin und ich sind uns in dieser Beziehung einig und bedauern, dass es nicht anders gekommen ist und unser Leben so verlaufen musste. Wir sind traurig, als wir uns Gute Nacht sagen und in die Arme nehmen.

Ich bin immer wieder erleichtert, wenn ich zurück nach Berlin fahren kann. Denn ich bin sicher, dass ich der Belastung auf die Dauer nicht gewachsen wäre. Die Gespräche über die Vergangenheit und die Probleme mit meiner Mutter übersteigen allmählich meine Kraft. Das will ich aber nicht zugeben, weder Karin noch Sonja gegenüber. Ich hätte ein schlechtes Gewissen, wenn ich das tun würde. Als ich im Zug meinen reservierten Fensterplatz gefunden habe, sitzt da bereits ein junger Mann. Weil aber der Gangplatz noch frei ist, setze ich mich einfach dorthin. Irgendwie erinnert er mich ein bisschen an meinen Bruder Ralf.

Ich schließe die Augen und sehe meine drei älteren Brüder vor mir. Ich denke an die Zeit, als sie schon nicht mehr bei uns wohnten.

Kapitel 15

Gefangen

KURT, MEIN ÄLTESTER BRUDER, den mein Stiefvater schon lange rausgeworfen hatte, bekam von der Familie nichts mehr mit. Er kam gar nicht mehr nach Hause. Bernd und Ralf wohnten auch nicht mehr bei uns. Bernd, der Ältere von beiden, arbeitete und lebte in Frankfurt und Ralf bei seiner Freundin. Ganz besonders bemerkbar machte sich, dass Ralf nicht mehr dafür sorgte, den Stiefvater mit Schachspielen abzulenken, sodass wenigstens an einigen Abenden einigermaßen Ruhe herrschte. Ich wurde bald sechzehn und war jetzt die Älteste zu Hause. Ich konnte meine Mutter nur insofern unterstützen, dass ich ihr so viel wie möglich im Haushalt half und mich um die jüngeren Geschwister kümmerte.

Meine Mutter war dünn geworden und sah blass aus. Sie lachte nie, dafür hatte sie ja auch keinen Grund. Es gab jeden Abend Krach. Jeden Tag warteten wir auf meinen Stiefvater. Wir hörten, wie ihn ein Taxi nach Hause brachte, wie er mit seinen Reitstiefeln lärmend die Haustür aufstieß und genauso laut die Wohnungstür öffnete. Nach wie vor hatte er oft seine kleine Sonja dabei und das Kind war völlig verstört. Vor Müdigkeit konnte sie kaum laufen, außerdem war sie mittlerweile ziemlich dick geworden. Kinderkleidung passte ihr kaum noch. Anscheinend mästete er sie unterwegs mit allem Möglichen. Auch die Kleine lachte nie. Eigentlich war sie kein Kind mehr, obwohl sie noch nicht einmal die Schule besuchte. Ich ging erst in mein Bett, nachdem die Kleine schlafen gelegt worden war.

Jede Nacht, wenn meine Mutter schon schlief, holte er mich aus dem Bett, damit ich ihn im Badezimmer befriedigte. Erst wenn das vorbei war, durfte auch ich schlafen, wenn ich es dann überhaupt noch konnte. War er tagsüber zu Hause, schickte er mich mehrmals am Tag in den Hobbykeller. Seine Laune besserte sich dadurch erheblich und ich versuchte, so gut es ging, sogar freundlich zu ihm zu sein, indem ich ihn fragte, ob er Kaffee trinken und etwas essen möchte. Ich putzte sogar freiwillig seine Reitstiefel, die er so sehr liebte. Überhaupt legte er nach wie vor größten Wert auf sein Äußeres, wenn er ausging. Er trug stets seine helle Reithose, ein weißes Hemd, Krawatte, Manschettenknöpfe, die geliebten Reitstiefel, ein Jackett und im Winter den teuren Kamelhaarmantel. Und alles musste äußerst sorgfältig behandelt werden. Das weiße Hemd wurde gestärkt und ordentlich gebügelt, die Reithose sah immer aus wie neu, ebenso die Stiefel. So fühlte er sich offensichtlich wohl.

Nun hatte ich die Rolle von Ralf übernommen, nur auf eine andere Art und Weise. Ich war es jetzt, die versuchte, dafür zu sorgen, dass er nicht tobte und schrie. Jeden Abend saß ich mit ihm am Küchentisch und hörte mir seine Geschichten an. Er sprach vom Krieg und erzählte, dass er eine Stahlplatte im Kopf hätte, die man ihm wegen einer Kriegsverletzung eingesetzt hatte. Ich konnte nie eine dementsprechende Narbe erkennen. Ständig ließ ich mir neue Fragen einfallen, um ihn in ein Gespräch zu verwickeln, nur damit er nicht auf die Idee kam, Krach zu schlagen. Mit der Zeit schien ihm das zu gefallen und er ging nicht mehr jeden Tag aus dem Haus. Er blieb fast die ganze Nacht wach und schlief dafür bis zum Mittag.

Meine Mutter und ich bemühten uns, so nett wie möglich zu ihm zu sein, seine Wünsche zu erfüllen und dafür zu sorgen, dass er zufrieden war und keinen Grund fand, zu schreien und zu toben. Natürlich gelang uns das nicht immer, aber es war einigermaßen zu ertragen. Dann fing er an, immer wieder über Schmerzen zu klagen; Magenschmerzen, Kopfschmerzen, Rückenschmerzen und Herzschmerzen. Und tatsächlich machte er einen kranken Eindruck auf mich. Eines Abends musste meine Mutter sogar den Notarzt rufen, weil er Magenschmerzen hatte und es ihm so schlecht ging, dass er es nicht aushielt. Der Arzt konnte nichts weiter feststellen, gab ihm aber eine Spritze gegen die Schmerzen und den Rat, am nächsten Tag seinen Hausarzt aufzusuchen, um der Sache auf den Grund zu gehen. Weitere Untersuchungen, die er tatsächlich durchführen ließ, ergaben aber ebenfalls nichts.

Es waren noch sechs Monate bis zum Ende meiner Schulzeit. Mittlerweile hatte ich den großen Wunsch, eine Ausbildung als Säuglingsschwester zu machen. Die Freundin meines Bruders Bernd war Krankenschwester und ich wusste, dass sie anfangs in einem Schwesternwohnheim gelebt hatte. Das wäre die ideale Möglichkeit für mich, begründet von zu Hause wegzugehen. Bei dem Gedanken daran plagten mich aber immer wieder Schuldgefühle meiner Mutter und vor allem meinen Geschwistern gegenüber. Ich musste doch auf sie aufpassen, das war meine Pflicht. Vor allem meine jüngeren Geschwister hatten doch niemanden außer mir. Außerdem war ich mir sicher, dass mein Stiefvater mich auch dann nicht in Ruhe lassen würde. Um eine Lehrstelle zu bekommen, musste man sich zuvor vom Hausarzt untersuchen und bescheinigen lassen, dass man gesund sei. Dabei stellte sich bei mir eine Wirbelsäulenverkrümmung heraus, weshalb ich den Beruf der Säuglingsschwester nicht erlernen konnte. Meine Enttäuschung war groß, denn ich liebe Kinder über alles und wollte gerne etwas Nützliches tun.

In der Schule hörte ich von einem Mädchen, dass sie einen Ausbildungsplatz als Zahnarzthelferin gefunden hatte, und ich überlegte, ob dies nicht auch etwas für mich sein könnte. In Zeitungen fand ich entsprechende Angebote und bewarb mich.

Noch bevor ich aus der Schule entlassen wurde, hatte ich einen Ausbildungsplatz bei einem Zahnarzt. Ich war stolz und freute mich auf mein neues Leben. Meine Hoffnung, dass nun alles besser werden würde, war unbeschreiblich groß. Meine Mutter und ich hatten zu Hause alles gut im Griff. Es gab nicht mehr so viel Krach. Wir taten, was wir konnten, um ihm keinen Anlass zum Streiten zu geben. Ich auf meine Art, meine Mutter auf ihre, indem sie sich ziemlich zurückzog, zufrieden war, wenn es ruhig blieb, und weitestgehend mir überließ, ihn ständig zu beschäftigen. Ich war jetzt über sechzehn Jahre alt, meine Schulentlassung und die Einschulung der kleinen Sonja, die Ende des Jahres sieben wurde, standen bevor. Meine Mutter und ich kauften der Kleinen ein Einschulungskleid. Das war sehr schwierig, weil sie so dick war. Zum Glück fanden wir etwas, was sie gerade noch tragen konnte. Sie sah sehr hübsch darin aus. Aber wirklich wohl fühlte sie sich nicht, das konnte ich ihr anmerken.

Bernd und Ralf kamen nach einiger Zeit wieder einmal nach Hause, um uns zu besuchen. Am Samstag luden sie zwei Freunde ein. Wir saßen zusammen im Hobbykeller und spielten Karten. Es war ein schöner Abend und ich wünschte mir, dass sie öfter kommen würden. Einer der beiden Freunde war sehr nett zu mir und wir unterhielten uns gut. Ich erfuhr, dass er in unserem Ort wohnte, begegnet waren wir uns jedoch zuvor nie. Er war zwei Jahre älter als ich und ging mit Sicherheit auf keine Spielplätze mehr – so wie ich mit meinen kleineren Geschwistern. Um zehn musste ich den Hobbykeller verlassen und nach oben gehen, das war ein Befehl meines Stiefvaters, denn es passte ihm nicht, wenn ich mit meinen Brüdern und anderen Jungs zusammen war. Als ich mich verabschiedete, fragte mich der Junge, ob wir uns verabreden wollten. Ich freute mich sehr und sagte spontan zu. Am nächsten Nachmittag wollten wir uns am Bahnhof treffen. Erst am Morgen wurde mir bewusst, wie leichtfertig ich zugesagt hatte und wie schwierig es sein würde, meine Verabredung einzuhalten. Ich musste mir etwas einfallen lassen, denn ich hatte das Gefühl, dass es besser wäre, nicht zu erzählen, was ich vorhatte.

Den ganzen Vormittag suchte ich nach einer Lösung. Mittlerweile hatte ich gelernt, wie ich bei meinem Stiefvater etwas erreichte. Nun hoffte ich, dass er bald aufstehen würde, damit ich meinen Plan ausführen konnte. Meine Mutter brauchte ich nicht zu fragen, die war allem gegenüber, was mit mir zu tun hatte, sowieso teilnahmslos. Damit hatte ich mich längst abgefunden.

Wie gewöhnlich stand mein Stiefvater gegen Mittag auf. Wie immer standen sein frisch gebrühter Kaffee und seine Zigaretten auf dem Tisch bereit. Bevor er nicht beides hatte, war es besser, ihn nicht anzusprechen. Ich beschäftigte mich mit Küchenarbeit. Meine Mutter war dabei, die Betten zu machen. Nach einer Weile verlangte er nach seinem Frühstücksbrot, das ich ihm zubereitete. Es war üblich, dass ich ihm sein Brot in mundgerechten Happen servierte. Dann wartete ich, bis er mich ansprach. Er fragte, wie der Abend mit meinen Brüdern gewesen sei. Meine Antwort fiel wie immer nicht sehr informativ aus. Ich erzählte, dass wir Karten gespielt und uns ein bisschen unterhalten hätten. Dann wollte er wissen, wie lange die beiden bleiben würden, und ich sagte ihm, dass sie am Nachmittag wieder gehen wollten. Darüber schien er wie immer froh zu sein. Er und meine Brüder begegneten sich nicht, denn die beiden schliefen im Hobbyraum. Wenn sie morgens zum Duschen und zum Frühstücken in der Wohnung waren, schlief er noch. Ganz spontan sagte ich, dass ich meine Brüder zum Bahnhof begleiten wolle. Eigenartigerweise hatte er nichts dagegen einzuwenden. Ich hatte das mit Ralf und Bernd abgesprochen, damit ich mich mit dem Jungen treffen konnte. Sie fanden es gut und ich freute mich auf meine erste Verabredung mit Björn.

Wir gingen zusammen los. Am Bahnhof verabschiedeten wir uns und ich blieb bei Björn. Er lud mich in eine Gaststätte ein, nahm meine Hand und ich fühlte mich wohl in seiner Gegenwart. Als wir danach einige Minuten zusammen gegangen waren, sah ich plötzlich von Weitem meinen Stiefvater auf uns zukommen.

Ich war völlig überrascht und ließ die Hand von Björn los. Am Schritt und am Blick meines Stiefvaters konnte ich bereits erkennen, dass er wütend war. Dicht vor uns blieb er stehen, holte aus und schlug mir ins Gesicht. Björn, der ihn nicht kannte, erschrak und ging einen Schritt zurück. Mein Stiefvater knurrte mit zusammengekniffenen Augen, dass Björn nichts zu lachen hätte, wenn er uns beide noch einmal Händchen haltend erwischen sollte. Er riss mich an sich und ohne weitere Worte musste ich mitgehen. Björn blieb wie angewurzelt stehen. Ich drehte mich nicht noch einmal zu ihm um.

Als wir an einer Kneipe ankamen, weinte ich noch immer. Er trank dort einige Gläser Bier, bevor wir uns gegen Abend auf den Heimweg begaben. Unterwegs fand er natürlich eine stille Ecke, in der ich ihn noch schnell befriedigen musste. In Gedanken war ich bei Björn und bei der Situation, die wir gerade erlebt hatten. Ich glaubte, unter diesen Umständen würde ich niemals einen Freund haben. Ich würde auch nicht wie andere Jugendliche in Diskotheken gehen oder zu Hause Musik hören können. Aus Angst, ihn noch mehr auf mich aufmerksam zu machen, durfte ich mich nicht so kleiden wie andere Mädchen und nicht so, wie ich es selbst gerne getan hätte. Nicht, solange er da war. Einerseits stimmte mich das traurig, andererseits war ich mir sicher, sowieso niemals mit einem Jungen schlafen zu können. Ich hatte viel zu viel Angst und Ekel und verstand nicht, wozu das überhaupt gut sein sollte. Nur um Kinder zu bekommen?

Durch meinen Stiefvater fühlte ich mich wie eine Gefangene. Gefesselt, nicht in der Lage, mich befreien und wehren zu können. In meiner Wut wusste ich nicht, wie ich mich abreagieren sollte. Am Tag, nachdem das mit Björn geschehen war, zerbrach ich beim Abwaschen wieder einmal ein Glas. Als ich die Scherben beseitigte, behielt ich spontan ein Stück des zerbrochenen Glases und versteckte es zunächst unter meinem Kopfkissen. Nachts ging ich damit ins Badezimmer und verschloss die Tür, setzte mich auf den Toilettendeckel und hielt die Scherbe an meinen Arm, bis ich einen tiefen Schnitt bemerkte. Es tat nicht weh. Im ersten Augenblick blutete es auch nicht, erst kurz darauf fing der Schnitt heftig an zu bluten. Ich riss schnell ein großes Stück Toilettenpapier ab und drücke es auf die Wunde. Eine Weile saß ich so da und konnte plötzlich tief durchatmen. Ich spürte den Schmerz an meinem Arm. Ich spürte mich. Ich spürte, dass ich lebe und dass alles, was mit mir geschah, Wirklichkeit war. Ich überlegte, wie es wäre, wenn ich mir die Pulsadern aufschneiden würde. Aber ich hatte Angst vor dem Sterben, weshalb ich mir einredete, dass ich meine Geschwister nicht im Stich lassen durfte.

Nachdem ich den Schnitt verarztet hatte, ging ich in mein Bett und schlief erleichtert ein. Zum ersten Mal hatte ich mich geritzt und das sollte sich noch sehr oft wiederholen. Von nun an musste ich auch in der warmen Jahreszeit darauf achten, T-Shirts mit langen Ärmeln oder eine leichte Jacke zu tragen. Das war nicht so einfach, vor allem wenn es heiß war. Karin fragte, warum ich das tue. Es blieb mir nichts anderes übrig, als ihr vorzuschwindeln, mir wäre ständig kalt. Meine Mutter fragte nicht und auch sonst niemand. In der Schule wurde ich manchmal darauf angesprochen, wenn ein Schnitt noch frisch war und ich nicht richtig aufpasste, doch jedes Mal fiel mir eine Begründung für die Verletzung ein. Bald war das völlig normal für mich.

Mein Stiefvater verlangte jetzt öfter denn je von mir, dass wir uns im Keller trafen. Er fragte mich, ob ich ihn für dumm verkaufen wollte, indem ich mich hinter seinem Rücken mit einem Jungen traf. Er wollte wissen, wie oft ich das bereits getan hatte und ob ich schon mit dem Jungen geschlafen hätte. Natürlich war das nicht der Fall. Ich hatte diesbezüglich überhaupt keine Vorstellung. Sex hatte ich sowieso noch nie haben wollen und dachte auch überhaupt nicht an so etwas. Für mich gab es das Thema Sexualität nicht.

Mein Stiefvater verhielt sich seitdem noch grober und gemeiner. Seine Wünsche, ihn zu befriedigen, wurden ausgefallener. So zum Beispiel drückte er meine sehr kleinen Brüste zusammen, um sein Glied dazwischen reiben zu können, bis er einen Orgasmus bekam. Dabei wollte er mich auch noch küssen. Es wurde immer unerträglicher und ekelhafter für mich. Ich habe mich in diesen Situationen einfach weit weg gedacht. Nur so konnte ich es aushalten, ohne mich zu übergeben.

Im Alltag versuchte ich mich zu rächen, indem ich nicht mehr nett und höflich zu ihm war. Bei jeder Gelegenheit bemühte ich mich vielmehr, mich verbal gegen ihn aufzulehnen. Ich war schnippisch und sarkastisch, gab freche Antworten und wollte ihn auch nicht mehr bedienen. Ich traute mich sogar zu sagen, er solle sich seinen Kaffee und sein Brot selber machen. Dafür bekam ich jedes Mal einen Schlag ins Gesicht. Ich weinte aber nie. Ich weinte nur, wenn ich mich wieder geritzt hatte. Das war ein Schmerz, der von einer Verletzung mit einem Stück Glas kam und nicht von ihm. Letztendlich stellte ich ihm doch wieder den Kaffee und das Frühstück hin. Meine Mutter hielt sich völlig raus. Ich hatte das Gefühl, sie war froh, wenn er sich mehr mit mir als mit ihr beschäftigte. Nachmittags saß ich meistens mit den Kleineren auf dem Spielplatz, traurig und wütend zugleich. Ich hielt mich dort auf, bis es Abend wurde und Zeit, mit den Kindern nach Hause zu gehen.

Eines Tages kam Björn, mit dem ich mich nicht mehr treffen durfte, zufällig dort vorbei. Ich sagte es ihm, ohne Gründe anzugeben. Er fand es zwar schade, meinte aber, dass wir uns ja ab und zu im Hobbykeller zusammen mit meinen Brüdern sehen würden. Mir war es egal. Ich redete mir ein, dass Björn wahrscheinlich sowieso nur das Gleiche von mir wollte wie mein Stiefvater. Ich bekam sogar Wut auf Björn, als ich mir das vorstellte. Wenn es nicht so gewesen wäre, hätte mein Stiefvater wohl kaum gefragt, ob ich bereits mit Björn geschlafen hätte. Ich wollte überhaupt nichts mehr mit Jungs zu tun haben, das war wohl sowieso das Beste. Als Björn wieder einmal bei meinen Brüdern war, ließ ich es aus Angst vor meinem Stiefvater bleiben, in den Hobbykeller zu gehen. Ich fand Björn aber doch sehr nett. Am nächsten Tag fragte mich Bernd, ob Björn mir etwas getan hätte, dass ich ihn nicht sehen wollte. Ich verneinte und erklärte lediglich, dass ich keine Lust hätte, ihn zu treffen.

Die Einschulung meiner kleinen Halbschwester stand bevor und ein neues Leben für mich. Die Ausbildung zur Zahnarzthelferin begann. Ich hatte einen ziemlich weiten Fahrweg, denn die Praxis lag noch außerhalb der nächsten Stadt. Die Praxis war klein und ich die einzige Auszubildende. Außer der Frau des Arztes arbeitete sonst niemand dort. Es kamen nicht sehr viele Patienten und meine Hauptaufgabe bestand darin, die Namen der Instrumente und deren Anwendung auswendig zu lernen. Der Zahnarzt fragte mich jeden Tag danach, um festzustellen, ob ich auch gut gelernt und mir alles gemerkt hätte. Es gab auch viel zu putzen. Die Schubladen mussten ausgeräumt, gesäubert und neu eingeräumt werden. Dabei musste immer alles genau an seinem Platz liegen. Die Arbeit machte mir Spaß und ich freute mich, wenn Patienten kamen und ich assistieren durfte. Es gab eine Mittagspause von zwei Stunden, in denen ich meistens spazieren ging. Der Zahnarzt und seine Frau, die beide schon etwas älter waren und ihre Wohnung direkt neben der Praxis hatten, wollten nicht, dass ich mich während dieser Zeit im Warteraum aufhielt. Nur wenn das Wetter zu schlecht war, durfte ich dort bleiben. Das war nicht angenehm, aber eben nicht zu ändern.

Nach ungefähr drei Wochen, als ich mittags die Praxis verließ, um meine Pause zu machen, stand plötzlich mein Stiefvater vor dem Haus und wartete auf mich. Ich war so erschrocken, dass ich kein Wort sagen konnte. Er forderte mich auf, mit ihm in die Stadt zu fahren, um dort zu essen, und wie selbstverständlich lief er in Richtung Straßenbahn. Mein Einwand, dass ich das nicht wolle und befürchtete, nicht rechtzeitig zurück zu sein, nutzte nichts. Ich musste mitkommen. Er ging wirklich mit mir in ein Lokal, um dort etwas zu essen. Ich war nervös und sah ständig auf meine Uhr. Nachdem wir fertig waren, brachte er mich aber tatsächlich zur Straßenbahn und ich kam pünktlich wieder in die Praxis zurück. Trotzdem gefiel mir das nicht. Es brachte mich aus meinem Arbeitsrhythmus. Ich musste immer daran denken, dass er vielleicht am nächsten Tag wieder vor der Tür stehen würde. Abends traute ich mich aber nicht, etwas zu ihm zu sagen, sondern ich musste es auf mich zukommen lassen. Am nächsten Tag war alles normal und er wartete nicht auf mich. Ich ging davon aus, dass das eine Mal eine Ausnahme gewesen sei und er nicht wieder auftauchen würde. Wieder einmal sollte ich mich gewaltig irren.

Nur drei Tage später, es war ein Freitag, wartete er erneut auf mich. Als ich ihn sah, wurde ich richtig wütend und sagte ihm ins Gesicht, dass ich das nicht wolle und dass er wieder gehen soll. Das machte ihn natürlich wütend, aber ich hoffte, dass mir im Moment nichts passieren würde, weil ich ja zwei Stunden später wieder in der Praxis sein musste. Aber auch da sollte ich mich täuschen. Wir fuhren trotzdem in die Stadt, um dort zu essen. Als wir das Lokal verließen, meinte er, dass er eine Belohnung verdient habe, weil er mich so verwöhnte. Umsonst gäbe es schließlich nichts. Er hielt das nächste Taxi an und ich musste einsteigen. Dass er mich nicht zurück zur Praxis bringen würde, war mir sofort bewusst. Stattdessen fuhren wir aus der Stadt heraus in das nächste Dorf. Dort ließ er uns vor dem Lokal absetzen. Ich war so wütend, dass ich anfing zu weinen, und verlangte, sofort umzukehren. Er fing an zu lachen und sagte, dass er sich mit mir einen schönen Nachmittag machen wolle und dass ich am Montag in der Praxis sagen solle, mir wäre schlecht geworden und ich hätte nicht mehr zurückkommen können. Außerdem solle ich mich nicht so anstellen und gefälligst aufhören zu heulen.

Im Lokal bestellte er etwas zu trinken. Ich saß stumm neben ihm. Als er sein Bier ausgetrunken und bezahlt hatte, gingen wir. Offensichtlich kannte er sich in dem Dorf aus, denn er lief geradewegs den kürzesten Weg auf die umliegenden Felder. Dort suchte er einen geeigneten Platz in einem Kornfeld, an dem ich ihm zu Diensten sein musste. Immer wieder ließ er sich neue Dinge einfallen, um sich zu befriedigen. Dieses Mal machte es ihm Spaß, mir von hinten sein Glied zwischen meine Pobacken zu schieben. Ich hatte mich zuvor ausziehen müssen und stand nun gebückt da, die Hände auf die Knie gestützt, und starrte mir, bis er fertig war, die Korngarben an, wie sie sich im Wind bewegten und die Sonne sie wunderschön gelb aussehen ließ. Er gab mir sein Stofftaschentuch, damit ich mich damit abwischen konnte. Dann gingen wir ins Dorf zurück, als wäre nichts geschehen. In demselben Lokal wie zuvor bestellte er Getränke, gab mir Geld für die Musikbox und meinte, ich solle einen schönen Titel aussuchen. Ich tippte irgendwo drauf, es war mir völlig egal, ich hörte die Musik sowieso nicht. Vielmehr suchte ich nach einer Lösung, ihm endlich und für immer entkommen zu können, und wie schon so oft hatte ich den Gedanken, dass ich mir irgendwann das Leben nehmen müsste. Erst dann wäre es zu Ende.

Einige Zeit später fuhren wir mit dem Taxi zurück in die Stadt und er schickte mich von dort allein nach Hause. Es sollte der Eindruck entstehen, als wäre ich aus der Praxis gekommen. Meine Mutter registrierte mich nicht und ich fühlte mich wie Luft. Sie schaute mich nicht an, sie sagte nichts, ich war einfach da und schien doch nicht anwesend zu sein. Erst als meine jüngeren Geschwister, die irgendwo zum Spielen gewesen waren, kamen und mich begrüßten, erst in diesem Moment entstand das Gefühl in mir, am Leben und zu Hause zu sein. Das waren die Momente, die mir bewusst machten, warum ich lebte. Nie würde ich meine Geschwister allein lassen können, ich liebte sie zu sehr, um ihnen das anzutun. Sie waren die Einzigen, die mir das Gefühl gaben, gebraucht und geliebt zu werden, ohne etwas von mir zu verlangen. Meine Geschwister waren der Grund, warum ich mir nicht das Leben nahm.

Mein Stiefvater kam gut zwei Stunden nach mir nach Hause. Spät am Abend klagte er wieder einmal über Herzschmerzen. Meine Mutter rief auf seinen Befehl hin den Arzt aus der Nachbarschaft an, der auch kam. Er konnte aber erneut nichts feststellen und riet meinem Stiefvater, nicht so viel Kaffee zu trinken und nicht so viel zu rauchen, und ging wieder. Mein Stiefvater ließ seine ganze Wut über den Arzt an uns aus, indem er einen riesigen Krach veranstaltete, herumbrüllte und sich für den Arzt die schlimmsten Schimpfwörter einfallen ließ. Mir war das alles gleichgültig. Ich dachte nur daran, was ich nach dem Wochenende meinem Chef sagen sollte. Ich hatte ein schlechtes Gewissen, meine Arbeit einfach so verlassen zu haben, fühlte mich aber schuldlos.

Montags ging ich wie immer in die Praxis. Der Zahnarzt begrüßte mich sogleich mit der Frage, wo ich am Freitagnachmittag nach der Pause geblieben sei. Mir fiel nichts Besseres ein als das, was mein Stiefvater mir gesagt hatte. Also erklärte ich, dass mir nicht gut gewesen sei und ich deswegen nach Hause gefahren wäre. Der Chef reagierte ziemlich böse und sagte, ich hätte wenigstens anrufen können, um Bescheid zu sagen. Ich entschuldigte mich, sagte, dass ich nicht daran gedacht hätte, dass ich das in Zukunft aber natürlich tun würde.

Noch in derselben Woche wartete mein Stiefvater wieder in der Pause auf mich. Ich traute mich schon gar nicht mehr vor das Haus. Aber meine Bitte, im Warteraum bleiben zu dürfen, wurde unmissverständlich abgelehnt. Ein paar Mal ließ er mich wieder zurückgehen, nachdem er bekommen hatte, was er wollte. Dazu hatte er jetzt in der Stadt einen idealen Platz gefunden. Ein Bekannter von ihm, der eine Kneipe besaß, überließ uns ein Zimmer. Dort befahl mir mein Stiefvater, mich ganz auszuziehen und aufs Bett zu legen. Ich fragte, ob ich nicht wenigstens mein T-Shirt anlassen könne, weil mir sonst zu kalt wäre. Aber er meinte nur, ich solle mich nicht so anstellen, es sei gar nicht kalt. Obwohl ich wusste, dass er mir den Schlüpfer ausziehen würde, ließ ich ihn vorerst an. Ich bedeckte meinen Busen mit meinen Armen und zitterte vor Angst. Ich befürchtete, dass diesmal mehr passieren würde als sonst. Aber er kam nicht ganz in mich hinein, wahrscheinlich weil ich zu verkrampft war. Vielleicht konnte er auch meine Gedanken lesen, denn wenn er mit Gewalt in mich eingedrungen wäre, hätte ich endlich einen Beweis gehabt, um wieder zur Polizei zu gehen. Dieses Mal hätte die Ärztin nicht sagen können, dass es nicht so schlimm gewesen sein konnte. Dieses Mal hätte sie es sehen müssen, dass er mir etwas angetan hatte. Trotzdem war ich natürlich froh, dass er es nicht tat. Das Gefühl, dass sein Ding fast in mir war, war furchtbar genug. Manchmal malte ich mir aus, wie ich reagieren würde, wenn er es doch täte, und ich wusste es nicht. Ich fragte mich, ob ich dann auch in der Lage wäre, einfach nicht mehr da zu sein. Ob ich auch das, wie alles andere, über mich ergehen lassen könnte. Ich wusste es nicht.

Nach einigen Wochen hielt ich das nicht mehr aus und ging an manchen Tagen, an denen mich mein Stiefvater missbraucht hatte, freiwillig nicht wieder in die Praxis zurück. Stattdessen lief ich ziellos in der Stadt herum, bis es Zeit wurde, nach Hause zu gehen. Nachdem das drei- oder viermal passiert war, bekam ich Post von meinem Chef. Mir würde gekündigt. Ich hatte meinen Ausbildungsplatz mit der Begründung verloren, dass ich nicht geeignet wäre für diesen Beruf. Da ich noch in der Probezeit war, konnte er das ohne Weiteres tun. Obwohl mir das sehr leidtat, fühlte ich mich trotzdem befreit. Die Reaktion meiner Mutter übertraf alle meine Erwartungen. Sie war der Meinung, dass ich keinen Beruf bräuchte, weil ich sowieso irgendwann heiraten und Kinder haben würde und dann am Herd stehen, kochen und putzen müsste. Darauf sagte ich nichts. Ich war nur wütend auf sie, weil sie nicht einmal nach dem Grund fragte, warum der Zahnarzt so dachte. Am Montag ging ich noch einmal in die Praxis, um einige persönliche Dinge abzuholen. Ich musste meinen ganzen Mut zusammennehmen, denn es war mir ungeheuer peinlich. Man sollte mir nichts anmerken. Es gelang mir auch, emotionslos zu wirken. Es wurde nicht mehr viel gesprochen. Ich bedankte mich für alles, der Zahnarzt wünschte mir viel Glück und dieses Kapitel war damit abgeschlossen.

Nun war ich wieder zu Hause. Ich verschwendete keinen Gedanken daran, mir einen neuen Ausbildungsplatz zu suchen. Das Thema hatte sich für mich erledigt, denn ich wusste von diesem Moment an, dass er mich niemals in Ruhe lassen würde, egal, wo ich war und was ich tat. Jeden Tag sollte ich ihm von nun an zur Verfügung stehen. Aus dem Haus ging ich fast gar nicht mehr. Meine Mutter gab ihm jede Menge Gelegenheit, in der Wohnung mit mir zu tun, was er wollte. Morgens brachte sie Sonja zur Schule und blieb mit Thomas außer Haus, bis sie Sonja wieder abholen konnte. Was sie in der Zwischenzeit tat und wo sie war, wusste ich nicht. Die beiden anderen Geschwister, Karin und Achim, kamen stets erst am Nachmittag aus der Schule und bis dahin war sie wieder da. So hatte er mich den ganzen Vormittag für sich und in dieser Zeit stand ich ihm zwei- bis dreimal zur Verfügung. Dazwischen erledigte ich freiwillig und selbstverständlich den Haushalt.

Immer wieder machte ich mir Gedanken über mein Leben und stellte jedes Mal fest, dass es nichts Schönes auf dieser Welt gab, wofür es sich zu leben lohnte. Ich war sicher, dass er mich suchen und finden würde, wenn ich wegginge. Und wo hätte ich denn auch hingehen sollen? Außerdem wollte und konnte ich doch auch meine jüngeren Geschwister nicht im Stich lassen. Meine Mutter tat mir trotz allem leid, wenn ich mir vorstellte, sie mit diesem Mann allein zu lassen. Was würden sie denn alle ohne mich tun? Ich versuchte, nicht an meine Zukunft zu denken. Ich wusste nicht einmal, ob ich überhaupt eine Zukunft hätte und wie sie aussehen könnte. Wenn ich abends im Bett lag, weinte ich in mich hinein. Ich hasste ihn abgrundtief, das war das Einzige, was ich ganz genau wusste. Ich konnte mich nicht wehren, ich hatte keine Chance, ihm zu entkommen, nachdem ich die Anzeige wieder zurückgenommen hatte. Mir würde niemand ein zweites Mal glauben. Ich musste es hinnehmen und das wusste er ganz genau und er fühlte sich sicher.

Fast ein Jahr lang gab es keine Veränderung. Auch die nächtlichen Auseinandersetzungen zwischen ihm und meiner Mutter gingen weiter, bei denen ich anwesend war und das Gefühl hatte, verhindern zu müssen, dass er gewalttätig gegen sie wurde. Jedes Mal wenn die Situation zu eskalieren drohte, mischte ich mich ein. Ich versuchte, ihn zu beruhigen, und bat ihn, wegen der Nachbarn nicht so laut zu sein, damit sie nicht die Polizei riefen. Meistens hatte ich damit Erfolg, denn er wollte ja auf jeden Fall vermeiden, dass jemand etwas mitbekam. Dabei war ich mir sicher, dass sowieso alle Leute in der Nachbarschaft über uns Bescheid wussten. In dem Neubauviertel wohnten nur bessere Leute, die ein eigenes Haus besaßen und mit Sozialhilfeempfängern nichts zu tun haben wollten.

Der Zug steht irgendwo auf einem Bahnhof und ich schaue auf meine Uhr. Mir wird klar, dass ich schon über eine Stunde Verspätung habe und eigentlich gleich in Berlin sein müsste. Ich muss einen Mitreisenden fragen, wie lange wir hier bereits stehen, denn ich habe gar nicht bemerkt, dass es nicht weiterging. Es stellt sich heraus, dass es ein technisches Problem gibt und nicht klar ist, wann die Fahrt fortgesetzt wird. Mit meinem Mobiltelefon versuche ich, Marc zu erreichen, habe aber keinen Empfang. Ich stelle mir vor, wie er auf dem Bahnsteig auf und ab geht und sich Sorgen macht. Endlich gibt es einen Ruck und der Zug setzt sich in Bewegung. Marc empfängt mich fast zweieinhalb Stunden später mit großer Erleichterung. Wie gut, dass ich ihn habe. Er ist so geduldig, hört mir immer wieder zu und tröstet mich. Jedes Wochenende lässt er sich etwas Schönes für mich einfallen. Wir gehen essen oder machen einen Stadtbummel. Wir fahren mit dem Fahrrad spazieren und suchen die ersten Strandlokale auf, die jetzt gerade in Berlin modern sind. Marc sorgt stets für Abwechslung in meinem Leben und ich bin ihm dankbar dafür.

Die Therapie ist sehr anstrengend. Noch bin ich mir nicht sicher, ob sie überhaupt einen Sinn hat. Aber mein Therapeut fordert mich immer wieder auf, ihm Einzelheiten zu erzählen. Manchmal gelingt es mir nicht. Dann soll ich mir einen Fernseher vorstellen und meine Vergangenheit wie einen Film ablaufen lassen. Ich schließe die Augen, versuche, mich zurückzuversetzen. Tatsächlich gelingt es manchmal, Details zu erkennen, die mir sonst nicht wieder einfallen würden. Aber das ist äußerst unangenehm. Jedes Mal, wenn ich die Praxis verlasse, habe ich zitternde Knie und muss mich auf den Heimweg konzentrieren. Dabei fühle ich mich wie früher, wenn mein Stiefvater mich missbraucht hatte, denke ich. Jeder Mensch müsste es mir ansehen. Ich fühle mich schmutzige und elend. Zu Hause gehe ich duschen. Es dauert lange, bis ich Marc erzählen kann, was bei der Therapiestunde vorgefallen ist. Manchmal rede ich auch gar nicht darüber, weil ich mir genauso verloren vorkomme wie damals, wenn mein Stiefvater mich missbraucht hatte. Ich weiß, dass das für Marc sehr schwer zu verstehen ist, aber ich kann nicht über alles mit ihm reden. Ob mir das eines Tages gelingen wird, weiß ich nicht. Genauso wenig, wie ich weiß, ob ich mich eines Tages wiederfinde.

Wieder einmal sind einige Monate vergangen, seit ich in meiner Heimat war. Ich fühle mich gut und entschließe mich deswegen im Frühjahr 2003, zu Karin zu fahren. Sie freut sich jedes Mal so sehr, wenn ich bei ihr bin. Und obwohl Marc und auch mein Therapeut die Idee nicht gut finden, setze ich mich durch. Beide sind der Ansicht, dass die Besuche bei meiner Mutter nicht gut für mich sind. Aber ich habe ihnen erklärt, dass ich nur Karin zuliebe hinfahre. Ich möchte sie, so gut ich kann, unterstützen. Ich möchte ihr das Gefühl geben, dass ich für sie da bin.

Von meiner Schwester wurde ich informiert, dass Sonja mit ihrer Familie und meiner Mutter vor sechs Monaten zurück in die Stadt gezogen ist. Karin besucht sie dort, sooft es geht. Der Weg zu Sonja ist nun weiter als zuvor. Meine Mutter ist wieder im Wohnzimmer untergebracht. Ihr Gesundheitszustand hat sich verschlechtert. Sie erkennt mich zwar, trotzdem habe ich das Gefühl, dass ihr geistiger Zustand nicht mehr so gut ist wie bei meinem letzten Besuch. Ich erfahre von Sonja, dass meine Mutter in der Zwischenzeit mehrere kleine Schlaganfälle hatte. Der behandelnde Arzt im Krankenhaus ist der Meinung, dass man sie nicht mehr jedes Mal stationär behandeln müsse, denn außer sie zu beobachten könne nichts für sie getan werden. Die Pflege ist sehr aufwendig geworden. Meine Mutter muss nun auch immer gefüttert werden, was viel Zeit in Anspruch nimmt. Nach wie vor hat sie Angst vor den Kindern.

Nachdem ich ein paar Mal dort gewesen bin, merke ich, dass es der Familie eigentlich nicht mehr zumutbar ist, die Mutter zu Hause zu pflegen. Ich spreche deswegen noch einmal intensiv mit Sonja. Auch dieses Mal bricht sie in Tränen aus und erklärt mir, dass sie weiß, dass es keinen Sinn mehr hat, die Mutter länger zu Hause zu behalten. Endlich gibt sie zu, dass sie hoffe, durch ihre Bemühungen um die Mutter die Liebe von ihr zu bekommen, die ihr als Kind gefehlt hat. Leider ist das nicht eingetroffen, sondern eher das Gegenteil, sagt Sonja. Die Mutter sei oft böse zu ihr. Beschimpfe sie als faul und dumm. Sonja erzählt, dass sie sich nicht mehr nahe an das Bett der Mutter herantraut, weil diese sie einmal am Arm gepackt und beschimpft hat. Ich versuche, ihr klarzumachen, dass es für alle besser ist, unsere Mutter in ein Pflegeheim zu geben. Sonja sieht das endlich ein und wir wollen uns in den nächsten Tagen darum kümmern. Meine Halbschwester möchte aber nicht, dass wir es der Mutter sagen. Sie will ihr versprechen, dass sie nur eine Zeit lang dort bleiben soll. Wir sind auch nicht sicher, ob Mutter überhaupt verstehen würde, was wir ihr erklären, und wollen sie nicht unnötig belasten.

Am Abend erzähle ich Karin von den neuen Plänen. Sie kennt die Probleme bei unserer Halbschwester und denkt auch, dass die Mutter in einem entsprechenden Heim besser gepflegt werden kann. Uns allen tut es natürlich leid, aber es ist niemandem aus der Familie möglich, die Mutter aufzunehmen. Die nächsten Tage verbringen wir damit, alles Nötige in die Wege zu leiten und für Mutter ein gutes Pflegeheim zu finden. Natürlich müssen wir dabei auf unsere finanziellen Möglichkeiten achten, weshalb nicht jedes Heim in Betracht kommt. Viele Dinge müssen geregelt und organisiert werden. Ich spreche mit dem Arzt meiner Mutter, der die Aufnahme in ein Pflegeheim sehr befürwortet. Auch er hatte bei seinen Hausbesuchen den Eindruck, dass meine Halbschwester und deren Familie sich mit der Pflege überforderten. Er schildert mir zudem genauer, wie es um meine Mutter steht. Sie ist mittlerweile stark dement und der Arzt befürchtet, dass sich ihr Zustand rasch verschlechtern wird. Die Aufnahme in ein Heim wäre für alle das Beste und er befürwortet unsere Entscheidung. Bisher hat sich Sonja auch um die finanziellen Angelegenheiten meiner Mutter gekümmert. Karin möchte sich nicht damit belasten, wenn für die Mutter ein Heim gefunden wird, und übergibt dies einer Rechtsanwältin. Die nächsten acht Tage bis zu meiner Abreise sind wir mit diesen Sachen so sehr beschäftigt, dass wir nur wenig Zeit für uns haben.

Kaum bin ich wieder in Berlin, ruft Karin an, um mir zu sagen, dass für unsere Mutter ein Platz in einem Pflegeheim in der Stadt gefunden wurde. Noch in dieser Woche würde sie einziehen. Der Gedanke macht vor allem Karin traurig, aber wir sind sicher, dass es für alle das Beste ist.

Ich habe mir vorgenommen, nur noch in Notfällen zu meiner Mutter zu fahren. Denn bisher habe ich viele Urlaubs- und Feiertage dafür geopfert. Ich muss auch zugeben, dass mich die Besuche in der Heimat immer wieder sehr belasten. Jedes Mal muss ich mich zusammenreißen, um nicht wieder zu meinen Tabletten zu greifen. Bei Marc fühle ich mich sicher. Er gibt mir die Geborgenheit, die ich brauche. Nicht zu nah, denn das wird mir schnell zu viel. Die erste Zeit, in der wir zusammenlebten, war nicht einfach. Nicht selten habe ich gedacht, dass unsere Beziehung wegen meiner Vergangenheit wieder zerbrechen wird. Es geschieht so oft, dass ich jede Annäherung abwehre und mich nicht anfassen lassen kann. Was für Marc dabei am schlimmsten ist, ist die Tatsache, dass ich es ihm nicht sagen kann und einfach nur froh bin, wenn er seine Versuche abbricht. Natürlich fühle ich mich schlecht dabei. Ich weiß, dass ich Marc damit wehtue, ich weiß, dass er nur Gutes für mich will, aber ich kann nicht anders. Noch immer ist es so, dass mir Sex kaum etwas bedeutet, und ich weiß, dass wohl kein anderer Mann es lange mit mir aushalten würde.

Manchmal versucht Marc, mit mir darüber zu sprechen. Er will mir klarmachen, dass ich ihm sagen kann, wenn ich keine Lust auf Berührungen oder Sex habe. Dass ich ihm sagen kann, wenn mir nicht danach zumute ist, oder einfach, dass ich nicht will. Aber das kann ich nicht. Ich bringe es nicht über die Lippen. Wenn ich diese Gefühle habe, bin ich wie gelähmt und zu nichts fähig, nicht einmal zum Reden. Mir gelingt es manchmal nicht zu verstehen, dass Sex auch etwas Schönes sein kann. Es fällt mir oft noch schwer, daran zu glauben, dass ich geliebt werde und dass dieser Sex etwas ganz anderes ist als der, den ich in meiner Kindheit und Jugend erlebt habe. Wie oft habe ich mir gewünscht, man könnte mir den Teil meines Gehirns entfernen, der all das Furchtbare gespeichert hat. Warum geht das nicht?, frage ich mich dann. Ich will es loswerden, nicht mehr damit leben müssen. Ich will ganz normal lieben und ganz normalen, schönen Sex genießen können. Eines Tages will ich dazu in der Lage sein, ohne all diese Erinnerungen zu sagen, wenn ich mit Marc Sex haben möchte. Ich würde ihm dadurch so gerne zeigen, wie sehr ich ihn liebe. Aber ich bin nicht sicher, ob ich jemals dahin kommen werde, und das macht mich traurig. Manchmal glaube ich, Marc könnte eifersüchtig auf Kerstin sein, weil ich mit meinem Kind so normal umgehen und ihr sagen kann, dass ich sie liebe. Aber das ist wohl etwas ganz anderes als die Liebe zu einem Mann.

Trotzdem habe ich das Gefühl, kleine Fortschritte zu machen, seit ich mit der Therapie angefangen habe. Allmählich wird mir klar, dass ich keine Schuld an dem trage, was mein Stiefvater mir angetan hat. Mir wird bewusst, dass noch vieles im Verborgenen bzw. in meinem Kopf vergraben ist, was ich noch aufarbeiten muss. Manchmal verlässt mich der Mut dazu. Aber wenn ich mich wiederfinden will, muss ich auch etwas dafür tun und manchmal würde ich alles dafür tun.

Nach fast einem Jahr bittet mich meine Schwester wieder einmal, zu ihr zu kommen, weil es meiner Mutter sehr schlecht geht. In den letzten Monaten war Karin, sooft es ging, im Pflegeheim und rief anschließend an, um mich über Veränderungen zu unterrichten. So wusste ich, was sich in letzter Zeit ereignet hatte. Zum Beispiel, dass meine Mutter im Februar 2004 wegen einer Nierenerkrankung im Krankenhaus war oder dass sie wieder künstlich ernährt wird, weil sie nicht genug isst. Karin berichtete mir, dass die Mutter sie manchmal nicht gleich erkennt. Ab und an macht meine Mutter ihr auch Vorwürfe, dass sie nicht oft genug bei ihr ist oder zu schnell wieder geht, obwohl Karin dann schon seit Stunden dort ist. Des Öfteren fragt Mutter, wann sie wieder in ihre eigene Wohnung zurückkann. Karin ist sich nicht sicher, ob sie das ernst meint und ob ihr der Zustand, in dem sie sich befindet, nicht klar ist.

Zum Glück gewährt mir mein Arbeitgeber Urlaub. Gleich am nächsten Morgen mache ich mich auf den Weg und treffe schon mittags bei Karin ein. Wie immer ist sie sehr froh darüber. Für sie bin ich die Einzige von allen Geschwistern, die stets für sie da ist und auf die sie sich verlassen kann. Überhaupt haben wir, seit Mutter vor drei Jahren den Schlaganfall hatte, ein viel besseres Verhältnis zueinander. Für Karin war es zuvor sehr schwer, engeren Kontakt zu mir zu halten. Meine Mutter hatte einen großen Keil zwischen uns getrieben, als sie mir damals schrieb, ich brauche nicht mehr nach Hause zu kommen, weil mich von der Familie niemand sehen wolle.

Damals rief ich bei Karin an, um zu fragen, ob das auch für sie gilt. Aber sie wusste nichts von diesem Brief und konnte nicht verstehen, warum meine Mutter ihn geschrieben hatte. Auf jeden Fall beteuerte mir meine Schwester, dass es nicht für sie gelte, mich nicht mehr sehen zu wollen. Das beruhigte mich, obwohl ich mir eigentlich bereits zuvor sicher war, dass es so ist. Trotzdem wurde unser Kontakt weniger. Denn jedes Mal wenn ich bei Karin anrief und meine Mutter bei ihr war, konnten wir uns nicht richtig unterhalten. Ich spürte Karins Zurückhaltung und merkte, dass sie auf der einen Seite ihrer Mutter und auf der anderen Seite mir nicht wehtun wollte. Natürlich ärgerte mich Karins Verhalten und ich beließ es bei wenigen Anrufen im Jahr. Ich wollte weder sie noch mich in die Verlegenheit bringen, eine Entscheidung treffen zu müssen. Vor allem später, als ich tablettenabhängig war, mied ich den Kontakt zu ihr. Ich glaubte, dass Karin nicht verstehen würde, wie und warum das passieren konnte. Sie lebte zu nahe bei unserer Mutter und hatte einen engen Kontakt zu ihr. Meine Mutter verbrachte das Wochenende oft bei Karin und ihrer Familie. Ich beließ es bei den wenigen Anrufen und fühlte mich mit der Zeit der Familie nicht mehr sehr zugehörig. Ich lebte mein Leben mit meiner Tochter in Berlin und Karin das ihre mit der Familie in meiner alten Heimat. Was wussten sie alle denn schon von mir? Sollten sie doch glauben, dass es mir gut geht, dass ich keine Probleme habe und mein Leben mit meiner Tochter glücklich gestalte. Wie verzweifelt ich war, wie sehr ich mich danach sehnte, jemanden in unserer Familie zu haben, der mich versteht und der mir beisteht, das brauchte niemand zu wissen.

Noch am selben Tag fahren wir zu unserer Mutter. Ich besuche sie zum ersten Mal im Pflegeheim. Sie ist auf der Station der schwer Pflegebedürftigen und hat ein eigenes Zimmer. Eigentlich sollte das nur übergangsweise so sein, weil es gerade als einziges frei war, als meine Mutter dorthin kam. Es stellte sich aber heraus, dass sie große Angst vor fremden Menschen hat, und so durfte sie in diesem Zimmer bleiben. Karin kennt einige Pflegekräfte persönlich und ist immer gern gesehen. Sie stellt mich vor und ich bekomme einen sehr guten Eindruck von der gesamten Situation und der Unterbringung meiner Mutter. Das Pflegepersonal erklärt mir die derzeitige Lage und auch, dass man für meine Mutter nicht mehr tun könne. Sie wird künstlich ernährt und ihr Zustand ist labil. Heute können wir nicht mit ihr reden, sie schläft fortwährend. Nach einer Stunde verabschieden wir uns.

Am Abend, als wir beide allein im Wohnzimmer sitzen, überrascht mich Karin, indem sie anfängt, über früher zu sprechen. Sie ist derselben Meinung wie ich und findet es sehr schlimm, dass in der Familie niemals darüber gesprochen wurde, was alles an schrecklichen Dingen geschehen ist. Sie erzählt, dass auch sie von unserem Stiefvater nicht verschont geblieben ist. Ich bin dermaßen entsetzt, dass ich kein Wort erwidern kann. Sie weint, als sie weiterspricht. Mein Stiefvater hat Karin einige Wochen, nachdem ich damals die Anzeige gegen ihn zurücknehmen musste und er wieder zu Hause war, nachts aus dem Bett geholt. Sie musste mit ihm ins Badezimmer gehen, wo er sich mit ihr einschloss. Dort sollte sie sich über die Badewanne beugen, dann vergewaltigte er meine Schwester. So erzählt sie es mir. Sie sagt, es hätte ihr sehr wehgetan und sie hätte geblutet. Sie hätte aber keine Ahnung gehabt, was mit ihr passiert war. Als er sie wieder in ihr Bett geschickt hatte, konnte sie nur noch weinen.

Mir wird sofort klar, dass das die Rache dafür war, dass ich ihn damals angezeigt hatte. Ich bin schuld, dass er sich auch an Karin vergriffen hat. Ich kann meine Wut kaum unter Kontrolle halten und würde ihn am liebsten auch jetzt noch erschießen. Aber ich bin auch wütend auf mich und könnte auf mich selbst einhauen. Warum habe ich nichts bemerkt? Warum habe ich Karin nicht gefragt, warum sie plötzlich so oft schlechte Laune hatte, wie es mir damals erschien? Warum bin ich nicht darauf gekommen, sie zu fragen, ob er ihr auch etwas tut? Ich ging immer davon aus, dass ich die Einzige war. Und was ist mit meiner Mutter? Hat sie auch davor die Augen verschlossen? Wollte sie auch das nicht hören und sehen? Meine arme Schwester, sie tut mir so leid. Erst jetzt fragt sie mich, ob ich damals denn nichts davon mitbekommen hätte. Sie habe sich gewundert und gedacht, ich hätte etwas hören müssen. Aber sie hat sich ebenfalls darüber gewundert, dass unsere Mutter nichts bemerkt haben sollte. Als meine Schwester mir dann noch sagt, dass er sie danach noch oft missbraucht hat, gehe ich zu ihr und nehme sie in den Arm. Wir weinen beide hemmungslos. Ich schwöre ihr, dass ich damals nichts mitbekommen habe. Wenn ich etwas bemerkt hätte, wäre ich nicht ruhig geblieben, ich hätte ihr geholfen. Ihre Frage, ob ich der Meinung sei, unsere Mutter hätte ebenfalls nichts bemerkt, kann ich aufgrund meiner eigenen Erfahrung nicht beantworten. Vielleicht ist es auch so, dass ich mich nicht traue, ihr zu sagen, dass ich der Meinung bin, unsere Mutter müsste es gewusst haben.

In den Tagen, die ich noch bei Karin verbringe, erzählt sie mir, dass meine Mutter sie vor einigen Wochen gefragt habe, ob sie wüsste, dass ich ein Verhältnis mit meinem Schwager hatte. Karin führt diese Frage auf den gesundheitlichen Zustand unserer Mutter zurück und nimmt sie nicht ernst.

Zumal meine Mutter auch schon einmal behauptet hat, ich hätte ein Verhältnis mit einem Pfleger im Heim. Zufällig weiß meine Schwester aber, dass der Pfleger homosexuell ist und dass meine Mutter sich das einbildet. Für mich ist das entsetzlich. Wie kann sie nur so etwas sagen? Warum macht sie mich immer wieder schlecht bei meinen Geschwistern? Es ist nicht das erste Mal, dass meine Mutter solche oder ähnliche Dinge behauptet, an denen nicht ein Wort wahr ist. Jetzt soll ich ein Verhältnis mit Karins Mann gehabt haben! Was lässt sie sich denn noch alles einfallen? Es ist unglaublich, dass sie mir trotz ihres Zustandes noch so wehtun kann.

Am Abend, als Karin mir Gute Nacht sagt, nehme ich sie in den Arm und schwöre ihr, dass ich damals nichts bemerkt habe und dass ich niemals ein Verhältnis mit meinem Schwager, ihrem Mann, angefangen hätte und dass ich niemals so etwas tun würde. Karin schaut mir direkt in die Augen und meint, dass sie ganz sicher ist, dass ich die Wahrheit sage. Ich frage sie, wie sie das übersteht, was uns der Stiefvater angetan hat. Sie antwortet, dass es ihr gelungen ist, alles zu verdrängen. Für mich ist das unbegreiflich und es macht mir Angst, weil ich befürchte, sie könnte eines Tages unter dieser Last ebenso zusammenbrechen wie ich. Aber dann bin ich für sie da.

An Schlafen ist nicht zu denken. Die Geschichte, die ich gerade gehört habe, verfolgt mich. »Meine kleine Schwester Karin, du hast das also auch durchgemacht«, denke ich und fange unwillkürlich an zu weinen. »Du Mistkerl, warum hast du Karin nicht verschont? War das deine Rache? Wolltest du uns so zeigen, dass du der Stärkere bist? Ich verabscheue dich abgrundtief und bereue deinen Tod keine Sekunde lang.« Diese Gedanken haben zur Folge, dass die schlimmsten Erinnerungen meines Lebens erwachen, über die ich bis jetzt nicht einmal mit meinem Therapeuten sprechen konnte.

Kapitel 16

Die schlimmste Drohung

Im Frühjahr 1973, ich wurde bald siebzehn, kam mein Bruder Ralf wieder öfter zu uns nach Fürth. Wie früher spielte er mit dem Stiefvater am Abend Schach, um ihn abzulenken, denn die Situation daheim war unverändert schlimm. Ralf hatte Probleme mit seiner Freundin, bei der er wohnte, und fühlte sich außerdem gesundheitlich nicht wohl. Ich war jedes Mal glücklich, wenn er da war. Das veränderte ein wenig das Verhalten unseres Stiefvaters, der sich dann etwas mehr zurückhielt. Mein Bruder schlief im Wohnzimmer auf der Couch und nicht im Hobbykeller, was mir ein bisschen mehr Sicherheit gab, wenn ich in mein Bett ging. Mein Stiefvater holte mich dann nicht mehr raus, wenn meine Mutter schlafen gegangen war.

An einem Wochenende ging es Ralf so schlecht, dass meine Mutter einen Notarzt holen musste. Der stellte eine Hodenentzündung fest und meinte, Ralf solle sich nicht so anstellen, wer weiß, wo er sich das zugezogen hätte. Ralf bekam aber immer größere Schmerzen und meine Mutter beschloss, mit ihm zum Krankenhaus zu fahren. Sie nahmen ein Taxi, weil mein Bruder vor Schmerzen nicht einmal mehr richtig gehen konnte. Er wurde sofort gründlich untersucht. Als meine Mutter abends nach Hause kam, war sie völlig erschöpft und weinte. Es dauerte einige Zeit, bis sie erzählen konnte, was im Krankenhaus geschehen war. Bei der Untersuchung stellte sich heraus, dass Ralf Hodenkrebs hatte und sofort notoperiert werden musste. Es war völlig unklar, wie weit der Krebs sich ausgebreitet hatte, und die Ärzte hielten es zunächst für angebracht, Ralf nicht die Wahrheit zu sagen, damit er den Mut nicht verlor. Ihm wurden Lymphknoten entfernt und er musste sich einer Chemotherapie unterziehen. Es dauerte Wochen, bis er aus dem Krankenhaus zurückkam. Ich erkannte ihn kaum wieder. Er war mager und blass und sein ehemals lockiges, volles Haar sah jetzt grau und dünn aus. Ralf erschien mir viel älter, als er mit seinen neunzehn Jahren war. Er wohnte jetzt wieder bei uns zu Hause. Seine Freundin kam ihn manchmal besuchen, aber ich hatte das Gefühl, dass die Beziehung nicht mehr so gut lief. Die ersten Wochen war Ralf sehr deprimiert. Erst als sein zwei Jahre älterer Bruder Bernd öfter kam und sich an den Wochenenden um ihn kümmerte, wurde es mit ihm allmählich besser.

In dieser Zeit verhielt sich mein Stiefvater relativ ruhig. Nur von Zeit zu Zeit schickte er mich in den Hobbykeller, wo ich auf ihn zu warten hatte, um ihm zu Diensten zu stehen. Oder wenn meine Mutter in den ersten Wochen nach der Operation mit Ralf ins Krankenhaus zur Nachuntersuchung fuhr, dann schickte er Karin mit den anderen Geschwistern nach draußen zum Spielen, damit er mich in Ruhe benutzen konnte. In der Nachbarschaft hatte ich einen Job als Babysitterin gefunden. Das Geld, das ich verdiente, brachte ich meiner Mutter. Für meinen Stiefvater ergab sich eine neue Gelegenheit. Er fing mich ab, wenn die Eltern des Babys zurückgekehrt waren und ich gehen konnte. In unserem Neubaugebiet gab es viele noch nicht bezugsfertige Häuser, in denen er mich dann benutzte, bevor er mich nach Hause schickte und noch ein Bierchen trinken ging. Das Gefühl, ihm nicht entkommen zu können, egal, wohin ich auch gehe und was ich auch tue, wurde immer stärker. Ich war mir sicher, er würde mich überall finden. Genau so sicher war ich mir, dass er tun würde, was er nachts herausschrie, wenn meine Mutter das Wort »Trennung« aussprach, was sie aber schon lange nicht mehr tat. Er drohte jedes Mal damit, dass er uns finden würde, egal, wohin wir auch gingen, und dann würde er uns alle umbringen. Das

Schlimmste aber war die Drohung mit der großen Blutspur, die er hinter sich herziehen würde. Was auch immer er damit sagen wollte, ich bekam jedenfalls panische Angst, wenn ich diese Worte hörte. Oft sprach er diesen Satz bei Auseinandersetzungen in einem ganz ruhigen Ton.

Ralf hatte sich ungefähr drei Monate nach seiner Operation einigermaßen erholt und wirkte auch nicht mehr so traurig. Bernd kam nach wie vor an den Wochenenden, um mit seinem Bruder im Ort Billard spielen zu gehen. Jedes Mal fragte ich die beiden, ob ich mitkommen dürfe, bis ich sie schließlich irgendwann überredet hatte. Wir verbrachten richtig schöne Stunden und ich hatte so viel Spaß wie selten. Natürlich wollte ich nun öfter mitgehen und ab und zu nahmen sie mich auch mit.

An einem dieser Abende ging die Tür der Billardkneipe auf und mein Stiefvater kam herein. Er stampfte mit seinen Reitstiefeln direkt auf uns zu und verlangte, dass ich sofort mit ihm nach Hause gehe. Er behauptete, ich hätte in der Kneipe nichts zu suchen, schon gar nicht mit meinen Brüdern. Bernd und Ralf waren anderer Meinung und versuchten, mich zu verteidigen. Die Situation schien zu eskalieren und ich bekam Angst. Schon einmal hatte ich eine Schlägerei miterleben müssen, bei der mein Stiefvater einen fremden Mann auf meine Brüder gehetzt hatte. Ich hatte am ganzen Körper gezittert, als ich das Klatschen der Fäuste gehört hatte. Als alles vorbei gewesen war, hatte er mir und meinen Brüdern zur Beruhigung einen Schnaps bringen lassen. Danach war mir erst recht übel gewesen und ich hatte mich übergeben müssen. Das hatte meinen Stiefvater geärgert und er hatte mich als typisches Weib betitelt.

Ich erklärte meinen Brüdern jetzt, dass es in Ordnung sei, wenn ich jetzt nach Hause gehen müsse, und verließ sofort mit ihm das Lokal. Mein Stiefvater schlug aber nicht den Weg zu uns ein, sondern ging in die entgegengesetzte Richtung. Ich protestierte und wollte auf kürzestem Weg nach Hause. Er packte mich fest am Arm und zog mich in das Neubaugebiet. Hier gab es noch nicht einmal befestigte Straßen. Alles war lehmig und stand teilweise unter Wasser, weil es zuvor heftig geregnet hatte. Nur ganz am Anfang der Straße gab es ein fertiges Haus, in dem schon Leute wohnten, und in den Fenstern brannte Licht. Ich war so wütend. Zum ersten Mal fand ich den Mut, mich zu wehren, und war fest entschlossen, nicht mitzugehen. Ich schrie ihn fast an und wollte mich umdrehen, um von ihm loszukommen. Doch er packte mich so fest am Arm, dass es wehtat und ich mich nicht befreien konnte. Nach einigen Metern blieb er stehen. Er nahm mein Gesicht zwischen seine Finger und drückte fest zu, mit der anderen Hand hielt er mich immer noch am Arm fest. Mit einer Stimme, die ich noch nie zuvor gehört hatte, fauchte er mich an, wenn ich nicht sofort aufhörte, so zu schreien, würde er mich in der Pfütze ertränken. Er zeigte dabei auf eine große Wasserlache auf einem noch leeren Grundstück neben uns. Ich war sofort ruhig, denn ich traute ihm alles zu, auch das. Er zog mich weiter, bis wir an einem Rohbau ankamen, in den wir hineingingen. Dort drückte er mich an die Wand und zog mir grob die Hose runter. Er befriedigte sich, indem er sein Ding zwischen meine Oberschenkel presste und sich dabei bewegte. Den Rest tat er selbst mit der Hand und ich konnte spüren, wie wütend er auf mich war. Als alles vorbei war, ließ er mich weglaufen. Zuvor warnte er mich aber wie immer, kein Wort über das Geschehene verlauten zu lassen. Meine Brüder, diese Memmen, würden mir ja sowieso nicht helfen, falls ich mir das einbilden sollte, fügte er dieses Mal noch hinzu.

Als ich den Rohbau verließ, sah ich, dass es gar nicht mehr weit war bis nach Hause. Ich lief quer über die unbebauten lehmigen Grundstücke, bis ich auf einen kleinen Weg kam und unser Haus sehen konnte. Als ich klingelte, öffnete meine Mutter mir die Tür. Sie sah mich von oben bis unten an und bemerkte, wie ich aussah, denn meine braune Stoffhose war total weiß von der Wand im Rohbau. Sie fing an zu schimpfen, schrie mich an und wollte wissen, wo ich mich denn herumgetrieben hätte. Ich sollte sofort in mein Bett verschwinden. Ohne eine Wort zu sagen, ging ich ins Badezimmer, um mich zu waschen, und dann in mein Bett. Ich weiß nicht, wie viele Stunden ich weinend dalag und nicht aufhören konnte. Zwischendurch hörte ich meinen Stiefvater nach Hause kommen. Ich war völlig fertig und dachte wieder einmal, dass das Leben keinen Sinn mehr habe. Ich sah keinen Ausweg. Es musste endlich etwas geschehen.

Gegen Morgen kamen meine Brüder nach Hause. Bernd hörte mich weinen und kam in das Zimmer, welches ich mir mit Karin und Achim teilte. Zum Glück wurden sie nicht wach. Geräusche in der Nacht waren ja nichts Ungewöhnliches bei uns. Bernd kam an mein Bett, beugte sich zu mir runter und fragte, was geschehen wäre, warum ich weinte. Ich war kaum in der Lage zu sprechen. Dann begann ich damit, dass ich nicht mehr weiterwüsste und völlig verzweifelt sei. Mein Bruder setzte sich auf die Bettkante und versuchte, mich zu beruhigen. Als ihm das einigermaßen gelungen war und ich besser sprechen konnte, berichtete ich ihm leise, was passiert war, nachdem ich mit dem Stiefvater das Lokal verlassen hatte.

Mein Bruder war zunächst völlig sprachlos. Nach einer Weile fragte er, wie lange das schon so ginge. Ich erzählte ihm nur einen Bruchteil dessen, was sich jahrelang zugetragen hatte. Dann gestand ich ihm, dass ich heute Nacht nicht zum ersten Mal Todesangst gehabt hätte. Ich drückte aus, wie oft ich schon daran gedacht hatte, mir das Leben zu nehmen. Dass ich das alles nicht mehr ertragen könne und Angst hätte, dass er mich eines Tages wirklich umbringen würde. Ich hatte das Gefühl, dass Bernd mindestens zwei Stunden an meinem Bett saß. Draußen dämmerte es bereits, als er aufstand, mir über den Kopf strich und sagte, ich solle versuchen, ein bisschen zu schlafen. Er versprach, dafür zu sorgen, dass alles gut werden würde.

Dann ging er leise hinaus und zum ersten Mal in meinem Leben hatte ich mich jemandem aus der Familie anvertraut. Ich weinte nicht mehr, schloss die Augen und schlief tatsächlich ein. Als ich wach wurde und auf die Uhr sah, war es schon fast zehn. So lange schlief ich normalerweise nie. Ich stand sofort auf. Nachdem ich im Bad gewesen war, ging ich in die Küche. Im ersten Moment dachte ich, ich wäre allein zu Hause. Vorsichtig öffnete ich die Schlafzimmertür – gerade so viel, dass ich hineinspähen konnte – und sah, dass mein Stiefvater noch schlief. Im Wohnzimmer lag mein Bruder Ralf auf der Couch. Ich vermutete, dass Bernd im Hobbykeller schlief. Dann ging ich zurück in die Küche und machte Kaffee. Es war ruhig in der Wohnung und ich versank in meinen Gedanken. Ich dachte an die vergangene Nacht und daran, was ich Bernd anvertraut hatte. Im selben Augenblick bereute ich es. Plötzlich überkam mich ein schlechtes Gewissen. Außerdem hatte ich Angst vor den Konsequenzen, ich dachte, es wäre besser gewesen, wenn ich nichts gesagt hätte.

Es dauerte nicht lange und mein Stiefvater kam in die Küche. Automatisch hatte ich ihm seine Kaffeetasse hingestellt. Ich schaute ihn nicht an, als er mich fragte, ob Bernd schon gegangen sei. Ich wusste es nicht und antwortete nur knapp, dann stand ich auf, um im Schlafzimmer das Fenster zu öffnen. Dann wollte ich im Zimmer von Karin, Achim und mir die Betten machen, als er mir hinterherkam. Ich erschrak und wich einen Schritt zurück. Was in der Nacht geschehen war, steckte mir tiefer denn je in den Knochen. Ich verlangte, von ihm in Ruhe gelassen zu werden. Darauf antwortete er, es bekomme mir wohl nicht gut, so oft mit meinen Brüdern zusammen zu sein, und das würde sowieso nicht wieder infrage kommen. Als ich im Begriff war, mich von ihm abzuwenden, sprang er auf mich zu, griff nach meinem Arm und warf mich aufs Bett. Ich weiß nicht, wie ich die Zeit verbracht hatte, bis meine Mutter mit den kleineren Geschwistern nach

Hause kam. Die blauen Flecke an Armen und Beinen ignorierte ich. Meine Mutter sah sie auch nicht.

Am darauffolgenden Wochenende kam Bernd wieder, um mit Ralf etwas zu unternehmen. Natürlich machte ich diesmal keinerlei Anstalten mitzugehen. Am Sonntagvormittag verabschiedete sich Bernd und ich brachte ihn zur Tür. Er bat mich, ihn zum Bahnhof zu begleiten, was ich gerne tat. Mein Stiefvater schlief noch und so musste ich auch gar nicht erst fragen. Unterwegs erzählte Bernd, dass er mit meiner Mutter gesprochen hätte und sie nun informiert sei, was geschehen war. Ich fragte nicht danach, was genau er erzählt hatte, es war mir zu unangenehm. Bernd erklärte mir, dass er meiner Mutter gesagt hätte, dass sie sich scheiden lassen müsse, dass dieser Mann aus dem Haus muss. Außerdem hatte er ihr gesagt, dass es so nicht weitergehen könne und dass sie endlich etwas unternehmen sollte. Dann erzählte er mir, dass meine Mutter bereits bei einem Rechtsanwalt gewesen sei, um die Scheidung einzureichen. Das konnte ich mir aber beim besten Willen nicht vorstellen. Wie sollte das funktionieren? Er würde ja doch nicht gehen. Ich konnte kein Wort dazu sagen. Als sich Bernd am Bahnhof verabschiedete, meinte er: »Alles wird gut, glaub mir.«

Ich wartete noch, bis der Zug kam und Bernd eingestiegen war. Auf dem Heimweg dachte ich darüber nach, was mir Bernd erzählt hatte. Wie sollte ich nun meiner Mutter entgegentreten? Wie sollte ich sie jetzt anschauen können? Nun wusste sie es ganz sicher und ihr musste auch klar sein, dass ich darüber informiert war. Ich schämte mich unglaublich und traute mich kaum nach Hause. Aber alle meine Befürchtungen waren umsonst. Als ich ankam, war es wie immer. Meiner Mutter war absolut nichts anzumerken und ich begann, daran zu zweifeln, dass Bernd mir die Wahrheit gesagt hatte.

Es vergingen einige Tage. Meine Mutter holte wie immer am Vormittag die Post aus dem Briefkasten und brachte einen Brief mit, den sie direkt neben die Kaffeetasse meines Stiefvaters legte. Als er aufgestanden war und sich setzte, beachtete er das Schreiben gar nicht. Meine Mutter sagte auch kein Wort dazu. Erst nach einer ganzen Weile öffnete er den Brief. Während er ihn las, verzog er das Gesicht und ich ahnte, dass das der Brief vom Anwalt sein musste. Bernd hatte also nicht gelogen. Meine Mutter hatte offensichtlich tatsächlich die Scheidung eingereicht. Eigenartigerweise blieb er total ruhig. Er faltete den Brief ordentlich zusammen, stand auf und ging, ohne ein Wort zu sagen, aus der Küche. Nicht lange danach hörte man die Wohnungstür klappen, er war gegangen. Ich hielt es nun nicht mehr aus und fragte meine Mutter, was das für ein Brief gewesen sei. Leise erzählte sie mir, dass sie die Scheidung eingereicht hatte und dass ihm jetzt vierzehn Tage Zeit blieben, die Wohnung zu verlassen. Mehr wurde nicht gesagt.

Vierzehn Tage vergingen, ohne dass irgendetwas Besonderes passierte. In dieser Zeit war es ruhiger als sonst bei uns und ich überlegte, ob er wohl daran dachte, meine Mutter dazu zu überreden, die Scheidungsklage zurückzuziehen. Mir fiel unwillkürlich ein, wie ich damals die Anzeige gegen ihn erstattet hatte und was daraufhin geschehen war. Ich konnte nicht glauben, dass nun alles so einfach sein sollte und dass er ohne Weiteres gehen würde. Die Stimmung zu Hause war angespannt. Je näher der Tag kam, an dem er die Wohnung verlassen sollte, desto unruhiger wurde ich. Am Montag sollte es so weit sein, bis dahin waren es nur noch drei Tage, aber er traf keinerlei Vorbereitungen.

Am Freitagmorgen stand er ungewöhnlich früh auf, nämlich zu der Zeit, als seine kleine Sonja bereit war, zur Schule zu gehen. Er saß mit seinem Kaffee am Küchentisch und sagte zu meiner Mutter, dass er Sonja mitnehmen wolle. Meine Mutter wollte wissen wohin. Er antwortete, dass er sich einen schönen Tag machen wolle, und sie ließ ihn mit der Kleinen gehen. Am Nachmittag kam Bernd nach Hause. Meine Mutter erzählte ihm, was die Tage zuvor geschehen war und dass er heute Morgen mit Sonja die Wohnung verlassen hatte. Bernd wunderte sich, dass alles in Ordnung zu sein schien und der Stiefvater offensichtlich wegen der Scheidung keine Schwierigkeiten machte. Mein Bruder meinte, dass er vermutlich eingesehen hätte, dass es so besser sei. Bernds Worte beruhigten mich und ich machte mir im Augenblick keine weiteren Gedanken. Er hatte wie so oft Kuchen mitgebracht. Über den Stiefvater und die Scheidung sprachen wir nicht mehr. Gegen Abend gingen meine Brüder wie üblich miteinander aus. Meine Mutter setzte sich im Wohnzimmer vor den Fernsehapparat. Karin und ich spielten noch mit Achim und Thomas. Als die drei dann auch schliefen, blieb ich wie immer auf und saß mit meiner Mutter vorm Fernseher. Wir warteten darauf, dass mein Stiefvater mit Sonja nach Hause kam. Es war schon nach ein Uhr nachts, als meine beiden Brüder wiederkamen. Sie wunderten sich, dass wir noch wach waren. Wir erklärten, dass wir warteten, weil er mit Sonja noch immer nicht zurück sei. Bernd meinte, wir sollten uns keine Sorgen machen, sie würden bestimmt bald kommen.

Ich war müde und ging in mein Bett. Bernd und Ralf unterhielten sich in der Küche mit meiner Mutter. Ich konnte nicht einschlafen. Lauschte, wartete und hoffte, dass er jeden Moment mit Sonja kommen würde, denn mittlerweile war es bereits nach drei Uhr morgens. Endlich hörte ich, dass vor dem Haus ein Auto hielt. Als das Taxi weggefahren war, gab es einen lauten Knall und ich realisierte, dass er mit den Reitstiefeln gegen die Haustür getreten haben musste.

Als Nächstes öffnete meine Mutter die Wohnungstür und fragte laut, wo die Kleine sei, wo er Sonja gelassen hätte. Sie war völlig außer sich. Ich sprang sofort aus dem Bett, traute mich aber nicht aus dem Zimmer und blieb an der Tür stehen. Meine Mutter schrie wieder und wieder: »Wo ist Sonja, wo hast du mein Kind gelassen?« Schließlich antwortete mein Stiefvater ganz ruhig, dass die Kleine ihre Ruhe gefunden hätte. Meine Mutter schrie weiter, bis er sagte: »Sonja hat ihre Ruhe und nun sind die Nächsten an der Reihe.« In unheimlich ruhigem Ton fügte er hinzu, dass er uns ja versprochen hätte, er werde eine große Blutspur hinter sich herziehen, wenn er gehen müsse.

Mittlerweile stand er im Flur und schloss die Wohnungstür hinter sich. Ich hatte die Tür meines Zimmers einen Spaltbreit geöffnet und konnte sehen, dass Bernd in der Küchentür lehnte. Mein Stiefvater stand vor dem Schrank, in dem sich das Werkzeug befand. Er kramte darin herum und lief dann völlig ruhig zur Küche. In diesem Moment riss meine Mutter die Wohnungstür auf und lief davon. Karin und Achim waren wach geworden. Ich forderte sie auf, im Bett zu bleiben und sich ruhig zu verhalten. Sie setzten sich auf und schlangen die Bettdecken um sich, sodass nur ihre Köpfe zu sehen waren. Aus der Küche hörte ich laute Geräusche und mir war klar, dass es zwischen dem Stiefvater und meinen Brüdern zu einem Kampf gekommen war.

Ich hörte, wie er schrie: »Jetzt ist der Nächste an der Reihe!« Es gab schreckliche Geräusche, die ich mir nicht erklären konnte. Schreie und Stöhnen drangen aus der Küche. Die Tür, die zum Teil aus Glas bestand, war angelehnt, aber ich konnte nur Umrisse erkennen. Ich hielt mir die Ohren zu und plötzlich fiel mir Thomas ein, dessen Bett genau gegenüber der Küche im Schlafzimmer stand. Automatisch holte ich erst Karin und Achim aus dem Bett. Sie weinten und riefen nach ihrer Mutter. Ich schickte sie beide nach oben zur Nachbarin, wo auch meine Mutter war.

In der Wohnung war es jetzt unheimlich still. Bei jedem Schritt vorwärts hatte ich Angst, dass mein Stiefvater plötzlich aus der Küche kommen würde, um sich auf mich zu stürzen. Zitternd ging ich zum Schlafzimmer. Dabei fiel mein Blick auf die Küchentür. Ich konnte sehen, dass jemand hinter der Tür auf dem Boden lag. Aber ich konnte nicht erkennen, wer es war, bis die Tür aufging und meine Brüder herauskamen. Beide waren weiß wie ein Bettlaken und ihre Augen waren voller Entsetzen. Auf dem Fußboden entdeckte ich große Blutflecke. Mein Blick streifte auch die Wand, auf der sich ebenfalls viele Blutspritzer befanden. Mir wurde übel. Ich riss mich zusammen, dachte nur an meinen kleinen Bruder und öffnete die Tür zum Schlafzimmer. Thomas saß weinend in seinem Bettchen und rief nach seiner Mutter. Ich nahm den Kleinen in den Arm, griff gleichzeitig nach seiner Bettdecke und legte sie so um ihn, dass auch sein Kopf bedeckt war. Er sollte keinesfalls etwas sehen, wenn ich mit ihm die Wohnung verließ, um ihn zu seiner Mutter zu bringen.

Ralf und Bernd blieben in der Wohnung. Meine Mutter und meine Geschwister saßen bei der Nachbarin und weinten ununterbrochen. Ich wusste nicht, was ich tun sollte. Als ich ein Polizeiauto kommen hörte, drückte ich Thomas meiner Mutter in die Arme und wollte zu meinen Brüdern gehen. Die Nachbarin hatte die Polizei alarmiert und forderte mich auf, ich sollte oben bleiben. Aber ich musste doch zu meinen Brüdern!

Die Polizei kam ins Haus gestürmt und noch ehe ich die Wohnung erreicht hatte, waren sie die vier Stufen hinauf in den Flur gerannt, wo meine beiden Brüder völlig regungslos standen. Die Polizisten hatten ihre Waffen gezogen und drückten meine Brüder gegen die Wand. Sie mussten die Beine spreizen und die Hände heben. Ich stand immer noch im Hausflur, ohne zu wissen, was ich tun sollte, und hörte schließlich weitere Sirenen. Ein Krankenwagen sowie ein weiteres Polizeiauto trafen ein. Die Sanitäter rannten ebenfalls in die Wohnung. Es entstand ein riesiger Tumult. Die Sanitäter liefen hinaus und kamen mit einer Trage zurück. Zwischenzeitlich hatten sich einige Leute aus der Nachbarschaft vor dem Haus versammelt. Der Hausarzt, der in der Nachbarschaft wohnte, war auch gekommen, wurde aber wie die anderen Personen von der Polizei weggeschickt. Es kam mir wie eine Ewigkeit vor, bis die Sanitäter mit der Trage herauskamen. Darauf lag mein Stiefvater, ich konnte ihn jedoch kaum sehen. Er war mit einem Laken bedeckt und sein Kopf vollständig bandagiert. Meine Brüder wurden von der Polizei in Handschellen abgeführt. Als sie aus der Wohnung kamen, stand ich immer noch hilflos im Hausflur. Ich konnte nicht einmal fragen, was jetzt geschehen würde, und war völlig verzweifelt.

Andere Polizisten erkundigten sich nach meiner Mutter und ich zeigte ihnen, wo sie sich befand. Sie konnte nicht aufhören zu weinen und fragte immerzu nach Sonja. Ein Polizist bat unsere Nachbarin, den Hausarzt nun doch für meine Mutter zu rufen. Einer der Beamten wandte sich an mich und wollte wissen, was passiert sei. In wenigen Sätzen versuchte ich es zu erklären. Dabei beteuerte ich immer wieder, dass mein Stiefvater uns alle umbringen wollte und als Erstes auf meine Brüder losgegangen sei. Ich erklärte den beiden Beamten, dass Ralf noch nicht ganz gesund sei und dass er erst vor wenigen Monaten eine Krebsoperation hatte. Ich bat darum, auf ihn besonders aufzupassen und ihn so schnell wie möglich wieder nach Hause zu lassen. Ich hatte furchtbare Angst um meine Brüder. Was würde jetzt mit ihnen passieren? Was war mit meinem Stiefvater los? Er wird alles, was geschehen ist, auf die Jungen schieben. Er wird sagen, sie hätten die Schlägerei ausgelöst und seien an allem schuld. Was, wenn er wieder aus dem Krankenhaus herauskommt? Was wird er dann mit uns tun?

Ich versuchte, den Beamten zu erklären, dass mein Stiefvater ohne meine kleine Schwester Sonja nach Hause gekommen war. Dass er angedeutet hatte, sie wäre nicht mehr am Leben. Ich bat darum, sie zu suchen, erklärte ihnen, wie alt sie ist und wie sie aussieht. Als die Polizisten mich fragten, ob ich mir vorstellen könnte, wo er sie hingebracht hat, wusste ich keine Antwort. Ich hatte nur panische Angst, dass ihr Vater ihr wirklich etwas angetan haben könnte. Ich versuchte aber, nicht daran zu denken. Einer der Polizisten gab Anweisung, sofort nach Sonja zu suchen, und fragte mich, ob ich wüsste, was sie an diesem Tag anhatte.

Das konnte ich genau beschreiben und der Beamte notierte sich alles, bevor er ging.

Mittlerweile war der Hausarzt gekommen und hatte meiner Mutter eine Beruhigungsspritze gegeben. Ein Polizist erklärte uns, dass wir nicht in unsere Wohnung dürfen, bis man uns Bescheid sagen würde. Er fragte, ob wir die restliche Zeit bei der Nachbarin bleiben könnten, die zustimmte. Dann sah er uns der Reihe nach an und wollte wissen, ob er uns nun allein lassen könne. Meine Mutter hatte sich allmählich beruhigt, sie nickte. Als der Beamte gegangen war, setzte ich mich zu Achim, Karin und Thomas auf die Couch. Die Kinder waren völlig verstört. Sie verstanden überhaupt nicht, was geschehen war. Übermüdet und blass saßen sie mit großen Augen da und wussten nicht, wie sie sich verhalten sollten. Ich nahm sie in den Arm und hoffte, sie würden einschlafen, was auch bald geschah.

Meine Mutter saß immer noch im Sessel und starrte vor sich hin. Sie sagte kein einziges Wort. Die Nachbarin brachte uns Tee und wollte wissen, wie es uns ging. Ich zuckte mit den Schultern. Die Frau, mit der wir sonst wenig Kontakt hatten, setzte sich neben mich, streichelte mir über den Kopf und sagte, es würde alles wieder gut. Lieb war sie. Aber wie oder was sollte denn wieder gut werden?, dachte ich. Die Polizei hat meine Brüder mitgenommen. Ich weiß nicht, was genau passiert ist und was mit dem Stiefvater los ist. Ich starrte lange vor mich hin, dann muss auch ich ein wenig geschlafen haben.

Irgendwann kam jemand an die Tür unserer Nachbarin und gab uns Bescheid, dass wir wieder in unsere Wohnung gehen könnten. Das war gegen zwölf Uhr mittags. Ich weiß nicht, wie wir es geschafft hatten, uns einigermaßen zu beruhigen und die Treppe zu unserer Wohnung hinunterzusteigen. Ich weiß nicht, was ich erwartet hatte, als wir die Tür öffneten. Die Situation erschien mir absolut unwirklich. Wir gingen ins Wohnzimmer und setzten uns auf die Couch. Keiner sprach ein Wort, bis der vierjährige Thomas nach etwas zum Trinken verlangte. Ich stand auf und ging automatisch in die Küche. Als ich die Tür öffnete, dachte ich im ersten Augenblick, ich hätte alles nur geträumt. Es war nichts zu sehen. Die Küche war ordentlich und sauber. Ich ging zum Kühlschrank und sah mich nochmals um. Dabei fiel mir ein schwarzes Haarbüschel auf, das hinter der Küchentür in der Ecke an der Wand klebte, und sofort wusste ich, dass alles real war.

Ich brachte Getränke ins Wohnzimmer und winkte meiner Mutter zu, dass sie zu mir nach draußen kommen solle. Ich sagte ihr, was ich gesehen hatte, und sie ging in die Küche. Vor meinen Augen spielte sich in diesem Moment ein fürchterliches Szenarium ab. Wie gelähmt bemerkte ich den Hammer, hörte die Geräusche aus der Küche, sah das Blut auf dem Fußboden. Und jetzt das! Es muss etwas Furchtbares geschehen sein. Ich war so aufgeregt, musste aber meine Gefühle den Geschwistern zuliebe unterdrücken. Ich dachte nur an sie und daran, dass sie nicht alles mitbekommen durften. Meine Mutter kam ins Wohnzimmer zurück, sprach kein Wort und setzte sich wieder auf die Couch. Nach einiger Zeit fingen wir an, uns wieder normal zu bewegen. Jedenfalls kam es mir so vor. Allerdings musste ich mich dazu zwingen. Am liebsten hätte ich die Wohnung sofort verlassen. Meine Geschwister fragten schließlich nach Sonja, die nach wie vor nicht zu Hause war. Ich sagte ihnen, dass sie bald wiederkäme.

Später klingelte es an der Tür. Es war die Polizei. Sie wollten mit meiner Mutter reden und gingen mit ihr in die Küche. Nach einer Weile hörte ich sie weinen. Sie kam heraus und einer der Polizisten holte mich. Ich fragte nach meinen Brüdern und wollte wissen, was man mit ihnen machte und wann sie wieder nach Hause kämen. Die Polizisten trösteten mich und meinten, meine Brüder kämen bestimmt bald nach Hause. Ich erklärte ihnen, dass Ralf vor nicht allzu langer Zeit eine Krebsoperation hatte und noch nicht wieder gesund sei. Ich konnte meine Tränen nicht zurückhalten und weinte hemmungslos. Trotzdem wollten die Männer von mir wissen, ob ich gesehen hätte, was geschehen war. Nur kurz konnte ich ihnen erzählen, dass ich nicht viel gesehen, aber alles gehört hatte. Es dauerte nicht lange und sie gingen wieder. Keine Stunde später klingelte es erneut. Als ich die Tür öffnete, stand ein guter Freund von Bernd davor. Ich war erleichtert darüber, dass mit ihm ein weiterer Erwachsener anwesend war und sich um meine Mutter und um verschiedene Dinge kümmern konnte. Er telefonierte pausenlos und tröstete meine Mutter, die nicht aufhören konnte zu weinen. Ich kümmerte mich, so gut ich konnte, um meine Geschwister und bemühte mich, sie auf andere Gedanken zu bringen. An diesem Tag war die Polizei noch zweimal da und wollte immer wieder etwas Neues von meiner Mutter wissen. Gut, dass Bernds Freund ihr beistehen konnte.

Meine Geschwister schliefen längst, aber Sonja war immer noch nicht zu Hause. Ich machte mir große Sorgen, dass ihr etwas zugestoßen war. Niemand ahnte auch nur, wo sie sein könnte. Es war ein grauenhaftes Gefühl, sie nicht einmal suchen zu können. Die Polizei hatte sich von meiner Mutter alle Namen geben lassen, die ihr im Zusammenhang mit dem Stiefvater einfielen. Überall suchte man nach dem Kind, aber es war nicht aufzufinden. Spät in der Nacht ging ich auch ins Bett.

Als es am nächsten Morgen an der Tür klingelte, stürzte ich aus dem Zimmer. Meine Mutter hatte schon geöffnet. Eine Polizistin stand davor und hatte meine kleine Schwester an der Hand. Im ersten Moment waren wir alle sprachlos. Dann hob meine Mutter Sonja hoch und drückte sie fest an sich. Auch ich ging zu ihr, um sie zu umarmen. Die Polizistin bat, hereinkommen zu dürfen. Hinter ihr stand ein Kollege, den wir in der Aufregung gar nicht bemerkt hatten. Beide betraten die Wohnung und schlossen die Tür hinter sich. Ich nahm Sonja mit ins Wohnzimmer zu den anderen Geschwistern, die die ganze Zeit über schon ungeduldig an der Tür gewartet hatten und sich unheimlich freuten, ihre Schwester wiederzuhaben. Natürlich wollten sie wissen, wo Sonja gewesen war und warum sie erst jetzt wieder nach Hause kam.

Ich spürte, wie verstört Sonja war und dass sie die Fragen überforderten. Deshalb antwortete ich für sie und erzählte, sie sei bei Freunden gewesen. Mit der Zeit ist es mir gelungen, die Kinder abzulenken, indem ich mit ihnen spielte. Später berichtete mir meine Mutter, dass die Polizei Sonja in einer Kneipe in der Stadt gefunden habe. Einen Hinweis auf das Versteck hatten sie von einem Gastwirt bekommen, der meinen Stiefvater kannte und wusste, dass er sich oft dort aufhielt. Der Mann, bei dem Sonja war, behauptete, ihr Vater hätte sie dort abgeliefert und gefragt, ob sie einige Tage bleiben könne. Kleidung würde er später bringen. Der Gastwirt hatte nichts dagegen und behielt Sonja bei sich. Mehr wusste meine Mutter auch nicht. Wir waren froh und glücklich, dass das Kind wieder zu Hause war.

Das ist der Albtraum, aus dem ich immer wieder erwache. Ich sehe all das Blut, ich sehe meine Brüder im Kampf mit meinem Stiefvater vor mir. Die Bilder übersteigen meine Vorstellungskraft und ich schreie jedes Mal, sodass Marc mich wecken muss, mich sanft in den Arm nimmt und versucht, mich zu beruhigen. Ich frage mich, wie lange mich dieser Albtraum noch begleiten wird, und hoffe, dass er irgendwann einmal verschwindet. Mittlerweile weiß ich, dass es ohne professionelle Hilfe nicht geht und dass ich mit meinem Therapeuten sicher noch lange zusammenarbeiten muss, um alles zu verkraften.

Ich bin unglaublich froh darüber, dass ich einen starken Partner an meiner Seite habe, mit dem ich über alles reden kann und der mir hilft, die Vergangenheit zu bewältigen. Erst jetzt, nachdem ich angefangen habe zu reden, weiß ich, wie wichtig es ist, alles herauszulassen. Ich bin sicher, dass ich diese Geschichte niemals ganz allein werde verkraften können. Ich frage mich, wie Karin das schafft, und lege ihr immer wieder nahe, ebenfalls eine Therapie zu machen. Doch bisher sträubt sie sich. Ich weiß, dieser Schritt kostet viel Überwindung. Ich weiß aber auch, dass es der richtige Schritt ist, dass es die einzige Lösung ist, mit allem zurechtzukommen, wenn man sich damit auseinandersetzt. Allein hätte ich es nicht geschafft, so weit zu kommen, das ist sicher.

Karin weckt mich. Sie hat heute frei und ich kann sie überreden, dass wir uns einen schönen Tag gönnen und die Mutter nicht im Heim besuchen. Nach dem Frühstück gehen wir in die Stadt und genießen den Tag. Trotzdem kommen wir immer wieder auf unsere Familie zu sprechen und stellen fest, dass sie an den Folgen der Vergangenheit zerbrochen ist. Endlich teilt auch Karin meine Meinung, dass es besser gewesen wäre, wenn wir miteinander gesprochen hätten. Karin hat sich verändert, seit sie nicht mehr diesen engen Kontakt zur Mutter hat. Ich spüre, wie sie sich allmählich öffnet. Zwar nur mir gegenüber, aber immerhin – das ist ein großer Fortschritt, über den ich mich unglaublich freue. Wir kommen uns wieder näher und ich liebe sie sehr.

Ich sage ihr, dass ich an den letzten beiden Tagen allein zu unserer Mutter gehen will. Karin willigt sofort ein und empfindet es als große Erleichterung für sie. Sie weiß, dass ich sie entlasten möchte, wenn ich bei ihr bin.

Wieder einmal nutze ich die Stunden der Ruhe auf der Rückreise nach Berlin und denke daran, wie es weiterging, nachdem Sonja nach Hause gebracht worden war. Und darüber, was mit Ralf und Bernd geschah.

Kapitel 17

Angst als ständiger Begleiter

Bernds Freund erzählte uns, dass er bei der Polizei vorgesprochen hatte. Dort wurde ihm erklärt, dass man dabei sei, Erkundigungen über den Stiefvater einzuholen. Die Beamten hielten es durchaus für möglich, dass meine Brüder schon am Abend wieder zu Hause sein könnten. Außerdem brachte er die Tageszeitung mit, in der sich ein kurzer Artikel über die schrecklichen Ereignisse befand. Darin hieß es, dass ein Vater mit der Nachricht, er habe seine Tochter getötet, nach Hause gekommen sei. Dann sei er mit einem Hammer auf seine Stiefsöhne losgegangen, die sich zur Wehr setzten. Nachdem der Vater den Älteren zu Boden geschlagen hatte, soll der Jüngere ihm den Hammer entrissen und damit auf ihn eingeschlagen haben, bis er zu Boden ging. Ob das Opfer überlebt, sei fraglich. Gegen den Jüngeren der beiden Brüder würde nun wegen Totschlags ermittelt.

Aber meine beiden Brüder kamen tatsächlich noch am selben Abend nach Hause. Ich umarmte sie und wir weinten. Niemand sprach ein Wort über das, was geschehen war. Ich stellte Bernd lediglich die Frage, ob er etwas über den Stiefvater erfahren hat, und Bernd wusste, dass er höchstwahrscheinlich nicht überleben würde. Zusammen mit seinem Freund fuhr Bernd am nächsten Morgen zu sich nach Hause.

Einige Tage später wurden wir zum Polizeipräsidium bestellt. Meine jüngeren Geschwister – Thomas, Achim, Karin und Sonja – brauchten nicht mitzukommen, sie blieben bei der Nachbarin. Als wir bei der Polizei eintrafen, war Bernd bereits da. Nacheinander wurden wir vernommen. Ich erzählte, was ich gehört und gesehen hatte. Erst dann erfuhr ich von dem Beamten, was sich nach Aussagen meiner Brüder in der Nacht ereignet hatte.

Mit dem Hammer, den mein Stiefvater sich aus dem Schrank im Flur geholt hatte, war er auf Bernd losgegangen. Als Bernd ihm auszuweichen versuchte, stürzte er rückwärts über einen Stuhl und schlug mit dem Kopf auf den Heizkörper. Der Stiefvater holte mit dem Hammer aus, um den am Boden liegenden Jungen zu erschlagen. In diesem Moment riss Ralf dem Stiefvater von hinten den Hammer aus der Hand und schlug zu. Es kam zu einem Kampf zwischen den beiden. Zwischenzeitlich rappelte sich Bernd hoch und griff in den Kampf ein. Der Stiefvater wehrte sich und schlug um sich, dann ging er erneut auf Ralf los. Der hatte nach wie vor den Hammer in der Hand und schlug zu, bis der Stiefvater am Boden lag.

Das also waren die unheimlichen Geräusche gewesen, die ich in dieser Nacht gehört hatte. Gesehen hatte ich diesen entsetzlichen Kampf zum Glück nicht, das sagte ich auch aus.

Ich fragte den Beamten, was mit meinen Brüdern geschehen würde. Er erklärte mir, dass alles nach Notwehr aussähe und dass sie deswegen wieder gehen dürften. Solange der Stiefvater sich nicht dazu äußern konnte, könne nichts weiter geschehen. Außerdem seien die Behörden dabei, Erkundigungen über die Familienverhältnisse einzuholen. Er erzählte mir auch, dass man die kleine Schwester, die mein Stiefvater in dieser Nacht in der Kneipe abgegeben hatte, durch eine Polizeipsychologin befragen lassen hatte, ob sie zu ihrer Mama gebracht werden wollte oder zu ihrem Papa. Sonja wollte nach Hause zu ihrer Mama und ihren Geschwistern. Daraufhin habe man das Kind nach Hause gebracht. Den Beamten war nicht klar, was eigentlich passiert war. Die Kleine sei völlig verstört gewesen, weshalb man zunächst nicht wusste, ob es richtig sei, Sonja nach Hause zu bringen. Erst in diesem Moment wurde mir klar, dass ich über das Leben mit unserem Stiefvater berichten musste.

Ich fing mit dem an, was meiner Meinung nach überhaupt erst der Auslöser für das schreckliche Ereignis in der Nacht gewesen sein musste. Doch zu meiner Überraschung wusste der Beamte darüber schon Bescheid. Natürlich hatten meine Brüder bereits ausgesagt. Der Beamte erklärte mir, dass ich zu dieser Sache extra befragt werden würde. Ich könne selbst entscheiden, ob zu diesem Zweck jemand zu uns nach Hause kommen sollte oder ob es mir im Präsidium lieber wäre. Spontan entschied ich mich fürs Präsidium.

Erst allmählich wurde mir bewusst, was in den letzten Tagen geschehen war. Ich konnte mich nicht zurückhalten und weinte. Der Beamte stellte seine Befragungen ein und kündigte an, dass ich einen Termin bekäme. Außerdem würden auch weiterhin alle anderen aus der Familie befragt werden. Bis wir alle das Präsidium verlassen konnten, waren Stunden vergangen. Niemand von uns sprach ein Wort über die Geschehnisse. Noch am gleichen Abend kam ein Anruf aus dem Krankenhaus, in dem sich mein Stiefvater befand. Man teilte uns mit, dass er gerade verstorben war. Die Jüngeren erfuhren davon vorläufig nichts. Bernd, sein Freund, Ralf, meine Mutter und ich saßen zusammen in der Küche, sprachen aber nicht miteinander. Bis Bernds Freund das Schweigen mit den Worten brach: »Ich glaube, es ist das Beste so.« Wir nickten alle stumm und keiner traute sich, den anderen anzuschauen.

Ich konnte keinen klaren Gedanken fassen. Sollte er wirklich tot sein? Wie wird es nun mit uns weitergehen? Wie wird meine Mutter darauf reagieren? Ich konnte es mir nicht vorstellen. Gleichzeitig bekam ich Schuldgefühle und fragte mich, ob es richtig war, mit Bernd über meine Qualen zu reden. Ob meine Mutter ihm oder mir glaubte? Wie wird sie reagieren, wenn alles vorüber ist? Ich war völlig durcheinander.

Am nächsten Tag kam ein Rechtsanwalt und Notar aus der Nachbarschaft. Er empfahl meiner Mutter, sie solle die Erbschaft ihres verstorbenen Mannes ausschlagen. Sie war sich sicher, dass es sowieso nichts zu erben gäbe. Doch der Rechtsanwalt machte ihr klar, dass ihr Mann mit Sicherheit Schulden gemacht habe und dass sie diese erben würde. Wir waren dankbar für diese Aufklärung, denn keiner von uns hätte an so etwas gedacht. Ich wunderte mich aber darüber, dass man in der Nachbarschaft schon Bescheid wusste, dass er nicht mehr lebte.

Wie sich später herausstellte, gab es tatsächlich unglaublich viele Menschen, die von meinem Stiefvater Geld zu bekommen hatten. Überall hatte er Schulden gemacht. Alles, was er nach Hause gebracht hatte, ob es Geburtstags- oder Weihnachtsgeschenke für die Kinder waren, Lebensmittel, seine Kneipenbesuche, nichts war bezahlt. Obendrein erhoben einige Banken Ansprüche auf Kreditrückzahlungen. Wir konnten nicht glauben, wie viele Menschen ihm Geld geliehen hatten. Und vor allem wussten wir nicht, was er damit gemacht hatte. Genauso wenig, wie wir nur ahnen konnten, wofür er das Kindergeld und die Sozialhilfe ausgegeben hatte. Meiner Mutter gab er nicht einmal das Notwendigste zum Leben für uns. Mein Stiefvater wurde anonym beerdigt. Der Tag ist mir nicht bekannt. Vielleicht kennt ihn meine Mutter.

Es dauerte länger als sechs Wochen, bis die Polizei ihre Ermittlungen abgeschlossen hatte. Meine Geschichte vom ständigen Missbrauch durch den Stiefvater habe ich dort erzählt. Meine Mutter und meine Brüder haben ebenfalls ihre Aussagen gemacht. Leider blieb einiges im Verborgenen, so beispielsweise die Tatsache, dass er Karin vergewaltigt hatte oder was mit Sonja passiert war, wenn er sie mitgenommen hatte. Damals wusste keiner aus der Familie etwas davon.

Bald kam ein Brief von der Staatsanwaltschaft, in dem meinen Brüdern Ralf und Bernd mitgeteilt wurde, dass das Verfahren gegen sie eingestellt worden war, da sie in Notwehr gehandelt hatten. Der Brief umfasste mehrere Seiten. Leider hatte ich keine Gelegenheit, ihn zu selbst zu lesen.

Ich bekam auch keine Gelegenheit, den toten Stiefvater zu sehen. Daher konnte ich nicht glauben, dass wirklich alles vorbei sein sollte. Allein ihn tot zu sehen hätte mir Gewissheit gegeben. Aber ich traute mich nicht, jemanden zu fragen, ob das möglich wäre. Ich war mir nicht sicher, wie meine Mutter das auslegen würde, wenn ich ihn hätte noch einmal sehen wollen. Sie hätte annehmen können, mir wäre etwas an ihm gelegen.

Ich konnte nicht glauben, dass wir von ihm befreit sein sollten, dass es keine Nacht mehr mit Krach und Geschrei geben würde, dass er nicht mehr da war, um uns zu quälen, zu erniedrigen, zu schlagen, zu beleidigen und zu schikanieren. Niemand sollte mehr seine Befehle entgegennehmen müssen, die Reitstiefel putzen, schweigen, schleichen, flüstern, alles, was er sagte und tat, hinnehmen.

Aber solange ich keinen Beweis dafür hatte, dass er tot war, konnte ich es nicht glauben. Ich sollte nie wieder von ihm missbraucht werden? Jeden Tag hatte ich Angst, er käme zur Tür herein und alles würde wie immer sein, als sei er gar nicht weg gewesen. Ich traute mich nicht auf die Straße, weil ich Angst hatte, er könnte an der nächsten Ecke auf mich warten. Jahrelang blieb diese Angst mein ständiger Begleiter.

Ich bin in Berlin angekommen und froh, dass ich gleich am nächsten Tag einen Termin bei meinem Therapeuten habe. Ich habe mir vorgenommen, ihm das Ende zu erzählen. Ich muss ihm erklären, dass das, was am Ende geschehen ist, noch immer unfassbar für mich ist. Dass mein Stiefvater meine Brüder dazu gebracht hatte, einen Menschen zu erschlagen. Ich muss ihn fragen, wie ich darüber hinwegkommen soll. Ich muss ihn fragen, ob ich Schuld daran hatte, dass das geschehen war. Unter dieser Last leide ich am meisten. Die Schuldgefühle meinen Brüdern gegenüber sind grenzenlos. Noch heute würde ich ihnen gerne alles abnehmen. Ich hätte den Stiefvater töten sollen, ich allein.

Vielleicht wäre alles anders gekommen, nachdem wir in unsere Heimat zurückgekehrt waren.

Ich bin so sehr mit mir selbst beschäftigt, dass Marc in dieser Zeit kaum an mich herankommt. Es fällt mir schwer, mich abzulenken. Ich kann mich kaum mit ihm unterhalten. Am liebsten würde ich mich – genau wie früher – in ein Mauseloch verkriechen oder still in einer Ecke sitzen. Ich fühle mich wie gelähmt, wenn ich an alles zurückdenke.

Kapitel 18

Der Schuldspruch

MEINE MUTTER PLANTE, zurück in unsere Heimat zu ziehen, die wir mit dem Stiefvater vor fast zehn Jahren verlassen hatten. Dort wusste niemand, was in dieser Zeit alles geschehen war, und auch nicht, warum oder woran er gestorben war. Niemand würde uns Fragen stellen. Mit Hilfe meiner Brüder zogen wir schon zwei Monate später um. Wir bezogen eine schöne große Altbauwohnung und ich glaubte fest daran, dass nun für uns alle ein ganz neues, besseres Leben beginnen sollte. Ralf blieb bei uns und unterstützte meine Mutter bei allen Behördengängen. Achim und Karin wurden in der Schule angemeldet und Sonja zum nächsten Schuljahr neu eingeschult. Thomas blieb zu Hause und ich kümmerte mich weiter um ihn und um den Haushalt, bis ich mir später eine Arbeit suchte. Meine Mutter sprach nach wie vor nicht viel mit mir und ich stellte auch keine Fragen. Mit ihrer Art, mich kaum zu beachten, machte sie mir ein schlechtes Gewissen. Ich wusste nicht, wie ich mich verhalten sollte. Sie unterhielt sich viel mit Ralf, und wenn Bernd zu Besuch kam, auch mit ihm. Gern hätte ich gewusst, worüber sie sprachen, aber ich traute mich nicht zu fragen.

Ein Jahr später stellte sich heraus, dass die große Wohnung mit all ihren Nebenkosten für meine Mutter unbezahlbar war, und wir mussten erneut umziehen. Jetzt wohnten wir in einer Sozialbauwohnung. Ich arbeitete mittlerweile in einer Fabrik und unterstützte meine Mutter finanziell. Ralf arbeitete ebenfalls, war aber mittlerweile ausgezogen und teilte sich eine Wohnung mit einem Freund.

Meine Mutter und ich redeten nach wie vor kaum miteinander. Am Wochenende putzte ich für sie die Wohnung, was ihr aber nie gut genug war. Ich ging jedem Streit mit ihr aus dem Weg und dachte auch darüber nach, zu Hause auszuziehen.

Achim, der jüngste Sohn meines Vaters, ging noch zur Schule. All die Jahre ließ meine Mutter ihn spüren, dass sie ihn nicht haben wollte, weil der Vater damals schon schwer krank gewesen und abzusehen war, dass er sterben würde. Des Öfteren hatte ich mich eingemischt und versucht, meine Mutter daran zu hindern, gemein zu meinem Bruder zu sein und ihn mit unflätigen Worten zu beschimpfen. Schließlich hatte er nichts getan und konnte nichts dafür, dass er auf der Welt war. Es machte mich wütend, wie sie mit ihm umging, und vor allem tat Achim mir unheimlich leid. Jedes Mal saß der Junge am Tisch und zitterte so, dass er kaum essen konnte.

Es war im Frühjahr 1975 und ich war gerade achtzehn geworden, als meine Mutter meinem Bruder wieder einmal eine Frage stellte, die er nicht beantworten konnte. Da nahm sie ihm seine Armbanduhr ab und schleuderte sie so fest auf den Fußboden, dass sie kaputtging. Ich hielt es nicht mehr aus und schrie meine Mutter an, sie sollte den Jungen doch wenigstens in Ruhe essen lassen und gefälligst hinschauen, wie verängstigt er sei. Außerdem wies ich sie darauf hin, dass die Uhr, die sie gerade kaputt gemacht hatte, ein Geschenk von mir war. Ich sagte ihr, dass man niemanden so behandeln dürfte und dass ich das als seelische Grausamkeit empfinden würde, was sie dem Jungen antat.

Meine Mutter reagierte unglaublich wütend und schrie mich an, dass ich doch sowieso an allem schuld sei. »Das glaubst du wirklich?«, fragte ich erschüttert. Sie reagierte nicht darauf. Ich hatte es immer geahnt, aber ich wollte es nicht wahrhaben und vor allen Dingen wollte ich es nicht hören. Jetzt hatte sie endlich ausgesprochen, was sie schon immer dachte. Sie gab mir tatsächlich die Schuld daran, dass mein Stiefvater mich jahrelang missbraucht hatte, dass er die ganze Familie zerstört hatte und dass ich nicht wusste, wer ich eigentlich bin. Das konnte sie doch nicht wirklich ernsthaft meinen, oder doch? Doch, sie glaubte es und ich wusste das schon immer. Mir schossen die Tränen in die Augen. Ich wusste nicht, ob ich traurig oder wütend sein sollte.

Schockiert rannte ich aus der Wohnung. Im ersten Moment fiel mir nicht ein, wohin ich gehen sollte. Wie ferngesteuert lief ich zu einem Café, in dem ich mich ab und zu mit anderen jungen Leuten traf, die ich entweder durch die Arbeit kannte oder hier im Café kennengelernt hatte.

Mittlerweile hatte ich festgestellt, dass junge Männer auch an mir Interesse hatten. Sie luden mich oft zum Ausgehen ein. Aber mir wurde schnell klar, dass ich nicht mit Jungs zusammen sein konnte. Ich fühlte mich unsicher, konnte nicht tanzen und hatte Angst, dass sie mit mir schlafen wollten. Wenn ich mit jungen Männern allein war, bekam ich regelmäßig Magenschmerzen und musste nach Hause gehen. Wenn sie bereits eine Freundin hatten, war es kein Problem für mich, mit ihnen zusammen zu sein. Allerdings spürte ich, dass die Freundinnen lieber mit ihren Freunden allein waren. Sie fühlten sich durch mich gestört und waren vielleicht auch ein bisschen eifersüchtig, wenn ich mich mit ihren Jungs unterhielt.

Heute war es aber noch früh am Tag und ich war fast allein im Café. Ich bestellte mir einen Kaffee und dachte im vollen Ernst darüber nach, wie ich mir das Leben nehmen könnte. Nach den Worten meiner Mutter, die ich in meinem ganzen Leben nie vergessen werde, war ich am Boden zerstört. Meine Schuldgefühle wuchsen von diesem Tag an ins Unermessliche. Täglich fragte ich mich, ob sie das wirklich so meinte. Je länger ich darüber nachdachte, desto klarer wurde mir, dass es ihr mit ihren Worten ernst gewesen sein musste. Wie hatte sie mich denn in all den Jahren behandelt? Mir wird bewusst, dass sie alles gewusst und dass sie hingenommen hatte, was mein Stiefvater mit mir getan hatte.

Warum nur, frage ich mich immer wieder. War ihr denn nichts an mir gelegen? Oder war es ihr lieber, dass er es mit mir tat als mit ihr? Aber er hat sie doch auch schlecht behandelt. Warum hat sie das alles erduldet?

Später wollte ich immer wieder von meiner Mutter wissen, ob sie diesen Satz tatsächlich so gemeint hatte. Ich versuchte, sooft es möglich war, ihr Fragen zu unserer Vergangenheit zu stellen. Ich wollte mich vorsichtig an die Frage herantasten, ob sie tatsächlich mir die Schuld gab. Aber es kam nicht dazu, denn sie redete nie wieder mit mir darüber. Das war auch der Grund, warum sie mir damals schrieb, dass sie keinen Kontakt mehr zu mir haben wollte: Anscheinend waren ihr meine Fragen zu viel und sie wollte ihnen aus dem Weg gehen. Weiß sie denn, dass er auch Karin missbraucht hat? Das wäre ja furchtbar! Aber ich kann es mir nicht vorstellen, denn zu ihr hatte sie immer eine ganz andere Beziehung. Hätte sie reagiert, wenn sie es gewusst hätte? Genau wie Sonja hoffte, den Satz »Ich hab dich lieb« von meiner Mutter zu hören, genauso hoffte ich zu hören, dass sie es mit dem Satz »Du bist sowieso an allem schuld« nicht so gemeint hatte. Wir bekamen es beide nie zu hören.

Jetzt saß ich in dem Café und überlegte, wie viele Tabletten ich wohl brauchen würde, als ein Mann zu mir an den Tisch kam. Er wollte mich zu einem Getränk einladen, ich lehnte aber ab. Überhaupt war mir nicht danach zumute, Kontakt zu knüpfen. Doch plötzlich fragte er mich, ob ich Lust hätte, mit ihm einen Spaziergang zu machen. Spontan willigte ich ein. Ich hatte keine Angst vor ihm und dachte, etwas Schlimmeres als das, was ich erlebt hatte, konnte mir nicht passieren. Und wenn, wäre es mir in diesem Moment auch egal gewesen. Er fuhr mit mir in ein Waldstück außerhalb der Stadt. Er fragte, wie alt ich sei, und nachdem ich es ihm gesagt hatte, erfuhr ich, dass er fünfzehn Jahre älter war als ich. Er arbeitete in der Stadt, wohnte aber außerhalb und kam deswegen nur manchmal um die Mittagszeit in dieses Café. Da ich normalerweise nicht um diese Zeit dort war, waren wir uns noch nie begegnet. Er war freundlich und sehr sympathisch. Wir gingen lange spazieren. Ich hörte Marc gerne zu, als er mir von sich und seiner Arbeit erzählte. Er sagte mir offen, dass er verheiratet war und einen kleinen Sohn hatte. Die Art, wie er darüber sprach, gab mir die Sicherheit, dass er nicht mit mir schlafen wollte. Auch ich sprach freimütig über mich. Er fragte, ob ich noch zu Hause wohne, und es ergab sich ein intensives Gespräch. Ich konnte mir nicht erklären, warum ich Marc gegenüber schon bald ein vertrautes Gefühl hatte und so frei über meine Probleme sprechen konnte. In seiner Gegenwart hatte ich keinen Moment lang ein unangenehmes Gefühl, wie ich es sonst hatte, wenn ich mit Männern zusammen war.

Marc hörte mir einfach nur zu. Zum ersten Mal in meinem Leben konnte ich einem fremden Menschen etwas von mir erzählen. Wir waren mindestens drei Stunden spazieren gegangen, bis Marc mich davon überzeugt hatte, dass ich von zu Hause ausziehen und ein neues Leben beginnen müsse. Nach diesem Spaziergang gingen wir noch etwas trinken, bevor er mich nach Hause brachte. Wir umarmten uns zum Abschied und verabredeten uns für den nächsten Tag wieder im Café. Er versprach, mir bei der Wohnungssuche behilflich zu sein. Als wir uns wiedersahen, hatte Marc tatsächlich schon einen Termin bei einer Wohnungsbaugesellschaft vereinbart und wir gingen zusammen hin. Noch am selben Tag konnte ich mir eine Einzimmerwohnung mit einer Kochnische und einem kleinen Bad ansehen. Die Miete war nicht sehr hoch. Ich versprach, gleich am nächsten Tag die nötigen Unterlagen zur Hausverwaltung zu bringen, und bekam die Wohnung tatsächlich. In der Fabrik arbeitete ich in zwei Schichten und es war eine schwere Arbeit. Trotzdem ging ich gerne hin. Aber das meiste Geld gab ich ja zu Hause ab.

Als ich meine Mutter vor vollendete Tatsachen stellte und ihr sagte, dass ich ausziehen würde, war ihr das überhaupt nicht recht. Sie erkundigte sich, ob ich ihr denn trotzdem weiterhin Geld gäbe, aber das hatte ich nicht vor. Später tat ich es dann doch, weil sie mich immer wieder darum bat.

Schon einen Monat nach der Besichtigung zog ich in meine eigene kleine Wohnung ein. Als Erstes kaufte ich mir eine Klappcouch, damit ich ein Bett hatte, und dann jeden Monat ein weiteres Möbelstück. Die kleine Küche war eingerichtet und so brauchte ich mir nur Geschirr und ein paar Töpfe zu besorgen. Im Kleiderschrank meiner Mutter hingen Kleidungsstücke von mir, weil es keinen anderen Platz dafür gab. Diese holte ich zusammen mit anderen Dingen ab, die mir gehörten. Dabei fand ich unter einem Bettwäschestapel ein Foto. Meine Mutter hatte also tatsächlich ein Bild aufgehoben, auf dem sie mit meinem Stiefvater zusammen zu sehen war. Es war unfassbar! Wie konnte sie so ein Bild aufbewahren? Ich nahm das Foto, zerriss es in viele kleine Stücke, steckte es in meine Hosentasche und verstreute es dann auf dem Weg in meine Wohnung auf der Straße. Ich wollte sie nicht fragen, warum sie das Foto aufgehoben hatte, denn ich wollte die Antwort gar nicht hören. Die Tatsache allein war für mich unverständlich und schlimm genug. Ich brauchte dafür keine überflüssige Erklärung von meiner Mutter.

Marc kam mich oft besuchen, was mich sehr freute. Noch nie zuvor hatte ich jemanden kennengelernt, der so lieb und aufmerksam mir gegenüber gewesen war. Ich gewöhnte mich an ihn und nach einem halben Jahr schliefen wir miteinander. Zum ersten Mal in meinem Leben erkannte ich, was es bedeutet, einen Mann zu lieben und mit ihm zusammen zu sein. Doch nach ungefähr einem Jahr wurden seine Besuche seltener. Als er nach einiger Zeit wieder einmal da war, erklärte er mir, dass seine Frau von uns erfahren hätte und wir uns nicht mehr so oft sehen könnten. Ich war sehr traurig darüber und wollte das nicht akzeptieren. Ich liebte Marc einfach zu sehr. Doch eines Tages hatte Marc mich zum Essen eingeladen, als seine Frau vor dem

Haus stand, das wir gerade verlassen wollten. Als ich sie mit dem Kind auf dem Arm sah, wurde mir bewusst, was Marc und ich anrichteten. Die Vorstellung, dass die Ehe zerbrechen könnte und der kleine Sohn dann ohne seinen Papa aufwachsen müsste, konnte ich nicht ertragen. Mir war plötzlich klar, dass unsere Beziehung keinen Bestand haben konnte. Ich wollte und würde diese kleine Familie nicht zerstören.

Die Probleme in meiner Familie und mit meiner Mutter nahmen kein Ende. Ich dachte darüber nach, in einen anderen Ort zu ziehen, um alldem und darüberhinaus auch Marc aus dem Weg zu gehen. Es wäre die einfachste Lösung, ihm nicht mehr zu begegnen. Ich würde es nicht aushalten, wenn er die Beziehung beendete. Aber ich verstand, dass es sein musste. Meiner Mutter wäre es sicher sowieso egal gewesen. Abgesehen davon, dass sie dann endgültig kein Geld mehr von mir bekommen würde.

Karin hatte mittlerweile eine Ausbildung begonnen und Freunde gefunden. Für Sonja, die eigentlich noch zur Schule gehen müsste, es aber selten tat, konnte ich nichts tun. Ich hatte Mitleid mit ihr, weil sie so dick war, keine Freundinnen hatte und eine traurige Zwölfjährige war. Thomas war zehn und wurde von meiner Mutter sehr verwöhnt. Er bekam alles, was er sich wünschte. Achim würde demnächst die Hauptschule beenden und sich eine Arbeit suchen. Zu Bernd und Ralf, meinen älteren Brüdern, hatte ich kaum Kontakt. Kurt, der Älteste, ließ sich nur ganz selten in unserer Heimat sehen, er lebte außerhalb und hatte mittlerweile geheiratet. Meine Mutter wollte nicht viel von mir wissen. Sie erkundigte sich nie nach meinem Leben. Wenn ich sie sah, weil ich meine Geschwister besuchte, fragte sie mich nach Geld. Oft schickte sie Sonja oder Achim zu mir, um sich welches von mir zu borgen, was ich nie wieder zurückbekam.

Durch eine Arbeitskollegin ergab sich für mich die Gelegenheit, an einer Kurzreise nach Berlin teilzunehmen. Dort lernte ich eine junge Frau kennen, die allein in einer großen Wohnung lebte.

Mit ihr freundete ich mich an. Berlin gefiel mir gut und ich spielte mit dem Gedanken, dort ein neues Leben zu beginnen. Meine neue Bekannte bot mir an, bei ihr zu wohnen, wenn ich tatsächlich nach Berlin kommen würde. So kam es, dass ich schon sechs Monate später im Zug nach Berlin saß, um hier zu leben. Auch wenn ich weiterhin mit der Familie und den Problemen konfrontiert war, hatte ich jetzt doch einen gewissen Abstand, der mir sehr guttat. Bald war ich mir sicher, die richtige Entscheidung getroffen zu haben. Die kleine Wohnung in meiner Heimat behielt ich noch über ein Jahr bei für den Fall, dass ich es in der großen Stadt nicht aushielt. Später freute sich meine Schwester Karin, die Wohnung übernehmen zu können. Zur Übergabe war ich noch einmal da. Karin sagte mir, wie traurig sie und Sonja waren, weil ich so weit weg gezogen war. Jahre später erzählte mir Sonja, sie hätte sehr lange darunter gelitten, weil ich stets für sie dagewesen war, wenn sie Probleme hatte und jemanden brauchte, mit dem sie sich unterhalten konnte. Nun fühlte sie sich allein. Im Nachhinein tat mir das unglaublich leid. Wenn ich gewusst hätte, wie schlimm es für sie war, hätte ich womöglich meine Entscheidung noch einmal überdacht.

Nachdem ich meinem Therapeuten die ganze Geschichte erzählt habe, fühle ich mich wesentlich leichter. Er hörte mir gespannt zu, dann sagte er, es wäre unfassbar, was meine Familie und vor allem ich hätten aushalten müssen. Genau wie Marc rät er mir, meine Mutter nicht mehr zu besuchen. Er glaubt, dass ich von meiner Mutter keine Antworten mehr auf meine Fragen bekommen werde. Mein Therapeut vermutet, dass sie jemanden brauchte, dem sie die Schuld an der Tragödie geben konnte, um sich selbst zu beruhigen. Und die Schuldige war in ihren Augen ich, weil sie sich selbst ihre Schuld nicht eingestehen wollte. Das alles ist für mich sehr schwer zu begreifen und ich habe das Gefühl, dass ich trotz dieser Erklärungen meine Schuldgefühle nicht loswerde.

Kaum drei Monaten später bin ich schon wieder auf dem Weg zu meiner Schwester. In der Zwischenzeit haben wir oft telefoniert und Karin hat mir geschildert, wie schwierig es für sie ist, Beruf, Haushalt und die Besuche bei der Mutter im Heim zu koordinieren. Deswegen habe ich ihr versprochen, so schnell wie möglich wieder zu ihr zu kommen. Wir besuchen meine Mutter täglich im Pflegeheim und bleiben mehrere Stunden bei ihr. Nach einem erneuten leichten Schlaganfall hat sie sich wieder einigermaßen erholt. Trotzdem wird es immer schwieriger, mit ihr zu reden. Wenn wir uns verabschieden wollen, macht sie uns Vorwürfe, dass wir uns keine Zeit für sie nehmen und nur an uns denken würden.

Für Karin ist es viel schwieriger als für mich, damit umzugehen, denn sie besucht unsere Mutter, sooft es ihr möglich ist, und hat doch immer ein schlechtes Gewissen. Ich dagegen fahre nach ein paar Tagen wieder nach Hause und kann das alles hinter mir lassen. Bevor es so weit ist, dass ich wieder zurück nach Berlin fahre, verspreche ich Karin, nun so oft wie möglich zu kommen, um sie zu unterstützen. Nach wie vor kümmert sich von den anderen Geschwistern niemand um meine Mutter. Für meine Schwester und mich ist das nur schwer zu verstehen, vor allem was Thomas und Bernd betrifft. Wir können uns nicht erklären, warum sie ihre Mutter so selten besuchen.

Auch Sonja, die unsere Mutter fast ein Jahr zu Hause gepflegt hat, kommt nicht mehr in das Heim. Als ich mich mit ihr treffe, frage ich sie nach den Gründen. Ich kann sie verstehen, als sie mir sagt, dass sie es nicht kann. Ihre Enttäuschung, dass alle ihre Bemühungen der Mutter gegenüber umsonst waren, ist zu groß. Außerdem sagt sie, sie könne es nicht verkraften, dass Mutter so böse zu ihr war, während Sonja und ihre ganze Familie große Opfer gebracht haben, um sie zu pflegen.

Es ist eine Erlösung für mich, als ich mich auf die Heimfahrt begebe und mich auf Marc und meine Tochter freuen kann.

Natürlich spreche ich noch viel mit ihm über alles, was sich in den letzten Tagen ereignet hat. Zum Glück hört er mir immer wieder geduldig zu und hat Verständnis für meine Sorgen und Probleme. Allmählich traue ich mich auch, mit meiner mittlerweile einundzwanzigjährigen Tochter über meine Probleme zu reden, und habe das Gefühl, dass sie mehr Verständnis für mich aufbringen kann, je mehr sie von mir weiß. Nun kann sie sich auch vorstellen, warum es so schwer für mich war, sie loszulassen. Wie sehr ich darunter gelitten habe, als sie anfing, sich abzunabeln. Vielleicht kann sie jetzt auch verstehen, warum ich so viel Angst um sie hatte und immer noch habe. Warum ich nie einen anderen Mann zu uns in die Wohnung gelassen habe. Warum ich sie so eindringlich davor gewarnt habe, mit Fremden mitzugehen. Ich tat das so vehement, bis mir Bekannte sagten, dass ich es übertreibe, dass das Kind so niemals selbstständig werden könne und Angst vor Männern bekommen würde. Daraufhin versuchte ich, mich etwas zurückzunehmen. Schließlich wollte ich doch das Beste für meine Tochter. Dazu gehörte für mich aber auch, dass sie später einmal ein ganz normales Leben führen kann, ohne jegliche Angst vor Männern zu haben. Das war mir besonders wichtig. Ich habe ihr eingetrichtert, dass sie mit allem, was in ihrem Leben geschieht, zu mir kommen kann. Dass ich über alles mit ihr reden würde und dass es nichts gäbe, was man nicht erzählen kann. Ich wollte, dass sie mir hundertprozentig vertraut. Jetzt versteht sie langsam, warum ich mich so verhalten habe und warum es mir so schwerfällt, sie loszulassen. Warum ich sie nie mit meinen Problemen belasten und ihr das Leben so schön wie möglich gestalten wollte. Auch wenn das manchmal über meine Kräfte ging.

Zum Beispiel, als Kerstin reiten lernen wollte und ich das Geld dafür zusätzlich verdienen musste, indem ich neben meinem Beruf noch in einem Café arbeitete, bis es mir zu viel wurde. Aber ich sage ihr auch, dass ich das alles gern getan habe, einfach nur, weil ich sie glücklich machen wollte. Nachdem Kerstin nun einiges aus meinem Leben weiß und da sie sowieso so gut wie keinen Kontakt zu ihrer Großmutter hatte, erklärt sie mir, dass sie nicht mit zur Beerdigung käme, wenn meine Mutter sterben sollte. Ich hätte das ohnehin nicht von ihr verlangt.

Mit Marc habe ich über dieses Thema auch gesprochen und ihm gesagt, dass er mich nicht begleiten muss, wenn es so weit sein wird. Ich will diesen letzten Schritt mit meiner Familie zusammen gehen, noch immer in der Hoffnung, dass wir dann vielleicht wieder ein Stück weit zusammenwachsen. Noch immer in der Hoffnung, dass wir miteinander reden können, wenn meine Mutter nicht mehr da ist. Das liegt mir so sehr am Herzen und ich halte es für sehr wichtig für uns alle.

Mitte Juli 2005 ruft Karin am frühen Morgen an, um mir mitzuteilen, dass Mutter in der Nacht gestorben ist. Es war zu erwarten, trotzdem kommt es jetzt plötzlich. Aber ich kann nicht weinen. Es berührt mich, aber es würde mich genauso berühren, wenn es um einen anderen Menschen ginge, den ich kenne. Karin sagt, dass man unsere Mutter im Pflegeheim aufbahren will, damit wir uns von ihr verabschieden können. Ich frage sie, ob sie das möchte. Karin bejaht, aber sie kann es nicht allein und wünscht, dass ich dabei bin. Ich verspreche ihr, noch heute zu kommen und sie zu begleiten.

Zum ersten Mal in meinem Leben sehe ich einen toten Menschen. Meine Mutter sieht so friedlich aus, als ob sie schläft. Karin geht ganz nah zu ihr hin, sie weint und verabschiedet sich mit den Worten: »Nun bist du erlöst und kannst zu unserem Vater gehen.« Ich bin sehr gerührt und wünsche mir, dass meine Mutter ihren Frieden gefunden hat.

Ich unterstütze Karin bei allem, was nun zu tun ist. Auch das Gespräch mit dem Pastor, der die Trauerrede hält, übernehme ich. Dabei bitte ich darum, den zweiten Mann unserer Mutter nicht zu erwähnen. Außer Karins Mann und mir steht meiner Schwester in dieser Zeit niemand zur Seite. Keiner der Familie meldet sich, um zu fragen, ob wir Hilfe brauchen. Trotzdem teile ich den Geschwistern telefonisch mit, wann und wo die Trauerfeier stattfinden wird. Sonja sagt mir direkt, dass sie nicht kommen wird. Genaue Gründe nennt sie aber nicht und Karin glaubt, dass sie vielleicht doch kommt. Zur Trauerfeier sind tatsächlich nicht alle anwesend. Womit wir nicht gerechnet haben, ist, dass nicht einmal Thomas kommt, der Liebling meiner Mutter, für den sie alles getan hat. Er hat noch nicht einmal abgesagt, was Karin nicht begreifen kann. Drei Wochen bleibe ich bei ihr, worüber sie sehr froh ist. In dieser Zeit haben wir noch jede Menge zu regeln. Das Zimmer im Pflegeheim muss ausgeräumt werden und es sind noch finanzielle Dinge mit der Anwältin, die diese Sachen übernommen hat, abzuwickeln.

Karin und ich sprechen in dieser Zeit viel über die fünf Jahre, die meine Mutter nach dem Schlaganfall noch gelebt hat. Aber wir hängen beide auch viel unseren eigenen Gedanken nach.

Es ist die letzte Fahrt von Mannheim nach Berlin, die ich wegen meiner Mutter in den vergangenen fünf Jahren zurückgelegt habe. Natürlich mache ich mir unterwegs viele Gedanken und hoffe, Karin wird die vergangenen Wochen gut verkraften. Und ich frage mich, was der Tod meiner Mutter für mich bedeutet. Ist das der große Schlussstrich unter allem? Kann ich jetzt, da ich weiß, dass mir meine Fragen nicht mehr beantwortet werden, anfangen, anders zu denken? Oder macht es alles nur noch schlimmer?

Die ersten Wochen danach fühle ich mich erleichtert und habe das Gefühl, dass mir ein großer Stein vom Herzen gefallen ist, dass ich von einer Last befreit bin. Aber nach dem ersten Albtraum weiß ich, dass der Tod meiner Mutter nichts daran geändert hat, wie es in mir aussieht. Dass ich mit der Vergangenheit nicht abschließen kann, solange mich noch Schuldgefühle quälen. Solange ich das Gefühl habe, dass ich nicht der Mensch bin, der ich wäre, wenn mein Stiefvater mich nicht missbraucht hätte. Besonders traurig bin ich darüber, dass ich mich schon mit sieben Jahren verlieren musste, um das alles ertragen oder vielleicht sogar überleben zu können. Noch immer habe ich mich nicht wiedergefunden und werde weiter nach mir suchen müssen.

Der Gedanke, niemals ein normales Leben führen zu können, ist schwer zu ertragen. Das Gefühl, schuldig zu sein, macht mich krank. Vor allem aber kann ich es kaum aushalten, dass durch das, was mein Stiefvater meinen Geschwistern, meiner Mutter und mir angetan hat, die Familie nach und nach zerbrochen ist.

Ralf wurde drogenabhängig und litt bis zu seinem Tod unter der Vergangenheit. Oftmals rief er mich in der Nacht an und stellte mir immer wieder die Frage, wie er mit dem Erlebten fertig werden solle. Er konnte nicht verkraften, was damals geschehen war, um sein eigenes, das Leben seines Bruders und vielleicht das der ganzen Familie zu retten. Mit sechsunddreißig Jahren starb mein geliebter Bruder letztendlich durch die Drogen.

Bernd, der sowieso schon nicht mehr in der Heimat lebte, heiratete und gründete eine Familie. Auch er leidet noch heute unter der Vergangenheit.

Karin zeigte nach außen hin keinerlei Auswirkungen. Jahre später erst, nachdem wir endlich miteinander reden konnten, brach vieles aus ihr heraus. Wie sie es geschafft hat, über alles einen großen schweren Deckel zu legen, den sie nur selten einen kleinen Spalt öffnet, ist mir unbegreiflich.

Achim, der erst vierzehn Tage auf der Welt gewesen ist, als unser Vater starb, entwickelte niemals Selbstbewusstsein und ist stets menschenscheu geblieben. Er kann keinerlei Bindung eingehen. Seinen Lebensunterhalt bestreitet er soweit wie möglich durch Hilfsarbeiten.

Sonja, die Tochter meines Stiefvaters, wurde nie richtig glücklich. Sie hat viele Kinder, ist von dem Mann, der sie nicht besonders gut behandelte, geschieden und führt ein schwieriges Leben.

Von Thomas, dem letzten Kind meines Stiefvaters, weiß ich nicht sehr viel. Er zog sich mit seiner eigenen kleinen Familie zurück und hat keinen Kontakt zu uns Geschwistern.

Kurt, der seit seinem schweren Unfall behindert ist, heiratete und lebt mit seiner Frau im Saarland. Außer zu Karin und mir hat er keinen Kontakt zur Familie.

Meine Tochter und ich haben ein gesundes Verhältnis zueinander. Vor einiger Zeit sagte sie, dass ich ihr etwas sehr Wichtiges mit auf den Weg gegeben habe, nämlich Selbstvertrauen und hundertprozentiges Vertrauen zu mir. Das war mein Wunsch und Bestreben und ich bin ein wenig stolz darauf, das geschafft zu haben.

Ich selbst bin überwiegend glücklich. Doch nicht selten holt mich meine Vergangenheit ein und jedes Mal kostet es viel Kraft, damit umzugehen. Aber ich bin nicht mehr allein, ich habe einen Mann, dem ich mich zu jeder Zeit mit allen Problemen anvertrauen kann. Einen Mann, der mich liebt, so wie ich bin und so, wie ich ihn lieben kann.

Auf die Fragen, die ich meiner Mutter hatte stellen wollen, kann ich keine Antworten mehr bekommen. Vergessen werde ich das Geschehene nie, aber ich werde lernen, mit alldem zu leben.

Nachwort

Es hat lange gedauert, bis mir klar geworden ist, dass ich es ohne Hilfe nicht schaffen werde, meine Geschichte zu verarbeiten. Auch wenn ich mich bis heute nicht gefunden habe, habe ich doch bei der Suche nach mir große Fortschritte gemacht. Und ich habe gelernt, was bereits George Eliot alias Mary Ann Evans sagte: *»Es ist nie zu spät, das zu werden, was man hätte sein können!«*

Ich bin noch nicht am Ziel, aber ich bin froh, da zu sein, wo ich jetzt stehe. Bis hierher war es bereits ein langer, unbequemer Weg mit Höhen und vielen Tiefen. Meine seelischen Wunden sind zu Narben geworden, die nur noch ab und zu aufbrechen. Wenn das geschieht, weiß ich heute, was ich zu tun habe. Ich muss darüber sprechen. Denn nur dazusitzen und zu warten, bis sich die Wunden von allein schließen, tut mir nicht gut. Dann wird der Schmerz immer größer und das will und kann ich nicht mehr zulassen. Ich habe gelernt und begriffen, dass es nur dann besser werden kann, wenn ich über meinen Schmerz rede. Es war schwierig und es hat lange gedauert, bis ich den geeigneten Gesprächspartner gefunden habe. Auch wenn es noch so gut gemeint ist, reicht es manchmal nicht, mit der Familie, dem Partner, der besten Freundin oder einer anderen Vertrauensperson zu sprechen. Manchmal müssen es einfach Menschen sein, die wissen, was seelische Wunden und Schmerzen bedeuten. Menschen, die einem erklären können, warum diese Wunden so tief sind und warum sie immer wieder aufbrechen können. Ich habe gelernt, mich einem Psychotherapeuten anzuvertrauen. Ich habe gelernt, meine Geschichte zu erzählen, und ich habe gelernt, mir helfen zu lassen. Vertrauen zu gewinnen kann für Menschen mit seelischen Verletzungen eine große Hürde sein, das weiß ich aus eigener Erfahrung.

Mit meinem Buch möchte ich allen Menschen Mut machen, sich helfen zu lassen. Ich wünsche mir, dass alle, die in irgendeiner Art und Weise missbraucht, gedemütigt, gequält oder verletzt worden sind, den Mut aufbringen, sich jemandem anzuvertrauen. Es ist nicht leicht, und wenn es nicht gleich gelingt, sollte man den Mut nicht sinken lassen, sondern weitermachen. Ich weiß jetzt: Es ist die einzige Möglichkeit, mit den Folgen seelischer Verletzungen leben zu lernen.

Aber viel mehr wünsche ich mir, dass es erst gar nicht zu solchen Verletzungen kommt. In meiner Familie wäre eventuell das Schlimmste zu vermeiden gewesen, wenn rechtzeitig eingegriffen worden wäre. Leider ist es noch immer viel zu oft der Fall, dass Menschen wegschauen, nichts »damit« zu tun haben wollen oder einfach nicht glauben, was sie sehen oder was ihnen von Betroffenen erzählt wird. In unserer Gesellschaft sind die meisten Menschen so sehr mit sich selbst beschäftigt, dass sie – besonders Kindern gegenüber – blind und taub sind. Doch gerade sie brauchen unsere volle Aufmerksamkeit. Jeder, der eine halbwegs glückliche und zufriedene Kindheit hatte, sollte froh darüber sein, denn es ist leider nicht selbstverständlich. Geschehenes lässt sich nicht rückgängig machen und negative Erlebnisse sind nicht aus dem Leben zu löschen. Aber es ist möglich, dass die Wunden heilen, die Narben verwachsen und dass nicht die Vergangenheit das Leben bestimmt, sondern die Zukunft positiv, lebenswert und schön sein kann.

Danksagung

Ich möchte mich bei einigen lieben Menschen bedanken, die während meiner schweren Zeit Verständnis für mich aufgebracht und mir zur Seite gestanden haben.

Besonders erwähnen möchte ich meinen Mann Marc. Ich danke dir, dass du mich nicht aufgegeben hast, obwohl du selbst oft bis an deine eigenen Grenzen gegangen bist. Durch deine Kraft und Ausdauer, aber auch dadurch, dass du mich wirklich liebst, hast du meinem Leben wieder einen Sinn gegeben. Ich bin dir aber auch dafür dankbar, dass du mir während der langen Zeit der Entstehung dieses Buches immer wieder Mut gemacht hast, es zu vollenden.

Und: Kerstin, meine geliebte Tochter. Du hast mir sehr geholfen, indem du mir zugehört und Verständnis dafür aufgebracht hast, als ich dir erklärte, warum wir so schwierige Zeiten durchlebt haben. Dafür bin ich dir dankbar, denn das ist nicht selbstverständlich.

Außerdem: Karin, meine liebe Schwester. Danke, dass auch du bereit warst, mir zu helfen, und so gut es möglich war, für mich da gewesen bist. Vor allem danke ich dir für das Vertrauen, das du mir entgegengebracht hast.

Aber: Auch meinen beiden Therapeuten in Berlin bin ich sehr dankbar. Denn sie haben es mit viel Geduld im Laufe der Jahre geschafft, mich ein ganzes Stück weit zu mir selbst finden zu lassen.

Bis an mein Lebensende werde ich meinen beiden geliebten Brüdern Bernd und Ralf dankbar sein, weil sie mir und vielleicht sogar der ganzen Familie das Leben gerettet haben.

Vielen Dank auch den Mitarbeitern und Mitarbeiterinnen des Verlages, die sich meiner und meines schwierigen Themas angenommen haben.

Die Autorin

Stefanie Marten wurde 1957 in Rheinland-Pfalz geboren. Mit zwanzig Jahren zog sie nach Berlin, machte eine Ausbildung zur Zahnarzthelferin, heiratete und bekam eine Tochter. Heute lebt sie mit ihrem zweiten Ehemann auf Bali.

Bitte beachten Sie auch die Hinweise auf den nachfolgenden Seiten.

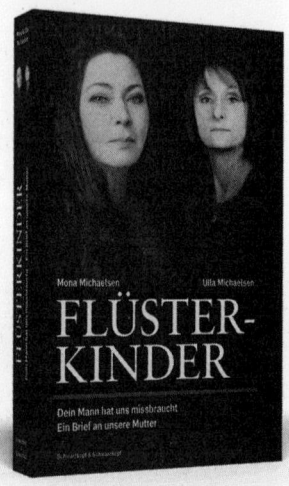

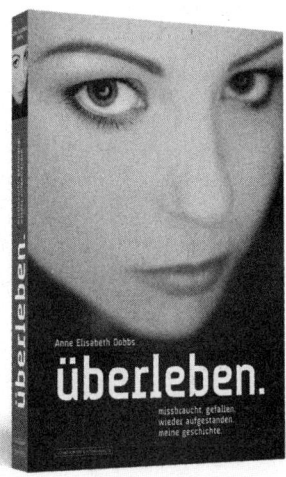

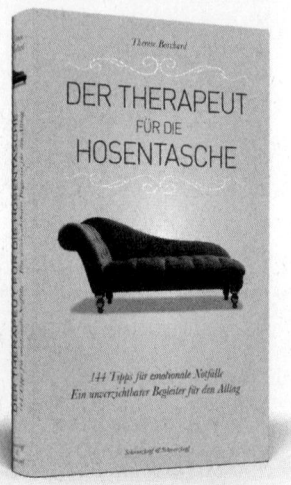

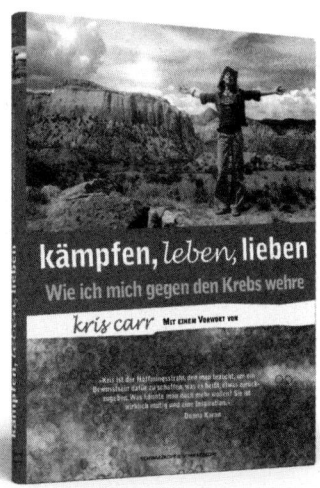

Stefanie Marten
AUF DER SUCHE NACH MIR
Vom Stiefvater missbraucht
Eine Frau stellt sich ihrer Vergangenheit

ISBN 978-3-86265-116-0

Coverfoto und Foto der Autorin: Moritz Thau

KATALOG

Wir senden Ihnen gern kostenlos unseren Katalog
Schwarzkopf & Schwarzkopf Verlag GmbH / Abt. Service
Kastanienallee 32 | 10435 Berlin
Telefon: 030 – 44 33 63 00 | Fax: 030 – 44 33 63 044

INTERNET | E-MAIL

www.schwarzkopf-schwarzkopf.de
info@schwarzkopf-schwarzkopf.de